Coacher avec le bouddhisme

Éditions d'Organisation
Groupe Eyrolles
61, bd Saint-Germain
75240 Paris cedex 05

www.editions-organisation.com
www.editions-eyrolles.com

Chez le même éditeur

Huit qualités pour diriger autrement, Remi Huppert
Manager avec la philo, Eugénie Vegleris
Le manager à l'écoute de l'artiste, Christian Mayeur
L'intelligence intuitive, Francis Cholle

© Groupe Eyrolles, 2008
ISBN : 978-2-212-54210-3

Martine RENAUD-BOULART

Coacher
avec le bouddhisme

EYROLLES

Éditions d'Organisation

À mes enfants qui ont été mes premiers coachés et qui sont sur leur chemin d'accomplissement : Julien et Anne Louise.

À mes professeurs et mentors qui m'ont soutenue par leur confiance : Françoise Dolto, Françoise Giroud, Jacques Baumel, Yves Coppens, Louis Corman, Jacques Émile Duché, Edgar Faure, Antoine de la Garanderie, Amir Hoveyda, Jigmé Rinpoché…

À mes amis dirigeants qui m'ont étonnée par la qualité de leur charisme : Nicole Ameline, Irma Babaud, Anne-Marie Couderc, Françoise Holder, Dominique de la Garanderie, Élizabeth Gavard, Valérie Guyot-Sionnest, Caty Kopp, Valérie Kriazneff, Marie-Paule Laval, Dominique Louvel, Ana Palacio, Marie-Claire Pauwels, Véronique Merle, Laurence Monnet-Vernier, Santa Pardineille, Florence Rollet, Sylvaine Scheffer, Vicky Sommet, Laurence Tavernier…

Thierry Bonnet, Pierre Cachet, Philippe Cazenave-Perret, Alain Fouquet, Yves Grouin, Jacques Horovitz, Jean-Luc Kebaili, Francis Kuntz, Pascal Lagarde, Jean-Claude Legros, Rémy Lugagne, Jean-Michel Maillet, Alain le Maistre, Bertrand Martin, Philippe Million, Michel Montaigne, Lindsay Owen Jones, Bruno Roussel, Philippe Sala, Jacques Sauvadet, Francis Vigouroux…

À mes pairs, coachs de dirigeants référencés dans les entreprises du CAC 40, qui m'ont enrichie par la générosité de leur esprit de partage : Nicolas De Beer, Gérald de Bourmont, Joël Brugalières, Alain Cardon, Thierry Chavel, Olga Chiappini, Philippe Cruellas, Annie Cottet, Olivier Devillard, François Délivré, Édouard Fenwick, Pierre Forthomme, Hubert Guillon, Françoise Kourilsy, Martine Laval, Benoît Melet, Annie Sarthe Innocenti, Nicolas Schilffarth…

Sommaire

1 ■ Les besoins des demandeurs de coaching

3 ■ Coacher avec la psychologie bouddhiste des émotions

■ Annexes

Avant-propos

Qui suis-je pour vous donner envie de lire cet ouvrage sur ce que la philosophie bouddhiste apporte au développement du leadership et au coaching en entreprise ?

J'ai plus de soixante ans et l'envie de rester dans l'incertitude, le nomadisme et l'émotion qui me nourrissent d'apprentissage permanent et m'apportent la liberté dont j'ai besoin, le sentiment de faire de plus en plus ce pour quoi je suis faite : faire de chaque jour une œuvre d'art tout en étant utile et non nuisible à mes contemporains.

J'ai une formation double, m'apportant deux logiques différentes pour ouvrir mon regard. J'ai eu la chance de rencontrer plusieurs mentors que j'ai admirés et qui m'ont soutenue…

Ma vie se décline autour de trois temps et trois ruptures pour évoluer : d'abord un engagement dans la communication pour réunir des voix collectives après des études de sciences politiques, la métaphore pourrait être un tourbillon de vie. Ensuite des études de psychologie pour réunir des voies intérieures à l'occasion d'un arrêt professionnel et « coacher » mes deux enfants, la métaphore pourrait être un jardin secret. Enfin le passage de l'ambition maternelle à celui de l'ambition personnelle, la découverte du coaching pour écouter la demande de l'autre et prendre du recul sur ma vie, la métaphore pourrait être un tourbillon de vie dans un jardin secret, source de complémentarité.

Je partage mon temps en trois activités : la formation à HEC et à l'université Paris 8 ; le coaching, individuel en tant que coach de dirigeants dans des grandes entreprises du CAC 40, d'équipe dans le cadre de fusions de plus en plus fréquentes et d'organisations pour accompagner des changements stratégiques ; la psychothérapie pour garder en mémoire que nos difficultés en entreprise proviennent toujours de conflits non élaborés dans nos familles.

J'ai écrit trois séries de livres : en psychologie, en coaching et en management. Ce qui me tient à cœur c'est l'importance de l'alliance du féminin et du masculin en soi, pour un psychothérapeute, pour un coach, pour un manager afin de trouver un équilibre intérieur.

Trois valeurs m'animent : confiance, concentration, combativité : pour me permettre de tirer la leçon de mes échecs, de prioriser puis d'aller jusqu'au bout de mon objectif.

Le chiffre 3 rythme ma vie, à l'image de cette valse à trois temps que je souhaite avoir avec vous, mon lecteur, pour une « évoluance mutuelle »… Une valse à trois temps : les besoins, les solutions, les réalisations, à l'image des trois temps de l'expérimentation bouddhiste vers l'efficacité et la sérénité : l'écoute de ce qu'on reçoit ; la réflexion en le comparant avec son vécu ; l'entraînement sur la justesse, qui n'est rien d'autre qu'une stabilisation émotionnelle par la méditation introspective.

Mon métier est ma passion, je m'y implique totalement. Je cherche l'invisible, le secret caché en moi, à propos de ma relation à moi-même, à l'autre, au pouvoir, à la sécurité, à l'appartenance, à la réalisation de soi…

Je travaille avec minutie, animée par des rituels sacrés, pour que chaque expérience individuelle enrichisse une aventure commune et sans cesse me conduise à progresser et à aider l'autre à se développer en sérénité et en efficacité…

Pour moi, un bon livre rend heureux celui qui le lit. Ce témoignage de ma pratique de coach, c'est ma promesse de vous donner envie de créer un cadre pour vous préparer à explorer votre potentiel de coach et de dirigeant, à prendre un recul par rapport à des croyances certes respectables, mais peut-être non adaptées à la situation présente, à vous mobiliser autour d'un projet qui vous tient à cœur, à ne pas vous laisser distraire par les urgences quotidiennes pour savourer le présent et à honorer votre style.

À travers cet ouvrage, je souhaite transmettre une expérience personnelle indépendante de toute appartenance philosophique.

J'ai été élevée dans la religion chrétienne qui m'a construite et qui a nourri mes enfants, puis je me suis intéressée à la philosophie orientale qui m'a ouverte à la vie intérieure et à la liberté de penser autrement. Toutes les expériences spirituelles se rejoignent, même si les textes institutionnels et l'anthropologie diffèrent. La religion chrétienne privilégie l'obéissance à Dieu, la philosophie bouddhiste favorise la responsabilité de l'homme. À travers ces différentes visions de l'homme, l'une et l'autre cherchent à développer la générosité et la miséricorde.

Lorsque nous ne ressassons plus, c'est que nous sommes stabilisés dans un équilibre dynamique. C'est la fin des pensées automatiques et le début des pensées maîtrisées. Et lorsque l'esprit est clair, le monde se simplifie !

Je formule le souhait de développer une spiritualité laïque, non sectaire, faite de gratitude envers la vie, en s'épargnant les poids inutiles, indépendante de tout esprit de clocher.

Amis lecteurs, puis-je vous proposer mes définitions ? Être spirituel, c'est être présent, l'esprit ouvert à l'inconnu et disponible pour partager. Etre leader, c'est revenir pacifié de ses traversées du désert, inévitables à l'aventure humaine qui consiste à ouvrir la route, pour donner et accepter l'ingratitude sans la subir.

Introduction

Le XXe siècle a été celui du développement personnel en manage-ment, le XXIe siècle sera peut-être celui du développement spiri-tuel, car la performance durable dépend de l'accomplissement de chaque individu. Nous savons en effet aujourd'hui que c'est la même énergie qui anime l'homme dans ses deux vies et que le tra-vail de soi sur soi, comme le prônait la sagesse antique, peut rendre l'entreprise plus humaine et plus créative.

Le développement spirituel, parce qu'il est important dans la cons-truction de l'être et dans la création du lien social, est l'une des solutions possibles pour sortir de la fuite en avant matérialiste des profits à court terme qui menace le monde de l'entreprise. Les défis du troisième millénaire seront certainement l'écologie et l'éthique… Le développement spirituel semble pouvoir apporter une réponse à ces questions essentielles.

Entre paradoxe et incertitude, sur quoi s'appuyer pour vivre l'aventure d'entreprendre en équipe ? Plus le système est com-plexe, plus les règles doivent être simples. La première clé est de se centrer sur la personne pour la motiver, la responsabiliser, la faire grandir et la faire coopérer en développant les possibles de l'homme créateur.

Quels sont les besoins des demandeurs de coaching ?

Il s'agit d'abord de se manager soi-même : être leader de soi, c'est comprendre ses désirs profonds, maîtriser ses projections, connaître ses réactions par rapport au pouvoir, à l'argent, à l'amour, savoir se ressourcer et se recueillir pour servir et non se servir. C'est gérer son temps et son stress, développer son empathie, son assertivité, son influence, afin d'atteindre un sentiment de réconciliation et d'apaisement lié à la fin d'un écartèlement intérieur et à un niveau de conscience et d'éveil pour faire des choix conscients et responsables.

Il s'agit ensuite de manager son équipe : être leader de son équipe, c'est gérer des opérationnels, des experts, des réseaux internes et externes, c'est organiser du temps, de l'espace, des réunions, des comptes rendus, des évaluations, des contrôles, des outils de motivation pour encourager, c'est intégrer la diversité en gardant sa cohérence. C'est communiquer, gérer les conflits et affirmer sa pédagogie de dirigeant pour développer sa lucidité, dépasser le sentiment d'aller au blocage sans prise de recul par rapport à ses représentations limitantes, c'est développer un équilibre entre confiance et respect à travers la qualité de la relation vécue et l'exemplarité rendue possible par une discipline philosophique.

Il s'agit enfin de manager dans l'organisation : être leader dans son organisation, c'est comprendre que le dirigeant dans le monde latin se définit par rapport à son statut en interne à l'organisation, et que le dirigeant du monde anglo-saxon se définit par rapport à son impact sur le monde extérieur. C'est développer son intelligence politique, son réseau pour dépasser un sentiment d'isolement lié à un manque d'appui patient sur la carte des alliés, à un manque de conscience des interdépendances.

Qu'est-ce que la psychologie bouddhiste et quels sont ses liens avec la psychologie occidentale ?

La psychologie bouddhiste cherche la nature de la réalité perçue pour se délivrer de la souffrance par la méditation. Cette dernière a pour but la vigilance à la vie à travers l'observation de son propre fonctionnement.

Quels sont les bienfaits de la méditation ? Elle développe la curiosité envers soi-même, une curiosité faite de douceur et de précision. Elle favorise le fait de savoir s'émerveiller de son propre monde et ainsi de pouvoir s'émerveiller du monde de ceux que nous avons trop tendance à critiquer ! Elle permet d'être à l'écoute de notre nature animale, de retrouver nos instincts et de fuir nos complexes. Elle permet de développer notre sensibilité.

Le développement de la sensibilité est nécessaire au leader. En effet si le management touche à l'organisation, le leadership touche à la sensibilité. La sensibilité permet de fuir la souffrance et de trouver le plaisir, pour écouter, dynamiser et fixer des règles du jeu explicites et équitables. C'est un travail sur les hommes et avec les hommes. Cela suppose de développer une absence de préjugés, une aptitude à communiquer dans une ambiance partenariale tout en restant centré sur les objectifs.

Cependant, la souffrance est inhérente à la nature humaine : en effet, nous sommes des êtres de désir, et le désir se nourrit du manque. Le désir est l'émotion de base qui nous structure. Devant la souffrance, notre cerveau limbique nous fait chercher le confort le confondant avec la sérénité.

Nous observons un lien avec la Process Com Management, issue de la psychologie humaniste et plus particulièrement de l'analyse transactionnelle : le stress est lié à la non-satisfaction de nos besoins, occultés par les messages contraignants qui nous ont construits. Il est important de connaître nos besoins, de prendre en compte la notion de polarités contraires, de parties de soi réprimées et celle de permission pour s'apaiser et obtenir un résultat à la fois efficace et serein en faisant le deuil de besoins répétitifs, pour retrouver la motivation de base.

Notre monde interne est fait de sensations et d'émotions : nous sommes habités par le désir et la violence, le fait religieux nous protège de cette violence par ses mythes, ses rites et ses interdits. Mais dans notre société, où il est interdit d'interdire, l'urgence aujourd'hui est de réguler la violence qui vient du manque afin d'éviter la dépression qui nous guette.

Notre sagesse et notre névrose sont faites de la même énergie, il s'agit de ne pas nous débarrasser de nos émotions mais d'en faire des alliés. Toute réussite provient de notre acceptation d'être imparfaits pour pouvoir progresser.

Les découvertes neurologiques actuelles sur le fonctionnement des neurones miroirs apportent un éclairage : leur rôle est de reconnaître l'autre humain, de comprendre ses intentions et de vouloir l'imiter. Cela souligne la double fonction des neurones miroirs et de la fonction mimétique : le désir, la rivalité et la jalousie des émotions perturbatrices mais aussi la capacité d'apprentissage et d'empathie des émotions apaisées.

Par ailleurs un lien avec la notion de plasticité en neuro-physiologie apparaît : nous pouvons nous développer en gérant nos émotions, en développant une parole juste, la curiosité dans l'ignorance, la générosité dans l'envie, la patience dans la colère, le détachement de soi dans l'orgueil et la réjouissance du talent de l'autre dans la jalousie…

Nos émotions conditionnent nos perceptions : notre perception est limitée par nos filtres physiologiques, psychologiques et culturels, elle n'est pas la réalité. Nous observons également un lien avec le cognitivisme : la perception n'est pas une réception passive, mais une interprétation à partir de notre histoire et de notre sensibilité ? Nous construisons nous-même notre enfer et notre paradis… Il importe donc de comprendre et de dépasser nos distorsions cognitives pour devenir un créateur de monde plus humain, plus dynamisant et plus sécurisant.

Comment se construit notre conscience ? À travers notre corps, nous avons des sensations par l'intermédiaire de nos cinq sens. Je vois, j'entends, je sens, je goûte… qui entraînent des perceptions ; j'aime ou je n'aime pas ou je m'en moque… qui entraînent des représentations mentales : je suis nul ou il est nul ! C'est comme cela que se construit notre conscience : c'est cela moi !

La conscience, c'est la capacité à créer un monde et la libération de ce monde qui peut nous enfermer, c'est de l'analyser.

Un lien avec la gestalt thérapie apparaît : « l'awareness » est la présence au champ total composé de nos propres besoins et des opportunités de l'environnement.

Il nous appartient de développer cette conscience et l'esprit de soutien qu'elle engendre afin de développer un esprit de générosité au lieu d'être dans une perpétuelle attente, dans un plein contact accompli.

Quels sont les apports de la psychologie bouddhiste au coaching et au management ?

Le coaching et le bouddhisme représentent l'un comme l'autre des voies actuelles pour aborder la complexité, en acceptant les paradoxes. Certes, le bouddhisme et l'entreprise n'ont pas la même finalité : si l'un cherche à soulager la souffrance par la maîtrise de soi, l'autre cherche à créer de la valeur en générant des profits. Cependant, bouddhisme et coaching peuvent apporter à l'entreprise des clés pour être plus serein et efficace en se décentrant de son ego et en privilégiant le collectif.

Les Européens sont de plus en plus nombreux, avec la mondialisation, à souhaiter mieux comprendre la philosophie orientale. C'est un défi d'être dirigeant, d'accompagner un dirigeant, c'est pourquoi l'ouverture aux différentes traditions de pensée est précieuse.

Le bouddhisme, comme le coaching, est une invitation à une prise de conscience vers davantage de lucidité et d'entraînement pour développer son potentiel et celui de son équipe. Dans le monde de la complexité, où il s'agit de jouer avec les paradoxes, le coaching – qui travaille sur les cognitions et sur les émotions ainsi que sur le décentrage des perceptions – favorise un nouveau management et un nouveau leadership mieux adaptés.

Le bouddhisme apporte au coaching une analyse des perceptions, une dissociation des émotions, du pragmatisme et de la sérénité.

La réussite durable en entreprise est liée à l'accomplissement intérieur. Cet accomplissement intérieur se décline autour de quatre compétences.

Devenir leader de sa stabilité émotionnelle : le stress se combat par le développement de la résilience, de la capacité à créer de la vie malgré les frustrations, comme l'a développé Boris Cyrulnik. Malgré des changements parfois déchirants, le leader reconstruit son équilibre et retrouve sa sécurité en acceptant d'explorer l'inconnu. Le leader conscient de lui-même et ayant atteint une stabilité émotionnelle développe sa présence au monde, et donc son charisme, en pratiquant une philosophie de l'attention. Chaque matin, il se pose la question : comment trouver la couleur la plus juste possible pour m'entraîner avec douceur et fermeté à m'apaiser et à apaiser autrui ?

Devenir leader de la diversité interne et externe : la diversité est d'abord à l'intérieur de nous. Elle est ensuite dans le contexte d'action, en ouvrant notre compréhension aux différents points de vue, et en restant un référent dans un contexte changeant. Le leader « en sécurité interne », lui permettant de concilier les contraires, à la fois engagé et en recul, cherche ce qu'il peut apporter d'utile et de non nuisible chaque matin à lui-même, à son équipe et à son organisation, il a développé clarté et compassion. Chaque matin, il se pose la question : dans quoi vais-je investir mon désir pour me faire plaisir en étant généreux, en me réjouissant du talent de l'autre, en étant curieux et suffisamment distant de moi pour avoir conscience des interdépendances entre les êtres dans le système qui les englobe ?

Devenir leader de sa créativité : la créativité est tout simplement un outil qui nous permet de résoudre les problèmes que nos outils actuels sont incapables de résoudre. Le leader créatif est stratège, il développe sa capacité de choix en adéquation avec l'environnement toujours changeant en pratiquant une philosophie du doute et de l'incertitude pour être en état d'apprentissage permanent. Chaque matin, il se pose la question : comment vais-je transformer mes insatisfactions en me remettant en cause pour changer de regard ?

Devenir leader de la transversalité : le leader de la transversalité n'est pas dans le pouvoir hiérarchique, il apprend donc la subtilité. Son influence résulte de son rayonnement, de sa clarté d'esprit, de sa capacité à reconnaître chacun et de sa capacité à s'impliquer quand c'est nécessaire. Chaque matin, il se pose la question : dans quoi vais-je investir mon désir pour me faire plaisir en étant généreux, en me réjouissant du talent de l'autre, en étant curieux et suffisamment distant de moi pour avoir conscience des interdépendances entre les êtres dans le système qui les englobe ? Il sait que dans le monde de la complexité nécessitant une adaptabilité permanente, il faut améliorer la relation transverse, faire agir avec responsabilité et autonomie – même sans responsabilité hiérarchique –, former le pilote de projet à la posture de médiateur et de porteur d'un projet collectif dans l'harmonie plutôt qu'à la posture de décideur. Il se demande également comment écouter en profondeur sans être traversé par des ondes de jalousie, d'attachement, de rejet ? Comment donner de l'importance à chacun et reconnaître sa spécificité ? Comment faire circuler l'information, comment organiser par projet en fixant le cap et en facilitant le chemin ?

Comment coacher et manager avec l'appui de la psychologie bouddhiste ?

Comment créer plus d'interdépendance, ne pas solliciter uniquement quand on en a besoin, mais vérifier que tout fonctionne ensemble comme un guide de montagne avec sa cordée ? Comment être dans le doute constructif pour refaire le point régulièrement comme un marin dans la tempête ? Comment transférer de l'énergie dans les moments difficiles, comment décider fermement et avec douceur… ?

La question posée est comment coacher et manager avec l'appui de la philosophie bouddhiste ? Comment devenir le coach dont le manager a besoin ? Comment devenir le leader éthique et politique, créatif et dynamisant dont l'entreprise a besoin ?

Pour répondre à ces questions, nous nous interrogerons sur les nouveaux besoins des demandeurs de coaching. Puis nous partagerons les fondamentaux de la philosophie orientale et ses liens avec la psychologie occidentale. Ensuite nous regarderons ensemble les apports possibles de cette philosophie dans le monde de l'entreprise pour une organisation plus efficace et plus sereine. Vous pourrez vous questionner à travers toutes sortes d'exercices d'auto-coaching pour vous aider à vous préparer, pour mieux mobiliser vos talents, pour progresser, en fonction d'un environnement changeant.

Le métier de coach est un métier passionnant qui ne s'apprend pas seulement dans les livres mais surtout à travers une expérience humaine, comme la plupart des métiers impliquant une relation de qualité. Vous trouverez dans cet ouvrage des clés pour comprendre comment fonctionne son esprit d'étonnement pour aider à changer ce qui peut être limitant, comment il se pratique et à quoi il peut servir dans le cadre du management de demain.

1 ■ Les besoins des demandeurs de coaching

La problématique et le symptôme

« La vraie découverte ne consiste pas à chercher de nouveaux paysages, mais à changer de regard. » (Marcel Proust)

Chapitre 1

Entretien avec Bruno Rousset[1]

> « La différence entre l'homme de génie
> et l'homme ordinaire,
> c'est que l'homme de génie tient plus
> longtemps ensemble les contraires. »
> (William Shakespeare)

Entre paradoxe et incertitude, sur quoi s'appuyer pour vivre l'aventure d'entreprendre en équipe ? Plus le système est complexe, plus les règles doivent être simples. La première clé est de se centrer sur la personne pour la motiver, la responsabiliser, la faire grandir et la faire coopérer en développant les possibles de l'homme créateur. Le dirigeant ne doit pas mettre l'entreprise au service de sa pathologie, mais mettre sa pathologie au service de l'entreprise, en travaillant sur soi pour développer une relation vivante et énergisante, avec une éthique managériale en alignant le rêve, les valeurs, les comportements et les résultats. C'est en investissant sur la relation individuelle que l'on peut donner une énergie de coopération au groupe pour affronter la mondialisation et l'éloigner de la compétition qui sélectionne des solistes. Or un orchestre n'est pas fait de solistes et l'harmonie qui résulte de l'alliage des contraires permet à chacun de se dépasser et de construire ensemble en rendant les obstacles accessibles. C'est ce que démontre l'extraordinaire aventure d'April Group, entreprise présidée par Bruno Rousset.

---

1. Président d'April Group.

Bonjour Bruno, ma première question sera : qu'est-ce qui te fait te lever chaque matin ? Quelles sont tes motivations ? Comment préserves-tu ton équilibre ? Comment fais-tu pour ne pas t'identifier à ton image ?

Mes enfants sont ma motivation et mon équilibre, Martine, ils sont simples, humbles, modestes. Nous faisons du sport ensemble le week-end, notamment du ski en hiver car j'ai choisi d'habiter près d'une montagne, à gravir…

J'aime la compétition, les challenges… Je n'ai pas de hobbies, ma seule passion c'est l'homme…

Je suis profondément interpellé par la souffrance et la misère du monde. Pour moi c'est une chance à saisir que d'aller vers l'autre en difficulté et dans ces moments, je sens que nous sommes tous parties prenantes du même ensemble.

Comment créer une entreprise efficace, créative, humaine et sereine ?

C'est un sujet essentiel, faire entrer une dimension spirituelle, l'art de la gentillesse en entreprise et pourtant c'est loin d'être une valeur partagée. Je suis convaincu que nous allons la redécouvrir. En effet un homme, c'est un corps et une âme. Si l'on pense que nous ne sommes que matière, autant tout prendre pour soi et se moquer du reste. En travaillant sur son équilibre personnel, on comprend que l'homme a une âme, une parcelle d'éternité, et accomplit un cheminement jamais terminé, cela incline au respect. Cela apaise aussi, quand on sait qu'il y a une vie de l'esprit, cela ouvre des perspectives…

Quand as-tu décidé de créer une entreprise ?

Cette décision est née d'une double révolte, révolte d'assister au mépris du client par beaucoup d'entreprises et révolte de voir exercer ce métier sans passion. Au cours de mes différents parcours dans les assurances, j'ai observé les dérives comportementales à l'égard des clients, par exemple la logique qui consiste à régler les sinistres le plus tard possible. Or, pour moi, la considération est la condition de la fidélisation. J'ai pensé que la profession organisait ainsi sa propre destruction aux yeux du public. Par ailleurs, faire son métier sans passion était pour moi insupportable. À trente ans, j'ai claqué la porte, un groupement de clients m'a suivi, ainsi qu'une petite équipe. Nous avons pu mettre notre rêve en application : des contrats simples, un comportement réactif et convivial et surtout une vraie considération à l'égard de nos clients comme de nos courtiers et agents d'assurances partenaires.

Pourquoi le choix de l'assurance ?

Le hasard, je crois… Peut-être inconsciemment, une attraction pour ce qui protège la vie, les biens de chacun…

Quelles sont les valeurs qui t'animent ? Quelle serait la métaphore, la devise pour décrire le modèle de développement et les valeurs de ton entreprise ?

Une forte exigence pour progresser, la confiance en l'homme et le respect, la capacité à se remettre en question, la capacité à créer un climat d'unité et de solidarité. Le développement spirituel et aussi la philosophie, si importante pour comprendre notre époque de mondialisation, apprennent le sens du long terme et la nécessité du progrès personnel permanent.

C'est un défi d'être dirigeant, c'est pourquoi l'ouverture aux différentes traditions de pensée est précieuse. Dans le groupe, il y a une forte attente sur l'exemplarité du dirigeant, il est arrivé que l'inverse ait pu susciter le rejet d'un chef par ses employés.

Que t'apporte la philosophie ?

La philosophie m'apporte, non pas des réponses à des questions éternelles, mais une sagesse de vie, quelque chose qui me parle et que je puisse mettre en pratique. C'est un aliment très fort, à la fois pour ma vie personnelle et familiale mais également pour ma vie d'entrepreneur.

Qui t'a aidé ? As-tu eu des mentors ?

> Jeune homme, j'ai croisé un agent d'assurances charismatique, qui a été pour moi comme un père, il avait une capacité à entraîner et à animer extraordinaire, il était chaleureux, attentif et efficace.

Quels sont tes héros d'enfant ? Comment t'améliores-tu en tant que leader ?

> Je me suis construit seul, ma démarche spirituelle est également très personnelle, je n'ai ni gourou ni maître spirituel, je suis rapidement lassé par les rites enfermants d'un groupe. Je pense que nous avons beaucoup de ressources en nous que nous n'utilisons pas suffisamment. En revanche, je crois beaucoup à la vertu du partage et du progrès collectifs.
>
> Dans notre groupe, nous avons souhaité asseoir notre culture commune sur une œuvre collective. Nous avons créé une université d'entreprise, lieu d'échanges, qui opère sur les comportements et non sur les savoirs techniques. Elle est animée par des formateurs fortement investis dans leur mission. Les deux mille cinq cents collaborateurs y transitent pour apprendre les fondamentaux de la communication et de la relation à l'autre.
>
> L'université se déploie selon une trilogie : la satisfaction des clients, celle des collaborateurs et celle des actionnaires. L'université nous permet de poursuivre notre recherche de l'équilibre des intérêts de toutes les parties.

De quelles qualités es-tu le plus fier ?

> L'authenticité… La prudence… Le sens de l'harmonie aussi, je n'aime pas les conflits…

Quels défauts aimerais-tu corriger ?

> L'intolérance, mais je deviens plus indulgent avec l'âge…

Quels défauts t'insupportent le plus chez les autres ?

> La suffisance. Ce que nous avons reçu doit croître et embellir. Cela passe nécessairement par une relation respectueuse à

l'autre. Je crois à l'esprit communautaire, en se coupant des autres, on se coupe de soi-même…

Est-ce que la réussite d'April Group t'a changé ?

Je ne change pas par rapport à la réussite de l'entreprise qui est très éphémère. Si j'essaie de changer c'est par rapport à l'image que je me fais de ce que doit être l'être humain.

Quelle est ton ambition pour les dix années à venir ?

Les entrepreneurs ont trouvé leur vraie place dans la société. April Group encourage l'essaimage de ses collaborateurs par la création de nouvelles entités, en valorisant l'autonomie, la prise de risque, la construction d'équipe, l'innovation, la fierté des résultats identifiés, la capacité à rebondir… Créer son entreprise c'est sortir de soi, se challenger pour mieux se connaître, aller vers l'inconnu. Cependant, tout reste à faire pour cultiver nos principes fondateurs, faire vivre notre supplément d'âme et entretenir en permanence l'étonnement positif de ceux qui nous fréquentent, nos clients, nos collaborateurs, nos fournisseurs…

Dans cinq ans, April Group passera le cap des 5 000 salariés répartis dans vingt-cinq pays européens et quinze pays d'Asie ou d'Amérique, de dix millions de clients et de quarante mille points de vente.

Il sera reconnu comme architecte concepteur de solutions dans des domaines très divers de l'assurance des personnes et des biens… Il aura continué à changer l'image de l'assurance auprès des consommateurs.

Quelles sont les perspectives à court terme ?

La prudence reste de mise. Je sais que malgré le succès rien n'est jamais acquis, le monde est de plus en plus imprévisible et les cycles de plus en plus rapides. Cependant nous fourmillons de projets innovants dans un contexte de marchés affichant un potentiel de services considérables.

Deux variables clés me rassurent : la satisfaction des partenaires distributeurs et la satisfaction des collaborateurs.

Après trente ans de création de valeur économique et sociale, le modèle humain, managérial et financier d'April a su apporter un peu plus de satisfaction à tous ses contributeurs.

Quels conseils veux-tu donner à de jeunes entrepreneurs ?

Être simple, modeste, à l'écoute et volontaire, car tout est souffle fragile, le message doit être universel…

Merci Bruno, pour ton authenticité et ta passion.

Chapitre 2

La situation managériale

« Deviens ce que tu es. » (Héraclite)

Les questions de base

«Voyageur, le chemin n'existe pas, c'est en marchant que se fait le chemin » a dit Antonio Machado. C'est par cet esprit d'ouverture et d'étonnement à l'aventure de la vie et de la découverte de soi que nous faisons les plus beaux apprentissages, que nous développons notre clarté d'esprit, notre proximité avec autrui et notre spontanéité pour lâcher prise sur les représentations limitantes qui figent notre identité et nous ferment à tous les autres possibles.

Travailler sur soi, sur son chemin, au lieu de projeter et d'accuser l'autre de ses déboires, procure efficacité et sérénité : il est en effet plus économique de mettre du cuir sous ses plantes de pied que sur toute la surface de la terre, pour ne pas se blesser !

Le processus de coaching et le rôle du coach

Le processus parallèle traduit la répétition en séance de ce que vit le coaché dans sa situation professionnelle. C'est ce processus parallèle qui est l'objet de l'analyse en coaching. Il est différent du contre-transfert, qui est la réaction du thérapeute au transfert du client. Ainsi, le coach aide le coaché à se réapproprier son parcours, à se recentrer sur ses priorités en acceptant l'inconnu de la vie.

Le coach doit avoir une double formation – et une double expérience – en management et psychologie, et avoir fait un chemin de développement personnel en restant en lien avec un superviseur. Son métier – exigeant mais gratifiant – est un métier de passeur, dont les limites sont liées à sa compétence. Avant de proposer une offre de coaching, le coach doit avoir travaillé en profondeur sur son identité et ses valeurs afin de pouvoir offrir un espace de protection pour son client. Il est tenu à une déontologie rigoureuse et quotidienne.

Un coach ne fait pas que donner, il met le coaché en condition de donner. Il n'est pas un sauveur, il met le coaché en condition d'apprendre. Il écoute la musique du coaché, formule des hypothèses et guide le coaché sur son chemin d'apprentissage défini par un contrat.

Nous ne devenons pas coach par hasard, notre histoire nous y pousse, il s'agit alors de dépasser le complexe du sauveur ou de celui de l'imposteur pour vivre sa vie sans la gâcher et aider l'autre à faire de même.

À toute époque de calme ou de crise, quelques personnes ont eu le désir et le temps d'entendre l'autre dans l'expression de sa vérité et de sa différence, sans nécessairement vouloir tout saisir ou tout comprendre, et surtout en refusant de se laisser sombrer dans le piège rassurant – et pourtant si tentant – de donner un avis ou un conseil à son client.

L'origine du coaching

Le coaching en entreprise s'est d'abord développé aux États-Unis dès les années 1970. Ces années charnières dans l'évolution de nos sociétés occidentales illustrent la fin de la stabilité et de la capacité à contrôler les vies personnelles – avec la montée du divorce – et les vies professionnelles avec l'émergence du chômage. Il a émergé en France dans les années 1980.

Depuis les années 2000, le coaching se développe au travers des processus de référencement que les grandes entreprises mettent en place grâce à une meilleure connaissance du métier.

L'entreprise actuelle a compris les apports du coaching en termes de dynamisation de la performance par une meilleure sécurité interne et un meilleur contrôle de son efficacité et de sa sérénité personnelles.

Les modalités du coaching

Le coaching interne présente l'avantage de bien connaître la culture de l'entreprise et représente un coût moindre et le coaching externe présente l'intérêt d'apporter un regard de Candide nourri d'autres expériences managériales.

Interne ou externe, le coach est en partie instrumentalisé puisqu'il sert à rendre fonctionnel. Il s'agit donc de l'être le moins possible par un travail en amont de présentation de l'offre coaching pour développer les richesses humaines et ainsi s'adapter aux mutations de notre société et par un contrat explicite mettant l'homme au cœur du processus.

Les enjeux du coaching

Le coaching ne correspond pas à une mode, mais à une politique de développement durable humain. Il s'inscrit dans un projet à long terme de performance de l'entreprise et de réalisation personnelle du coaché tout en restant à l'unisson du groupe.

Ces deux éléments représentent en effet les deux grands enjeux de notre ère de la communication, deux enjeux individuel et collectif favorisant « l'équipe apprenante » qui est la forme d'équipe adaptée à la complexité où la qualité de la conscience garantie la performance durable.

Le coaching permet d'alléger le poids que porte le dirigeant. En effet, ce dernier vit des passages parfois déchirants, souvent peu ritualisés, et doit sans cesse se reconstruire dans un monde souvent morcelant. Il trouvera dans le coaching un espace de respiration pour développer sa fluidité interne et la prise de distance qui caractérise la croissance. Ainsi, de coaché il deviendra leader-coach, développant la santé sociale de son équipe, car pour atteindre des résultats durables, il est important de favoriser la créativité de ses collaborateurs.

Nous allons à présent aborder les fondamentaux d'un métier, les nouveaux besoins des demandeurs de coaching et les offres actuelles de formation individualisée au management.

Les fondamentaux du métier

Qu'est-ce que le coaching de dirigeant ?

- Une philosophie qui cherche la partie positive de l'être, une attitude de pédagogue et d'entraîneur, un comportement d'écoute, d'intervention et de proposition, un espace d'alliance et de co-création pour aider le coaché à trouver ses solutions et « réussir », au sens étymologique, à savoir « trouver une issue pour se sortir d'une difficulté ».

- Un espace d'expérimentation et de préparation à l'action afin de développer les talents, libérer le potentiel pour élaborer le projet du coaché.

- Un lieu d'entraînement qui amène les coachés à mobiliser leurs ressources pour lever les obstacles intérieurs ou extérieurs qui les empêchent d'atteindre leur niveau de performance individuelle ou collective.

Pour quoi faire ?

Pour « savoir ce que l'on veut, avoir le courage de le dire et l'énergie de le faire » (Clemenceau). Pour lever des obstacles internes et externes et provoquer le changement. Pour faire son deuil de comportements inadaptés et retrouver le plaisir. Pour favoriser la performance et l'apprentissage vers l'autonomie.

Le coaching est un travail sur les méconnaissances, sur le fait d'apprivoiser son ombre pour faire des choix plus lucides et plus autonomes. Loin d'être un instrument de contrôle social, il met les hommes au cœur des organisations dans une perspective de développement durable. L'entreprise est comme les hommes : contradictoire, écartelée entre le ciel et la terre, entre les valeurs et les résultats. L'objectif du coaching est de réconcilier les deux termes de la contradiction pour une efficacité et une sérénité accrues.

Avec qui ?

Le coaching s'adresse à des responsables et à des organisations : aujourd'hui nous comprenons mieux l'importance, dans un monde incertain, inédit, paradoxal, de se donner le luxe d'un peu de recul et de réflexion pour maîtriser les contraintes croissantes des urgences de la vie professionnelle et personnelle.

De nombreux dirigeants et responsables d'entreprises ressentent profondément le besoin d'expliquer, de formaliser leurs choix, face à la solitude dans un environnement fluctuant et chaotique.

Beaucoup d'entre eux utilisent les effets du miroir du coach qui leur permet de mieux entendre l'écho de leurs décisions sur le présent et l'avenir.

Ce qui est observable pour un individu isolé, dans l'éventail de ses choix, est valable aussi pour un groupe. Comme dans le cas d'équipes sportives, un service d'entreprise peut aussi avoir besoin, à un tournant délicat de son histoire, d'un regard extérieur qui saura, par sa compétence, son écoute et sa neutralité, permettre au talent de chacun des membres, au-delà de sa spécificité et de sa culture, de se mettre au service d'un projet collectif identifié et partagé.

Comment cela se déroule-t-il ?

Le coach vous aide à clarifier votre objectif, en le situant dans votre projet global, à accéder à vos ressources et à élaborer votre plan d'action.

Il voit derrière la façade pour aider à équilibrer les véritables forces, il sait challenger et a une longue expérience pour comparer les situations que vivent les dirigeants.

Le coach est un catalyseur de potentiels, il facilite les prises de conscience, il joue le rôle de miroir qui renvoie l'essentiel, il réassure en encourageant et protège en analysant les risques…

Avec quelle pédagogie ?

Notre pédagogie suit trois temps essentiels pour « dépasser les méconnaissances, éduquer la perception et développer une motivation positive afin de changer de regard et de comportement » :

Nous pratiquons la métacognition par la définition d'objectifs, puis le contrôle émotionnel par les jeux de rôles, et enfin la préparation à l'action par le plan de progrès.

Le coaching se propose d'aider un manager à devenir leader en dépassant les cinq émotions perturbatrices majeures, et en développant son influence sur les cinq critères énumérés ci-dessous, afin de savoir comment s'automotiver et motiver ses équipes :

- *clarté des messages*, esprit de soutien et de transparence pour progresser : dépasser la confusion et la peur ;
- *capacité d'adaptation*, esprit de flexibilité et de créativité : pacifier son désir et ses insatisfactions ;
- *aptitude à la négociation* et esprit de conviction : gérer sa colère ;
- *écoute* : développer un orgueil positif ;

– *capacité à évaluer,* esprit pour sanctionner et féliciter ses collaborateurs : résoudre sa jalousie.

Il s'agit d'évaluer les critères hypertrophiés ou hypotrophiés, afin d'équilibrer son comportement.

La culture occidentale ne valorisant pas l'introspection mais l'action, l'apport de la culture orientale s'avère en ce domaine fort précieux.

Avec quelle déontologie ?

Trois valeurs animent notre déontologie :

– *le plaisir* car c'est la source de toute motivation. Plaisir de comprendre, de sentir, d'agir ;
– *la liberté* car elle permet d'ouvrir son esprit et de développer son intrépidité en dépassant ses peurs. Liberté de s'arrêter à tous moments ;
– *le respect* parce que rien de durable ne peut se construire sans adopter cette posture d'observation sans jugement. Respect du client avec une attitude de soutien, de l'entreprise avec loyauté, de la profession en se formant en permanence, des confrères avec le devoir de réserve, de la supervision pour progresser sans cesse.

De plus en plus le dirigeant cherche à avoir une enveloppe de temps de coaching qu'il pourra prendre quand il en aura besoin. Cela ne représente pas de la dépendance mais une adaptation à un environnement sans cesse déstabilisant.

La réalité managériale et entrepreneuriale

Partageons ensemble cette réalité managériale… Comment évaluer les besoins au niveau de la réalité du terrain, de la demande, de la connaissance de l'offre et de celle de la qualité du service ?

Dans le monde de la complexité où il s'agit de jouer avec les paradoxes, le coaching, qui travaille sur les cognitions et sur les émotions ainsi que sur le décentrage des perceptions, favorise un nouveau management mieux adapté.

Il existe cependant des cas où le consulting, la formation ou la psychothérapie seront plus efficaces que le coaching. En effet, le coaching ne peut se pratiquer avec des entreprises ayant des objectifs à court terme, exclusivement orientées vers les résultats, ni en situation d'urgence, ni si les fondamentaux techniques du business ne sont pas clarifiés.

Le coaching est efficace dans les entreprises où la culture managériale est avancée, avec des objectifs et des résultats posés lors des entretiens d'évaluation, par exemple, et qui souhaitent aider ses cadres à se développer sur le plan des compétences relationnelles en assumant leurs responsabilités. En effet, le coaching représente un processus de développement exigeant de la culture managériale.

Regardons ensemble quelques exemples ou le coaching prend toute son efficacité.

En coaching individuel

Le facteur santé : thérapie ou coaching ?

Le thérapeute a une visée clinique, il soigne, il enlève une écharde et doit savoir quand s'arrêter. Le coach a une visée pratique, il aide à réussir à travers un temps défini, avec un arrière-plan de croissance émotionnelle et mentale.

Le coaché est-il en dépression structurelle ou est-ce uniquement la pression conjoncturelle qui génère son stress ?

> Voici le cas d'un responsable de grande entreprise souhaitant aider un dirigeant à passer un cap difficile dans un contexte de changement. Le directeur de la délégation est inquiet, il y a eu plusieurs suicides récemment sur le lieu du travail. Le dirigeant a déjà eu une

période de difficulté professionnelle il y a trois ans, lors du lancement d'un projet à fort enjeu.

Par une analyse approfondie lors d'un entretien, le coach devra porter un diagnostic en conscience.

Le facteur management de base : formation ou coaching ?

Le formateur a une visée de formation, il apporte un savoir. Le coach a une visée pratique, il aide le coaché à découvrir ses solutions à travers ses propres apprentissages.

Le coaché connaît-il les fondamentaux du management pour organiser, communiquer, motiver, gérer des situations difficiles et est-il motivé pour cela ?

> Voilà le cas d'un responsable d'une grande entreprise souhaitant aider un dirigeant à clarifier son projet professionnel. Le gestionnaire de carrière ne sait plus quoi faire. Le dirigeant, ancien polytechnicien, a échoué trois fois dans un poste de management, mais il ne peut le reconnaître. Ce cadre dirigeant serait plus à l'aise dans des fonctions d'expertise mais l'entreprise, par dogme implicite, privilégie les polytechniciens dans les fonctions d'encadrement, quelles que soient leurs aptitudes.

Là encore le coach doit poser un regard de vérité et le partager avec les parties prenantes.

Le facteur technique : consulting ou coaching ?

Le consultant a une visée de conseil, il apporte des options. Le coach a une visée pratique, il aide à trouver ses propres options.

Le coaché a-t-il besoin d'options stratégiques techniques ou doit-il réfléchir sur son intelligence politique ?

> Voici le cas d'un dirigeant isolé au sein d'un comité de direction qui ne sait plus bien quel est son rôle. Comment va-t-il assumer sa solitude, rétablir le lien, écouter ce qui se dit dans les couloirs pour clarifier les missions de chacun, accepter l'ingratitude et retrouver sa sérénité ?

Le coach peut, par le reflet miroir, surtout s'il a lui même vécu des « traversées du désert », lui apporter son éclairage.

En coaching collectif

Le facteur temps

Le coaché souhaite-t-il dynamiser sa ligne managériale dans la durée, à chaque niveau dans une démarche apprenante qui donnera des résultats sur le long terme, ou doit-il répondre à une urgence ?

> Voilà le cas d'un dirigeant de qualité qui souhaitait prendre un an pour comprendre « qui n'avait pas été suffisamment écouté, afin de les aider à se muscler et à se remettre en mouvement pour atteindre la performance sociale et économique recherchée ».
> Ce fut pour le coach une aventure humaine exaltante.

Le facteur différenciation des besoins

Le coaché ignore-t-il que son management intermédiaire n'a pas la même formation en management que son comité de direction ?

> Voici le cas d'un dirigeant disant : « Avec cette strate de personnel, il faudra revenir à des éléments de formation de base au cours de la cohésion d'équipe ».
> Ce que le coach approuva totalement.

Le facteur gestion des ressources humaines

Le coaché ignore-t-il qu'il est impossible de faire une cohésion d'équipe avec deux membres sur douze qu'il ne souhaite pas garder à court terme ?

> Voilà enfin le cas d'un dirigeant disant : « Je ne suis pas certain de garder ces deux éléments qui ont déjà eu plusieurs avertissements, voulez-vous les auditionner dans le cadre des entretiens préparatoires de cohésion d'équipe ? »
> Le coach devra lui donner une réponse négative claire et argumentée.

Les limites du coaching

Elles sont de trois ordres :

- *du temps* : le canal interrogatif est dangereux dans l'urgence. Seules les entreprises ayant un projet à long terme peuvent avoir recours au coaching ;

- *du coaché* : rien ne peut se coconstruire sans demande. Cependant, les managers sont de plus en plus formés au développement personnel et à l'expression d'une demande pour évoluer.

- *du coach* : toute action peut être dommageable sans maturité, sans compétence ni supervision de pratique. C'est pourquoi des écoles de bon niveau se structurent depuis plusieurs années.

L'élaboration de la demande

Au niveau organisationnel

« J'ai besoin de réactualiser les relations avec votre environnement, de contribuer à la détection de nouvelles offres, des conquêtes de nouveaux marchés, d'élaborer où on va et comment on y va, en ouvrant mes capteurs, en faisant de la veille, en sentant les choses de façon informelle à travers les réseaux, d'être plus stratège et moins opérationnel. »

« J'ai besoin d'aide pour élaborer ma communication lors du lancement de projet stratégique, pour faire passer des messages lors d'externalisation, pour réduire les coûts et faire monter en compétences, pour communiquer sur les succès dans l'élaboration de nouvelles organisations de diversification. »

« J'ai besoin d'aide pour oser la transgression permanente, pour casser les habitudes, amener de l'énergie et un nouveau souffle, pour progresser en organisation dans la direction de mon unité, en nommant un directeur général adjoint lorsque mon centre est le résultat de la fusion de deux cultures différentes. »

Au niveau de l'équipe

« Mon équipe réfléchit, le service ne remplit pas ses objectifs de rentabilité, cela crée de l'angoisse et une attitude attentiste, alors que nous devrions rapporter de la marge. Je veux remotiver en créant des brainstormings et des groupes projet afin que chacun devienne force de proposition. Je les structurerai pour éviter la panique, puis je déléguerai avec des points de contrôle pour favoriser l'engagement. Pouvez-vous m'aider ? »

« Mon équipe rayonne, nous sommes fiers, je dois faire du marketing viral pour initier une dynamique sur un autre service que je reprends en cherchant les éléments moteurs sans déstabiliser les autres. Je veux créer des relais managériaux supplémentaires et gérer la colère des non-élus à ce poste en développant recul et harmonie, en m'isolant des rumeurs et en me concentrant sur mon cœur de métier. Comment ? »

« Mon équipe est scindée en deux, un adjoint isolé et qui me trouve stressant et une équipe qui dialogue avec moi. Je veux améliorer le climat en étant plus clair dans mes rapports avec chacun des membres, soit décider d'arrêter, soit déléguer davantage. Pouvez-vous m'aider ? »

Au niveau personnel

« Je souhaite mieux me connaître pour identifier mes forces enfouies, les exploiter, combler mes faiblesses et accepter mes imperfections. Comment trouver le courage d'oser pour gérer un conflit générateur de stress ? »

« Je souhaite mieux gérer mon n+1, qui est un ami. Comment trouver le bon positionnement ? »

« Je souhaite retrouver un meilleur équilibre entre ma vie professionnelle et ma vie personnelle et mieux gérer mon temps. Comment retrouver mon esprit de recul pour me préparer à des nouvelles responsabilités ? »

« Je souhaite réconcilier mon image interne et mon image externe. Comment maîtriser l'image que je renvoie ? »

Le besoin du client est le fil rouge qui permet au coach de déterminer sa stratégie et de l'accompagner vers un changement de comportement et une recherche de performance.

L'évaluation de l'état de maturation de la demande de coaching

Avez-vous pris le temps de regarder la totalité de la réalité de votre situation professionnelle, avec ses points d'appui et ses sources de difficulté ?

Dans le cas où cette réalité est source de problèmes, avez-vous suffisamment analysé les enjeux et êtes-vous preneur de solutions pour les résoudre ?

Conscient de l'existence de solutions, avez-vous besoin d'aide pour vous engager dans leur mise en œuvre ? Étant conscient des problèmes et motivé pour les résoudre, admettez-vous que des solutions peuvent exister ?

Quel est votre niveau de prise de conscience, comment dépasser les méconnaissances du réel, la mauvaise appréciation du réel, pour vous ouvrir avec confiance ?

L'offre et le référencement

En quoi le coaching est-il différent ?

Coaching/formation individuelle ou collective

La formation traite du développement des compétences, le coaching du développement du talent.

Nous l'avons vu, le coaching traite de l'identité professionnelle de son client ainsi que son évolution. L'investissement du client représente la moitié de l'énergie déployée dans le travail en commun. Les incidences de la relation affective – notamment à l'autorité parentale – sur les apprentissages et sur la relation au travail sont traitées.

Coaching/conseil

L'efficacité des solutions provenant de l'extérieur ne résiste pas devant celles des solutions élaborées par le sujet concerné.

En coaching, le client est considéré comme possédant les ressources pour résoudre ses problèmes et pour évoluer. Le coach l'aide à élaborer progressivement sa cohérence intérieure par rapport à ses projets.

Coaching/psychothérapie

Le travail est centré sur le développement professionnel et non sur le développement personnel uniquement, il est également centré sur le présent et l'avenir. Il ne s'attarde pas sur les conflits du passé.

En quoi le développement personnel est-il différent du développement spirituel ?

Le développement personnel consiste dans le fait de mieux gérer ses émotions et les différentes facettes identitaires de son ego, alors que le développement spirituel consiste en une libération de l'ego, un assouplissement de l'ego, pour aller sur le « chemin du milieu », qui ne se situe plus dans la dichotomie et qui favorise la paix intérieure.

Il faut distinguer le développement spirituel en Occident du développement spirituel en Orient où ce n'est pas par la croyance que l'on acquiert la libération mais par un travail sur son fonctionnement mental. En Orient, chacun possède en soi un potentiel d'éveil lui permettant de développer une clarté et une compassion absolues. La méditation est un travail de distanciation, pour sortir d'une fixation répétitive où nous vivons une apparence comme une réalité. La personne peut être en lien avec le masque social, c'est la persona, mais aussi avec la personne divine, c'est alors le souffle de l'esprit.

L'enseignement de base de la spiritualité est donc en lien avec le développement personnel, il consiste dans un entraînement à développer un état d'esprit positif pour se désintoxiquer de notre ego. Il est alors important de rester vigilant, de ne pas remplir d'espoir une expérience d'un moment car le désespoir suivra, de continuer à rester dans la voie du milieu, de continuer à s'ouvrir à soi et aux autres, de rester dans l'incertitude pour ouvrir des possibles.

Pourquoi ne pas honorer les deux expériences, la vie humaine dans la vérité relative, au sein de la dualité et l'aspiration à la vérité ultime dans l'unité ? En psychologie humaniste, quand nous nous centrons sur le « Prince derrière le crapaud que les frustrations de la vie nous ont fait devenir », nous abordons le plan spirituel de l'être.

> « La spiritualité, c'est croire que l'esprit de reconnaissance et de communion est possible, il n'y a pas de véritable management sans cet esprit d'écoute et de partage. » (Pascal Lagarde, dirigeant de dirigeants chez EDF)

> Pour François Henri Pinault, PDG de LVMH, la devise d'Artémis, « Croire, oser, agir », est la devise de management qui le guide pour développer confiance en soi et en l'autre.

> Pour François Dalle, le prédécesseur de Lindsay Owen Jones à la tête du groupe L'Oréal, l'acte de management de base était chaque matin de prendre une feuille blanche et de s'interroger : que vais-je faire d'utile et de bénéfique pour mon groupe et pour mes collaborateurs ?

> « Soyez audacieux, débrouillez-vous tout seul et faites le bien. » (Richard Branson, PDG de Virgin)

> « Vis chaque jour comme s'il était le dernier, notre temps est limité, ne le perd pas en vivant la vie de quelqu'un d'autre. » (Steve Job, PDG d'Apple)

Le processus de référencement

Les entreprises régulent le marché en référençant, en élisant des coachs correspondant à leur culture et à leurs besoins. Le référencement exige :

– une réputation, une déontologie, une affiliation professionnelle, une structure juridique et des modalités d'installation ;
– un support de commercialisation ;
– un contrat type de coaching.

Un équilibre des activités de coaching avec d'autres pratiques professionnelles : formation pour muscler les aspects théoriques, conseil pour acquérir une large expérience pratique, psychothérapie pour ouvrir le champ de ses perceptions…

Être coach, c'est en effet proposer une offre qui intègre un dispositif complexe de formation au management, de coaching individuel et collectif, de groupe de codéveloppement, de forum ouvert…

> **Mes 4 P**
>
> *Produit* : quelle est ma promesse ? Mon identité de coach se décline autour du coaching et du management « au féminin » : un nouveau style de coaching et de management pour intégrer le masculin et le féminin en soi, défi d'avenir, afin de développer des stratégies créatives adaptées à la complexité, car la performance durable dépend d'une communication de qualité. Comme Héraclite, je reçois mes clients dans ma cuisine aux trois fenêtres donnant sur un parc planté d'arbres centenaires, car « les dieux sont aussi dans la cuisine ».
>
> *Promotion* : quelle est ma communication ? Mes programmes sont expliqués dans mes livres, sur mon site, dans mes conférences alliant théorie et pratique qui s'enrichissent en permanence par une fermentation croisée.
>
> *Place* : quels sont mes clients ? Les entreprises du CAC 40 où je suis référencée coach de dirigeants.
>
> *Prix* : quel est mon rapport qualité/prix ? J'aligne ma promesse dans des formations personnalisées, sur mesure, de haut niveau, dans un décor d'abondance et de simplicité.

Chapitre 3

Les nouveaux comportements du dirigeant

> « Les hommes qui donnent se confirment les uns aux autres qu'ils ne sont pas des choses. » (Marcel Mauss)

Gérer la coopération et les conflits

Devenir leader de sa stabilité émotionnelle

Le développement de la coopération : comment sortir des procès d'intention par les signes de reconnaissance, la posture d'OKness, en dépassant les positions de vie problématiques, la clarification de la prise de décision ?

Dans la nature, on observe aussi bien la compétition pour la survie que l'interdépendance. C'est pourquoi le conflit de rivalité est inévitable mais que sa résolution est également possible.

En entreprise, il est de plus en plus essentiel de coopérer pour affronter la mondialisation et engendrer de la performance durable. Dès lors, comment transformer les émotions négatives en émotions positives pour coopérer ?

Il s'agit de devenir leader de sa stabilité émotionnelle : le stress se combat par le développement de la résilience, de la capacité à créer de la vie malgré les frustrations, comme l'a développé Boris

Cyrulnik. Le leader conscient de lui-même et ayant atteint une stabilité émotionnelle développe sa présence au monde, et donc son esprit de négociation, son influence et son charisme en pratiquant une philosophie de l'attention.

La conscience, c'est-à-dire la capacité à créer un monde et l'élargissement de ce monde qui peut nous stimuler ou nous enfermer, s'obtient par l'analyse.

> « J'ai peur de cette situation de négociation avec les syndicats, c'est en apprivoisant ma peur que je vais construire l'intrépidité et l'audace pour trouver des solutions innovantes, c'est en entrant en relation avec ma peur que je ne serais plus le jouet de cette peur. »

Dès lors comment allons-nous évoluer ? Par une obligation de remettre en cause notre fonctionnement avec douceur et fermeté, en s'observant sans se juger. Cette justesse se trouve par une « introspection miroir » en s'analysant sans s'identifier.

Pour préparer une rencontre, faire passer un message et désamorcer un conflit externe, en s'affirmant, en écoutant l'autre et en cherchant une solution gagnante pour toutes les parties, les positions de perceptions sont précieuses.

OUTIL

Pour préparer une rencontre

- Affirmation et impact de mon objectif :
  - quel est mon objectif lors de l'entretien ? À court terme, à long terme ?
  - comment j'exprime ou rappelle mon objectif lors de l'entretien ?
  - quels sont mes points forts et mes points faibles dans l'entretien ?
  - quelles sont mes stratégies d'action ?
  - quel va être mon comportement dans l'entretien ?
  - comment je souhaite clore l'entretien ?
- Écoute et empathie pour saisir les opportunités :
  - quel est l'objectif de mon interlocuteur ?
  - quels sont ses points forts et ses points faibles ?
  - comment j'écoute ses arguments, que puis-je retirer de cette écoute ?

> - quelles sont ses stratégies d'action ?
> - quels vont être les comportements de mon interlocuteur, comment s'y préparer ?
> - comment mon interlocuteur souhaite-t-il clore l'entretien ?
> • Dépassement du problème et prise de recul :
>   - quelles sont nos zones possibles d'accord ?
>   - comment évoquer les opportunités à long et moyen terme ?
>   - comment pouvons-nous gagner chacun et ensemble ?
>   - comment pouvons nous voir cette situation positivement ?

Le triangle dramatique

Quelle est l'origine des conflits ? La peur des responsabilités, le besoin de donner des conseils, le besoin de bagarrer, mais aussi les objectifs cachés et les doubles contraintes.

Quels sont les rôles ? Le persécuteur-dévalorisateur, le sauveur-interventionniste, la victime-irresponsable.

Comment sortir du conflit ? Éviter les comparaisons, ne pas humilier, laisser parler, formuler un plan d'action.

Quelles sont les méthodes ? « Faire le disque rayé » : répéter les règles, « faire le sphinx » : écouter, « faire l'édredon » : j'ai bien entendu.

Et aussi s'interroger sur son comportement, donner les faits, son ressenti, formuler une demande, découper le problème, commencer par le désaccord le plus faible…

Enfin, lâcher prise pour ne plus être victime de nos représentations limitantes !

La solution : comprenons la question existentielle de chacun, utilisons le bon canal de communication, les permissions et les signes de reconnaissance adaptés à notre interlocuteur. Comprenons en quoi une interaction favorise ou entrave la motivation.

Les sept compétences du négociateur

Un leader sait négocier, dénouer les tensions par le dialogue et débloquer la situation :

– il sait ce qu'il veut et évalue ses marges de manœuvre en comprenant l'objectif de l'autre ;
– il perçoit les intérêts sous-jacents, ses besoins et les besoins de l'autre ;
– il a confiance qu'une solution est possible, mais il peut imaginer le pire et élaborer différentes options pour construire un plan B ;
– il comprend les normes et les comportements ;
– il fait le vide, rend son esprit spacieux pour se sentir disponible. Il met du cœur dans son discours et soigne sa gestuelle ;
– il écoute activement, prend des notes, s'adapte à son interlocuteur, aide l'autre à ne pas perdre la face, sait conclure ;
– il sait ce qu'il fera s'il perd…

La coopération

La coopération signe la sortie de la compétition des jeux de pouvoir. Elle nécessite une maturité liée à une stabilisation émotionnelle. Cette stabilisation provient du dépassement de la confusion, de l'ambivalence, de la révolte de base, ainsi que de l'adéquation entre l'image interne et l'image externe pour exercer une influence sans menace.

Elle se traduit par des comportements de négociateur, des talents pour partager des règles simples qui consistent en une absence de privilège, une absence de non-dit, une absence de sauvetage, afin d'éviter les frustrations qui conduisent vers des comportements défensifs individualistes et dans le but de rendre chacun plus confiant.

Elle se traduit aussi par un esprit d'attention, de développeur de talent, par une posture qui cesse de souligner ce qui ne va pas, qui cesse de ne pas supporter le talent de l'autre.

Gérer la qualité de son temps, ses priorités et ses choix de vie

Devenir leader de la diversité

Devenir leader de la diversité interne et externe : la diversité est d'abord à l'intérieur de nous-même. Elle est ensuite dans le contexte d'action, en ouvrant notre compréhension aux différents points de vue, et en restant un référent dans un contexte changeant.

Le leader « en sécurité interne », lui permettant de concilier les contraires, à la fois engagé et en recul, cherche ce qu'il peut apporter d'utile et de non nuisible chaque matin à lui-même, à son équipe et à son organisation, il a développé clarté et compassion.

La gestion du temps

Comment gérer ses priorités pour trouver le sens, pour accorder aspirations personnelles et projet professionnel ?

Gérer son temps, son équilibre entre temps professionnel et temps personnel, et ses choix de vie est une question existentielle intégrant l'altérité, l'équilibre entre les hommes et les femmes, entre les seniors et les juniors, entre les autodidactes et les diplômés, entre les différentes personnalités et entre les différentes ethnies. Les entreprises sont de plus en plus demandeuses de formation à l'altérité pour dépasser « le plafond de verre de nos préjugés » et accepter de voir la différence comme un enrichissement, et non comme une menace.

La diversité est d'abord en nous-même, nous avons tous, hommes et femmes, une part féminine faite de réceptivité et de mystère de l'échange et une part d'action et de magie de structuration du réel. D'où viennent ces différentes parties de nous-même ? Pourquoi avons-nous renforcé l'une au détriment de l'autre ? Comment fluidifier les différentes facettes de notre personnalité pour sortir de la confusion, de l'ambivalence, du reproche… ?

La diversité est ensuite dans le contexte d'action. Quelles sont les différentes facettes internes à activer pour nous adapter à un contexte mouvant, sans générer trop de résistances ? Comment rester un référent dans la tempête ? Plus nous nous confrontons aux urgences de la mondialisation, plus nous devons être capables de développer des forces de ressourcement et de recueillement internes.

- *Objectif :* repérer ses modes de fonctionnement. Identifier ses ressources. S'appuyer sur ce qui fonctionne, et transformer les obstacles en opportunités.
- *Résultat :* clarifier son esprit pour rendre le temps plus vivant, plus efficace et plus serein. Construire un espace intérieur pour se distancier et faire face à ses difficultés. Se dégager de ses messages contraignants pour fluidifier sa diversité interne et son comportement externe. Une bonne gestion du temps permet de faire ce que l'on s'est engagé à faire.
- *Définition :* nous vivons dans un espace-temps limité, le bien-être et l'efficacité viennent de la satisfaction à réaliser dans cet espace-temps nos aspirations, le mal-être d'une distorsion entre nos souhaits et nos réalisations.

La qualité du temps dépend de la hiérarchie de nos aspirations prioritaires, et celle-ci dépend de notre clarté d'esprit à la concevoir :

Le manque de temps est une illusion de l'esprit, il résulte d'un manque de distance émotionnelle par rapport à la tâche à effectuer.

Ce sont les mêmes zones du cerveau qui sont activées lorsque vous imaginez et lorsque vous agissez… Cela dépend de l'action des fameux neurones miroirs logés dans les zones motrices du cortex préfrontal qui montrent qu'observer, c'est exécuter.

Il est alors important d'avoir cette discipline à chaque instant, de se préparer en imaginant là où il serait bien pour nous d'aller. Soyez précis sur les critères de l'objectif final : voir, entendre, sentir, financier, communication, production… Vous serez attiré par cela.

Même aujourd'hui, où les horizons se limitent en durée, l'important, c'est le chemin, un objectif clair inscrit un chemin inspirant pour devenir créateur de sa vie, pour devenir plus acteur et moins victime, pour habiter son projet, pour voir le verre à moitié rempli et non celui à moitié vide !

Trois principes d'efficacité personnelle

Loi de Parkinson

Une activité occupe le temps imparti… l'efficacité n'est donc pas fonction de la durée.

- Combien de temps vous faut-il pour qu'une réunion soit efficace ?
- Êtes-vous moins efficace si vous travaillez moins ?
- Rattrapez-vous le temps d'absence en vacances, en séminaire ?
- Un regard nouveau ne vous permet-il pas de prioriser ?
- Qu'est-ce qui détermine la fin d'une activité ?

Ce que les processus délégués peuvent apporter :
- une coresponsabilité, un coapprentissage, un soutien réciproque, une audace partagée ;
- une libération du chef par délégation d'action portée par les membres ;
- une meilleure priorisation des différents contenus ;
- un apprentissage de ce que c'est que d'être leader en utilisant tous les styles de management simultanément et à tour de rôle (pousse décision : directif ; cadenceur : informatif ; faciliteur : délégatif ; coach ou « conscience du groupe » : participatif).

OUTILS

Une réunion performante

- Ce qu'elle est :
  - elle est une réunion préparée, où chacun a synthétisé ses apports ;
  - elle est une réunion déléguée, où chacun apporte toute son énergie de proposition ;
  - elle débouche sur de nombreuses décisions ;
  - les décisions prises ont des délais de réalisation courts.
- Ce qu'elle n'est pas :
  - de la lecture accompagnée ;
  - de la présentation sans discussion ;
  - de la discussion sans décision ;
  - de la justification de l'action et de l'importance de chacun.

En France, la culpabilité sur le temps est forte, est bon celui qui travaille longtemps – 60 heures plutôt que 35 heures. C'est différent en Allemagne, en Italie, aux États-Unis – c'est ainsi qu'à Harvard, on apprend à dire non et à accepter de ne pas être parfait, dans les séminaires de gestion du temps.

Rappelons-nous que la disponibilité ne s'apprécie pas en temps mais en présence. Car la réactivité n'est pas synonyme d'efficacité. En effet, « l'enaction », terme inventé par Varela, pour objectiver le retour vers soi et intégrer que toute perception est une interprétation, favorise la maturité des choix. En amoindrissant la durée, nous faisons des choix, nous allons à l'essentiel, nous nous organisons, de façon individuelle comme de façon collective... L'efficacité n'est donc pas fonction de la durée...

Cela dépend du sujet, du message, du nombre de personnes et de leur motivation... Mais cela doit, surtout, être défini avant, car cela permet d'anticiper, de déléguer, d'être courageux...

EXERCICE D'ENTRAÎNEMENT

LE PROBLÈME C'EST NOUS ! QUELLE EST VOTRE EFFICACITÉ ?

Je vous propose, en solo, de prendre une feuille blanche :
- notez-y votre définition de l'efficacité ;
- puis votre définition de la satisfaction, source de motivation et donc de performance : pouvez-vous être efficace sur le long terme sans être satisfait ?
- décrivez une journée réussie.

Grille d'Eisenhower

Prioriser, c'est choisir ce qui correspond à notre responsabilité et à notre profit.

Important, non urgent (InU) : ce qui donne sens, perdre deux heures de transport et éviter une grève de vingt personnes.

Urgent, important (UI) : ce qu'il faut faire rapidement à moins d'attendre que cela ne perde son caractère d'urgence.

Urgent, non important (UnI) : ce qui doit être délégué (seule l'action est déléguée, jamais le contrôle de cette action).

Non urgent, non important (nUnI) : ce qui est à mettre à la poubelle.

EXERCICE D'ENTRAÎNEMENT

LE BILAN DE VOS PRIORITÉS

Faites le bilan de vos priorités, de vos motivations à agir : travail, partage, défi d'actions, de vos actions chronophages.

Regardez celles sur lesquelles vous pouvez agir, puis représentez le camembert présent et désiré de vos tâches d'encadrement, de commercialisation, de stratégie, de réunion…

S'il y avait une seule tâche à faire d'ici ce soir, ce serait laquelle ?

Et si vous ne la faites pas, quel serait le risque ?

Qu'avez-vous évité de faire ? Pourquoi faut-il le faire ? Qu'est ce qui est important pour vous ?

Loi de Pareto

20 % des priorités produisent 80 % des résultats…

Demandez-vous quel est le noyau dur de votre fonction, votre valeur ajoutée, ce qui revient à identifier le peu qui produit le beaucoup, sans vous leurrer sur le plaisir qui conduit à la motivation et à la performance.

EXERCICE D'ENTRAÎNEMENT
VOTRE VALEUR AJOUTÉE

Qu'est-ce que vous aimez dans votre fonction ? Qu'est-ce qui vous manque et vous préoccupe ? Qu'est-ce que vous aimiez dans votre précédente fonction ? Quelle est votre exigence pour votre prochaine fonction ?

Prenez le temps de réfléchir à quelles conditions vous souhaiteriez changer de fonction. Pour vous aider, imaginez qu'à partir de lundi vous avez une nouvelle mission et que vous êtes à mi-temps…

Que conservez-vous pour être efficace, quel est le noyau dur ? Quelles sont les conséquences de vos choix sur vos résultats, négatifs, positifs ? Quelle est votre satisfaction de ne faire que ce qui correspond au noyau dur ? Qu'attendent de vous vos collaborateurs, votre boss, vos clients ? Quelle est votre image auprès de votre entourage professionnel ? Qu'est-ce que vous faites que vous devriez faire moins ? Qu'est-ce que vous ne faites pas et que vous devriez faire plus, ou mieux ? Demandez-vous quel serait le successeur idéal, le successeur réaliste ? Quels conseils lui donneriez-vous pour réussir sa mission ?

Votre successeur : quelles sont les instructions particulières que vous allez lui donner pour réussir dans votre fonction ? Sur le plan des objectifs prioritaires ? Si vous aviez l'intention de « l'aider » lors du début de sa prise de poste, que pourriez-vous faire d'efficace pour lui faire gagner du temps et de l'impact ?

Après ce travail sur l'efficacité et la satisfaction, je vous propose de prendre de l'altitude et c'est ainsi que je vais vous emmener dans un voyage à travers le temps pour favoriser vos aptitudes à l'anticipation.

EXERCICE D'ENTRAÎNEMENT
UN TEMPS POUR L'ANTICIPATION

Nous sommes en 2012, vous avez le sentiment fort d'un projet réussi et qui vous apporte de la satisfaction, vous avez déterminé un objectif précis, positif, possible, pour donner du sens au quotidien en explorant le long terme, vous pouvez ainsi harmoniser aspirations personnelles à long terme et objectifs professionnels à court terme.

Quel est ce projet réussi ?

Quels seraient trois avantages à ce projet ?

Quels seraient trois obstacles à ce projet ?

Quelles seraient trois actions pour contourner ces obstacles ?

Nous sommes en 2011, que faites-vous ? Nous sommes en 2010, que faites-vous ? Nous sommes en 2009, que faites-vous ?

Pour habiter son projet, il faut commencer par l'exprimer. Exprimer ses obstacles rend souvent le but atteignable. Si vous vous préparez, si vous visualisez le futur, il est possible qu'il se réalise…

Pour recevoir l'altérité, il faut d'abord savoir quoi lui donner. Rappelons-nous que donner et recevoir sont les deux aspects d'un même flux vital. Il s'agit d'apprendre à donner de façon lucide et généreuse pour savoir recevoir sans boulimie ou sans culpabilité.

Donner de la qualité à notre temps, c'est hiérarchiser nos besoins et nos aspirations. C'est l'espace intérieur de l'esprit qui crée un espace-temps extérieur. Le temps peut s'offrir à nous d'une façon beaucoup plus vaste que nous ne l'imaginons. C'est en effet le développement d'une vision panoramique des différents domaines de la vie qui permet de lâcher une fixation excessive au travail et de goûter aux différentes activités vitales en s'investissant consciemment dans chacune d'elles.

La gestion du temps donne sens à notre vie en accordant aspirations personnelles et réalisations professionnelles. Elle nécessite une posture Adulte permettant de construire un espace intérieur pour vivre un temps vivant et adapté à la diversité. Elle se traduit par des comportements de soutien pour s'engager dans des choix lucides.

La gestion du temps et des choix de vie doit être complétée par des outils du type PCM afin de comprendre les différences à la fois sur le plan cognitif et comportemental pour utiliser les complémentarités.

David Kantor distingue quatre joueurs, quatre rôles différents pour faire progresser une équipe : celui qui impulse et celui qui suit, celui qui observe et celui qui s'oppose. Belbin en observe huit : l'organisateur, le président, le moteur, le planteur, l'explorateur, le rationnel, l'équipier, le perfectionniste.

Elle doit également être complétée par des outils de négociation pour identifier et dépasser les jeux de pouvoir.

Les gros cailloux de la vie

Un jour, un vieux professeur fut engagé pour donner une formation sur la planification efficace de son temps à un groupe d'une quinzaine de dirigeants de grosses compagnies nord-américaines. Ce cours constituait l'un des cinq ateliers de leur journée de formation. Le vieux prof n'avait donc qu'une heure pour « passer sa matière ».

Debout, devant ce groupe d'élite, qui était prêt à noter tout ce que l'expert allait enseigner, le vieux professeur les regarda un par un, lentement, puis leur dit : « Nous allons réaliser une expérience. »

Le vieux professeur sortit un pot de verre de plus de quatre litres qu'il posa délicatement en face de lui. Ensuite, il sortit environ une douzaine de cailloux à peu près gros comme des balles de tennis et les plaça délicatement, un par un, dans le grand pot. Lorsque le pot fut rempli jusqu'au bord et qu'il fut impossible d'y ajouter un caillou de plus, il leva lentement les yeux vers ses élèves et leur demanda : « Est-ce que ce pot est plein ? »

Tous répondirent : « Oui. »

Il attendit quelques secondes et ajouta : « Vraiment ? » Alors, il sortit de sous la table un récipient rempli de gravier. Avec minutie, il versa ce gravier sur les gros cailloux, puis brassa légèrement le pot.

Les morceaux de gravier s'infiltrèrent entre les cailloux... jusqu'au fond du pot. Le vieux professeur leva à nouveau les yeux vers son auditoire et redemanda : « Est-ce que ce pot est plein ? »

Cette fois, ses brillants élèves commençaient à comprendre son manège. L'un d'eux répondit : « Probablement pas ! »

« Bien ! », répondit le vieux professeur. Il sortit cette fois de sous la table une bonbonne de sable. Avec attention, il versa le sable dans le pot. Le sable alla remplir les espaces entre les gros cailloux et le gravier. Encore une fois, il demanda : « Est-ce que ce pot est plein ? »

Cette fois, sans hésiter et en chœur, les brillants élèves répondirent : « Non ! »

« Bien ! » répondit le vieux professeur. Et, comme s'y attendaient ses prestigieux élèves, il prit le pichet d'eau qui était sur la table et remplit le pot jusqu'à ras bord. Le vieux professeur leva alors les yeux vers son groupe et demanda : « Quelle grande vérité nous démontre cette expérience ? »

Pas fou, le plus audacieux des élèves, songeant au sujet du cours, répondit : « Cela démontre que, même lorsque l'on croit que notre agenda est complètement rempli, si on le veut vraiment, on peut y ajouter plus de rendez-vous, plus de choses à faire. »

« Non, répondit le vieux professeur, ce n'est pas cela. La grande vérité que nous démontre cette expérience est la suivante : si on ne met pas les gros cailloux en premier dans le pot, on ne pourra jamais les faire entrer tous ensuite ».

Il y eut un profond silence, chacun prenant conscience de l'évidence de ces propos.

Le vieux professeur leur dit alors : « Quels sont les gros cailloux dans votre vie ? Votre santé ? Votre famille ? Vos ami(e)s ? Vos rêves ? Apprendre ? Défendre une cause ? Ou... toute autre chose ? Ce qu'il faut retenir, c'est l'importance de mettre ses gros cailloux en premier dans sa vie, sinon on risque de ne pas réussir... sa vie. Si on donne priorité aux peccadilles comme le gravier, le sable, on remplira sa vie de peccadilles et on n'aura plus suffisamment de temps précieux à consacrer aux éléments importants de sa vie. Alors, n'oubliez pas de vous demander quels sont les gros cailloux dans votre vie. Ensuite, mettez-les en premier dans votre pot, dans votre vie. »

D'un geste amical de la main, le vieux professeur salua son auditoire et lentement quitta la salle.

Les chemins du développement personnel et du développement spirituel se rejoignent ici pour donner un sens à notre vie, en dépassant nos peurs, en acceptant le réel, en avançant pas à pas, pour découvrir une sécurité intérieure.

Cette sécurité intérieure permet de méditer sur ce qui nous exaspère, de ne pas faire du malheur d'autrui le matériau de notre bonheur, de ne pas être prévisible…

Gérer son intelligence politique

Devenir leader de sa créativité

La créativité est tout simplement un outil qui nous permet de résoudre les problèmes que nos outils actuels sont incapables de résoudre.

Le leader créatif est stratège, il développe sa capacité de choix en adéquation avec l'environnement toujours changeant en pratiquant une philosophie du doute et de l'incertitude pour être en état d'apprentissage permanent. Chaque matin, il se pose la question : « Comment vais-je transformer mes insatisfactions en me remettant en cause pour changer de regard ? »

Comment faire pour faire avancer mon projet avec PIP (plan d'intelligence politique) ? Pour manager dans la complexité, il s'agit de faire un diagnostic de l'état présent avec un sociogramme objectivant la complexité liée à l'environnement et aux réseaux d'influence, de définir un objectif, puis d'établir un plan d'action pour trouver de nouveaux repères.

Le dirigeant stratège

L'environnement se caractérise par cinq mutations majeures :
- contraction du temps : Internet ;
- éclatement de l'espace : mondialisation ;
- perte de stabilité et difficulté de projection dans l'avenir ;
- contrôle limité des décisions : interactions multiples ;
- autonomie des organisations : influence des réseaux.

Quel est l'état d'esprit du stratège devant la « résistance du réel » ?

- il délimite les frontières du système ;
- il élabore une pluralité de plans avec les arguments minoritaires ;
- il identifie le positionnement de chaque acteur et le sien ;
- il muscle ses décisions en développant son intuition et ses capteurs d'informations ;
- il manage son manager, fait le deuil du manager idéal ;
- il se focalise sur la phase amont en nouant des alliances ;
- il témoigne de discrétion, pour accroître ses marges de manœuvre et de courage pour résister aux pressions ;
- il dispose d'une capacité de lâcher prise, de distanciation qui lui permet de ne plus être victime de ses émotions parasites et de ses croyances limitantes pour s'adapter au réel ;
- il peut imaginer le pire, n'est pas dépourvu dans l'adversité.

Quel est le plan d'action du stratège ?

- Il prévoit les conséquences : en imaginant les rétroactions ;
- il explore les ressources, les mécanismes de coopération pour échanger des compétences ;
- il optimise le lancement : en communiquant aux seuls intéressés avec prudence.

L'intelligence politique est, au sens étymologique, une intelligence sensible pour mieux vivre ensemble, et non une intelligence des jeux de pouvoir pour mieux écraser l'autre car, nous le savons, le pouvoir personnel rétrécit l'esprit.

Elle nécessite une posture Adulte permettant d'exercer un pouvoir sans menace, en développant notre créativité pour rester un référent dans un contexte mouvant, où le réel résiste souvent, en travaillant sur l'océan de nos perceptions.

Elle se traduit par des comportements de stratège, des talents pour avancer pas à pas, pour ouvrir nos capteurs, pour nouer des alliances, pour témoigner de curiosité, d'audace, de discrétion et de lâcher prise.

Le plan d'intelligence politique (PIP)

Influence exercée

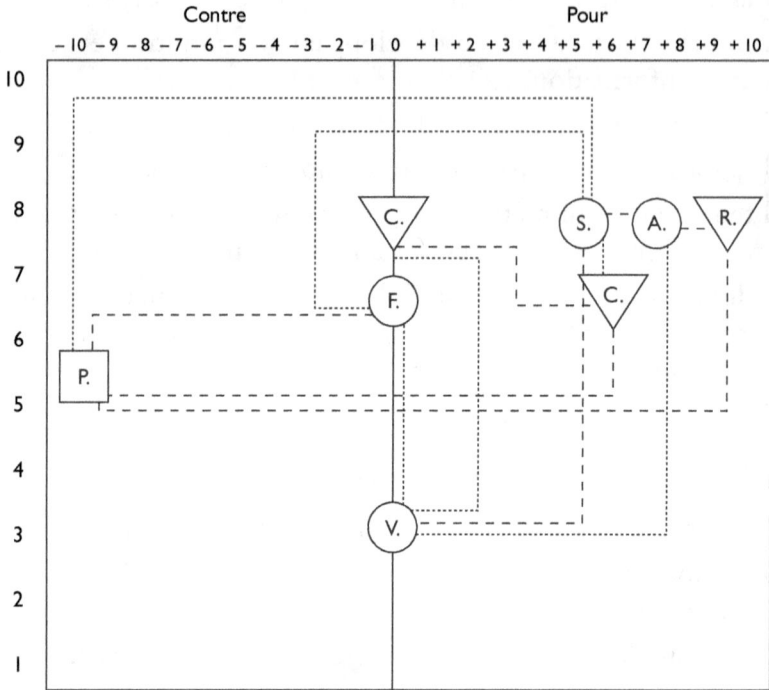

Capacité à changer d'influence exercée : □ = faible ; ○ = moyen ; ▽ = élevé

Relations avec les acteurs clés : négatives = ·········· *positives =* – – – –

1/ Quelle est l'influence de chaque acteur, sur une échelle de 1 à 10 ?
2/ Comment est utilisée cette influence, pour ou contre le projet de transformation ?
3/ Comment est-il possible de changer cette influence ?
4/ Quels sont les liens entre les acteurs, fusionnels ou conflictuels, négatifs ou positifs ?

Figure 1 – Votre plan d'intelligence politique personnel

Dans une situation complexe, PIP est un outil efficace pour identifier les synergies, se faire des alliés, trouver des solutions où chacun est gagnant.

Dans votre situation professionnelle :

– quelles sont les personnes importantes ?

– quelles sont les informations importantes ?
– comment faites-vous pour recevoir plus d'informations ?

**Tableau 1 – Votre fiche de données politiques
et vos acteurs**

Nom de l'acteur clé	Influence organisationnelle			Influence exercée			Capacité à changer d'influence exercée			Relations personnelles
	1	–	10	–10	0	10	□	O	▽	+ / –
	faible		élevée	contre		pour	faible	moyenne	élevée	

Gérer son impact et développer sa pédagogie de dirigeant

Devenir leader de la transversalité

Le leader de la transversalité n'est pas dans le pouvoir hiérarchique, il apprend donc la subtilité. Son influence résulte de son rayonnement, de sa clarté d'esprit, de sa capacité à reconnaître chacun et de sa capacité à s'impliquer quand c'est nécessaire.

Il sait, que dans le monde de la complexité nécessitant une adaptabilité permanente, il faut améliorer la relation transverse, faire agir avec responsabilité et autonomie sans responsabilité hiérarchique, former le pilote de projet à la posture de médiateur et de porteur d'un projet collectif dans l'harmonie plutôt qu'à la posture de décideur.

Chaque matin, il se demande comment écouter en profondeur sans être traversé par des ondes de jalousie, d'attachement, de rejet. Comment donner de l'importance à chacun et reconnaître sa spécificité ? Comment faire circuler l'information, comment organiser par projet en fixant le cap et en facilitant le chemin ?

Comment créer plus d'interdépendance, ne pas solliciter uniquement quand on en a besoin mais vérifier que tout fonctionne ensemble comme un guide de montagne avec sa cordée ? Comment être dans le doute constructif pour refaire le point régulièrement comme un marin dans la tempête ? Comment transférer de l'énergie dans les moments difficiles, comment décider fermement et avec douceur… ?

Développer un point de vue enseignable (TPOV)

Quelles sont vos convictions transmissibles ? Quelles sont les valeurs qui vous guident dans un système incertain ? Pour avoir un point de vue enseignable (*teachable point of vue*, TPOV), vous devez vous connaître. Les valeurs du dirigeant ont en effet un impact fort sur le système. Le charisme vient de la capacité à exprimer sa vision en créant un champ positif d'influence.[1]

« Afin de développer les talents des autres, vous ne devez pas seulement avoir des connaissances implicites, vous devez être capable de les expliciter de manière à ce que d'autres puissent les comprendre et bâtir sur celles-ci. Un point de vue ne suffit pas. Vous devez avoir un point de vue enseignable ».[2]

Un accent particulier est placé sur les idées, la vision stratégique, les valeurs, l'énergie et la capacité à poser des limites et sur la façon de développer ces trois axes en vous-même et chez vos collaborateurs. Pour être présent à soi-même et aux autres, il est important d'être dans une posture d'entraînement permanent.

Voici un exercice pour synthétiser votre propre « point de vue enseignable », votre pédagogie de dirigeant « car le dirigeant moderne est celui qui permet de développer ses collaborateurs dans le cadre d'une organisation apprenante ».

---

1. Le point de vue enseignable (« *teachable point of vue* », TPOV) est basé sur les travaux de Noel Tichy, professeur à Harvard.
2. Tichy N., *The leadership engine*, Collins, 2002.

TPOV est un outil de communication pour expliquer où vous souhaitez aller et comment : à travers vos tops et vos flops passés, ainsi qu'à travers vos enjeux actuels, veuillez chercher à traduire vos leviers de réussite, vos leçons issues de l'expérience, vos motivations et aptitude à poser un cadre clair par l'intermédiaire d'une métaphore.

Étape 1 : identifiez vos idées stratégiques clés

Comment menez-vous votre réflexion sur vos choix, comment mobilisez-vous votre volonté pour réaliser ce que vous avez choisi ? Qu'est-ce qui fonctionne ? Qu'est-ce qui dysfonctionne ? Où se trouvent les leviers pour créer de la réussite ? Quelles sont les idées clés guidant votre vision de la direction ?

> Ma pédagogie de coach : une vie professionnelle se construit à partir d'une histoire personnelle. Mon histoire m'a guidée vers le sens du service et le sens de l'indépendance. Mon idée-force c'est de promouvoir le coaching et le management au féminin.
>
> Étant experte de la survie et du rebondissement en milieu incertain, je serai le cabinet spécialiste d'un coaching et d'un management nouveau pour intégrer le masculin et le féminin en soi, afin de développer des stratégies pour s'adapter à la complexité. Mon facteur de différenciation est ce management du féminin.
>
> Ma première idée : la problématique de genre est à la base du développement identitaire, aider un dirigeant à se développer, c'est l'aider à trouver son équilibre masculin/féminin pour cesser d'accuser en projetant ses manques.
>
> Ma deuxième idée : aider un dirigeant à se développer, c'est l'aider à dépasser les problèmes identitaires pour développer clarté d'esprit et bienveillance du cœur.
>
> Ma troisième idée : aider un dirigeant à se développer, c'est l'aider à développer une intelligence politique et sociale pour trouver sa juste place et exercer un pouvoir sans menace pour l'autre.

Étape 2 : identifiez vos valeurs clés

Pensez aux situations de vos fonctions de direction dont vous êtes le plus fier… et au pire moment de celles-ci. Quelles leçons tirez-vous de ces expériences ? Quels sont les valeurs et les principes clés caractérisant votre approche de la direction des affaires ?

> Mes valeurs clés reposent sur l'étymologie de mon prénom, Martine vient de mars qui veut dire guerrière, je suis une croisée !
>
> J'ai confiance en moi en connaissant mes limites, je suis concentrée sur mes priorités et quand j'ai décidé, je suis combative pour atteindre mes objectifs. Ces trois valeurs : confiance, concentration, combativité sont également des valeurs que j'aide mes coachés à développer pour ouvrir les perceptions, faire grandir dans la parité et combattre les positions figées.

Étape 3 : évaluez votre empathie, votre énergie et votre capacité à poser des limites

Examinez brièvement les questions ci-dessous et évaluez votre propre style d'énergie et votre profil de décisionnaire, comment fonctionnent-ils ensemble, avec votre boss, avec votre équipe, avec quels moyens mettez vous en œuvre vos valeurs ?

Résumez en quelques phrases selon vous le rôle de l'énergie et de la capacité à poser des limites dans votre « point de vue enseignable », dans votre pédagogie de dirigeant.

> Mon énergie se caractérise par SOS (Sécurité, AUdace, Surprise).
>
> Ce qui me motive c'est la création, j'aime construire mes séminaires comme un voyage à la rencontre de soi et de l'autre pour repartir sécurisés et dynamisés, en développant les notions de plaisir, de liberté et de respect.
>
> Mon énergie augmente dans l'alliance avec les autres. Ce que je ne veux pas, ce que je refuse absolument, c'est les coups tordus.
>
> Mon rêve serait de remplacer la jungle par un royaume « de dialogue des princes » derrière les crapauds que la vie nous fait trop souvent devenir.

Comment décririez-vous votre propre « énergie » ?

Qu'est-ce qui vous motive le plus ? Qu'est-ce qui vous démotive le plus ?

Comment pouvez-vous augmenter votre propre niveau d'énergie positive ?

Définissez votre capacité à poser des limites (*edge*) avec justesse dans une attitude de « bienveillance implacable ». Comment pourriez-vous évaluer votre aptitude à prendre des décisions justes ?

Quelles sont les décisions justes que vous devez prendre ? Quand ?

Que pouvez-vous faire pour améliorer votre capacité à prendre des décisions justes ?

Étape 4 : synthèse

Notez vos réponses relatives aux trois étapes précédentes : idées, valeurs, 3 E (*empathie, energie, edge*) : ce sont les trois éléments clés de votre pédagogie de dirigeant.

Réfléchissez à la manière de synthétiser et de communiquer votre point de vue enseignable dans un « discours » de cinq minutes. Une histoire ou une expérience servant de métaphore pourrait démontrer votre point de vue enseignable.

> **Ma métaphore** : Le livre de la jungle : « j'aurai une tribu à moi que je conduirai à travers les branches », disait le petit d'homme Mowgli. Mon rôle est d'accompagner les dirigeants à conduire leur tribu à travers leur jungle.
>
> **Et les objets de mon talent** : Bagheera, la protectrice de Mowgli : une énergie d'intervention pour faire grandir l'homme, Shiva, le dieu indien de la vie et de la mort, pour créer un monde en dansant, en acceptant l'aventure de la vie.

EXERCICE D'ENTRAÎNEMENT
L'INTERVIEW TÉLÉVISÉE

Imaginez-vous que vous êtes interviewé par un journaliste, qui fait un documentaire sur les « organisations apprenantes ». Dans une minute, la caméra s'allumera. À ce moment-là, le journaliste vous demandera : « Veuillez me dire votre point de vue enseignable sur vos qualités de direction, votre pédagogie de dirigeant : quelles sont les idées stratégiques que vous promouvez pour mener à bien votre activité et comment celles-ci vous sont elles venues ? Quelles valeurs animent ces idées ? Comment stimulez-vous vos collaborateurs et comment mobilisez-vous votre capacité à poser des limites, pour prendre des décisions et faire des choix justes? »

Il vous demandera d'expliquer en cinq minutes votre objectif, vos valeurs, vos 3 E.

Préparez-vous et recevez un feedback de votre entourage :

– sur le fond : les 3C (clair, convaincant, concret) ;

– sur la forme : les 3 R (regarder, respirer, rythmer).

Chapitre 4

Les réponses en coaching individuel

Les programmes de développement du leadership

Le leadership touche à l'innovation, à la sensibilité, à la gestion des émotions.

Qu'est-ce que la sensibilité en entreprise ? Fuir la souffrance et trouver le plaisir, pour écouter, dynamiser et fixer des règles du jeu explicites et équitables afin d'obtenir un résultat performant… C'est un travail sur les hommes et avec les hommes. Cela suppose de développer une absence de préjugés, une aptitude à communiquer dans une ambiance partenariale tout en restant centré sur les objectifs.

Un leader est d'abord conscient de lui-même, de sa relation au pouvoir, à l'argent, à l'amour et ensuite conscient du niveau de développement de ses équipiers pour les amener à grandir.

Pour Will Schutz, un leader au lieu de diriger, guide, reconnaît le droit à l'erreur. Au lieu de coordonner, il facilite, gère les conflits, en faisant grandir en autonomie. Au lieu d'informer, il communique, puis agit en trouvant les ressources. Au lieu de produire, il innove et gère le changement, en développant la créativité pour s'adapter à un environnement toujours changeant.

Un leader sublime ses blessures, rebondit, sait apprivoiser ses peurs, est intuitif car présent à lui-même, est sensible à la beauté, vit le présent avec intensité. Un leader est pionnier, donne sens aux moments difficiles, a une parole qui met en mouvement, est capable de se remettre en cause.

Pour moi, un leader sait donc gérer les émotions de peur, de désir, de colère, d'orgueil et de jalousie qui interagissent en permanence. Il apporte des réponses comportementales adaptées en adoptant simultanément des postures de soutien, de reconnaissance, de négociation, de valorisation... et sait faire la fête quand le projet est réalisé. Il innove et fait travailler ensemble pour apporter bien-être et performance.

Les pièges majeurs du dirigeant sont l'isolement et la toute-puissance, la meilleure façon de cultiver le détachement est de se doter des services d'un regard extérieur pour affiner sa perception, sa force de caractère et sa capacité d'action.

Se manager soi-même

Quoi construire ? Avec quelles règles de conduite et quelles méthodes pour ne plus être cet homme pressé, tourmenté, pour sortir des affects négatifs, pour développer son empathie, son assertivité, son influence et ses réseaux ?

Il s'agit d'abord de se manager soi-même : être leader de soi, c'est gérer son temps et son stress, développer son empathie, son assertivité, son influence afin d'atteindre un sentiment de réconciliation et d'apaisement lié à la fin d'un écartèlement intérieur.

« Mes forces : mon expertise, mon sens du service, mon équilibre. Mes axes de progression : développer la créativité et la prise de risque. Je vais créer des surprises, poser des questions ouvertes, affronter l'imperfection. »

« Mes forces : ma créativité et mon indépendance. Mes axes de progression : prendre le temps de mettre l'équipe au même rythme. Je retiens le recentrage sur soi et l'image du nettoyage du chemin pour aller vers l'objectif. »

« Mes forces : l'animation générale. Mes axes de progression : faire attention à ce que mon équipe me suive. Je vais me concentrer sur l'essentiel, respecter les individualités, regarder mon équipe autrement. »

« Mes forces : mon expertise. Mes axes de progression : développer la prise de décision rapide dans un contexte peu consensuel. Je vais m'appuyer sur le plaisir, la clarté de l'objectif et l'engagement. »

« Mes forces : ma capacité à créer du lien. Mes axes de progression : développer le recul et oser dire non pour ne pas être le bureau des pleurs. Je vais laisser tomber le masque et ne pas chercher la perfection. »

Manager son équipe

Il s'agit ensuite de manager son équipe : être leader de son équipe, c'est communiquer, gérer les conflits et affirmer sa pédagogie de dirigeant pour développer sa lucidité, dépasser le sentiment d'aller au blocage sans prise de recul par rapport à ses représentations limitantes.

« Mon équipe dialogue à l'intérieur du département mais pas entre départements. Je dois poursuivre le coaching d'équipe, je veux continuer à aller de l'avant afin de fidéliser les meilleurs avant qu'ils ne partent. Je vais faire confiance, responsabiliser « mon rêveur », arrêter d'être derrière eux en définissant bien les rôles et les modes opératoires. »

« Mon équipe attend, je voudrais que l'on fasse ensemble des choses que l'on croyait impossible, en prenant du plaisir. Je vais oser, laisser s'exprimer et déléguer, cesser de recadrer « mon rêveur. »

« Mon équipe a pris racine mais nous sommes noués, ce qui est contre-productif, nous avons le sentiment d'être les mal-aimés du groupe. Je veux créer de la fierté, insuffler de la légèreté, créer des réunions transversales à l'intérieur du groupe. Je découvre que la solution peut venir des autres, je dois davantage faire confiance à des gens très différents de moi, être plus directive avec « mon promoteur. »

« Je dois créer un lien entre trois services historiquement indépendants et optimiser les meilleures pratiques. Je vais créer un événement festif, occuper « mon promoteur », me détacher des détails de l'opérationnel en structurant et en préparant. »

« Mon équipe technique est déstabilisée par le changement de métier et le passage au numérique. Je veux produire des programmes autrement en retrouvant la sérénité, convaincre mes équipes que leur métier va dans le bon sens et qu'ils vont gagner. Je vais mettre en danger « mon promoteur » dans une mission de défi, mieux communiquer, expliquer, cesser de m'enfermer quand je suis stressé. »

Manager dans l'organisation

Il s'agit enfin de manager dans l'organisation : être leader dans son organisation, c'est développer son intelligence politique, son réseau pour dépasser un sentiment d'isolement lié à un manque d'appui patient sur la carte des alliés, à un manque de conscience des interdépendances.

« J'ai changé de périmètre et de pays dans le groupe, je dois aider à dépasser le traumatisme laissé par l'ancien directeur et instaurer le bonheur au travail. Dans un an, la culture d'entreprise aura évolué grâce à la mise à disposition d'outils du nouveau « business model ». Dans trois ans ma structure sera multiculturelle, leader du « customer management ».

« Je m'appuie sur mes spécificités métier, je suis en phase avec mon éditeur. Dans un an, j'aurais lancé un féminin de luxe. Dans trois ans, j'aurais lancé le pôle luxe. Ma métaphore est une ligne d'horizon, symbole du fait que l'on peut aller très loin. »

« J'ai achevé une mission d'organisation de façon courageuse avec efficacité, satisfaction client et bien-être des collaborateurs. Dans un an, j'aurais préparé mon successeur. Dans trois ans, l'inconnu ne me fait pas peur... »

« Je lâche prise pour répartir les responsabilités, je bâtis dans la continuité sans rien casser. Dans un an, tout le département sera segmenté et on aura déployé notre stratégie de communication. Dans trois ans, nous en aurons fini avec notre "Grande Muraille de Chine" et on pourra entendre " l'informatique est devenue humaine, ils nous ont compris !" »

« Mon influence s'est étendue. Dans un an, j'apporterai un contenu pour créer de nouveaux événements et spectacles. Dans trois ans, je continuerai à transgresser, à casser les habitudes, à impulser un nouveau souffle. »

Les programmes de gestion du stress

Les causes du stress sont multiples et renvoient à la complexité de l'environnement dans lequel nous évoluons. Cette complexité extérieure réactive nos peurs et notre manque de distance par rapport à nos émotions.

Dans l'environnement professionnel, le stress peut être engendré par des facteurs tels que l'importance des enjeux, les contraintes, les relations avec son environnement, les changements de poste, etc. auxquels sont soumises les personnes.

Au-delà d'un certain niveau, qui peut être mobilisateur, le stress est cause de perte de puissance, d'efficacité et source de mal-être. Il peut cristalliser un certain nombre de réactions physiologiques, psychologiques et comportementales, telles que l'agressivité, la perte de confiance en soi, la démotivation, l'anxiété et la dépression, ainsi que des réponses comportementales inadaptées comme la surconsommation d'alcool, de tabac, la réduction de la capacité de concentration, l'altération de la mémoire…

Ces modes de gestion du stress ont un impact négatif potentiellement considérable sur la performance professionnelle.

Les approches cognitivo-comportementales, humanistes et issues de la psychologie bouddhiste présentent un certain nombre de concepts, outils et techniques qui peuvent être utilisés de façon efficace dans la relation de coaching, et plus spécifiquement dans la gestion du stress.

À partir d'une coconstruction dans l'ici et maintenant, orientée vers des solutions, l'interaction vise des changements cognitifs, émotionnels et comportementaux de la personne pour améliorer son bien-être et ses performances.

L'accompagnement de la personne met en avant, au travers des situations évoquées, l'identification du stress et de ses conséquences, et propose des techniques concrètes de contrôle pour une amélioration de la performance et du bien-être de la personne.

Nature et mesure du stress

Il s'agit d'abord d'identifier les sources et les conséquences du stress : les stresseurs, la triade « situation-pensée-émotion », les conséquences psychologiques, émotionnelles et comportementales.

DÉFINITION

L'émotion

Émotion vient du latin *motere* et signifie « qui met en mouvement ». Les émotions sont des réponses à des stimuli reçus dans le système limbique qui transmettent l'information au système reptilien, provoquant des réactions physiologiques d'attaque, de fuite ou d'immobilisation accompagnées d'expressions faciales spécifiques puis au cortex qui élabore une réflexion. Sans émotions, nos comportements seraient asociaux, nous serions privés de liens, de soutien, d'empathie…

D'après Ekman, professeur de psychologie à Harvard, six émotions primaires caractérisent le patrimoine commun de l'humanité : la joie, la surprise, la peur, la colère, le dégoût, le chagrin. Elles se combinent pour former les émotions secondaires : le désir est un alliage de surprise et de joie ; la honte, de dégoût et de peur ; la jalousie, de tristesse et de colère.

D'après la psychologie bouddhiste, qui ne fait pas de différence entre états mentaux perturbateurs et émotions, il existe cinq émotions de base : l'ignorance, le désir, la colère, l'orgueil et la jalousie, qui peuvent être de véritables poisons en entreprise, mais peuvent aussi devenir des sources d'énergie si elles sont identifiées et traversées.

Apprendre à gérer le stress

Une fois les facteurs de stress identifiés, il faut mettre en place des stratégies et des techniques de gestion du stress : la diminution et le contrôle des sources du stress sur plusieurs niveaux, le contrôle des émotions par la relaxation, la pratique de l'assertivité, l'identification des distorsions cognitives de raisonnement, la gestion des priorités. Et pratiquer la gestion du stress en promouvant la vigilance cognitive et en acceptant des comportements de soutien social.

Pour gérer le stress, il faut d'abord calmer le corps par la respiration. Sans apaisement du corps, la créativité ne peut apparaître. Puis prendre conscience de son ressenti, le situer sur une échelle d'intensité, repérer « les émotions parasites » qui se cachent derrière : par exemple, est-ce que notre colère n'est pas là pour cacher notre peur ou débusquer « les émotions élastiques », celles qui réactivent une histoire mal vécue et enfin prendre du recul, mettre de l'espace et du temps avant de réagir pour laisser l'esprit s'ouvrir aux solutions innovantes, afin de faire face. ?

Petit à petit, nous devenons plus sereins mais toujours concernés, sachant exprimer nos émotions positives pour motiver.

La confiance en soi vient d'une vision lucide et positive qui écarte les peurs de ne pas être reconnu, de ne pas être à la hauteur, de ne pas atteindre les objectifs… Elle permet de tester plusieurs solutions en s'engageant sans s'identifier. Plus nous exprimons nos émotions, plus nous communiquerons avec authenticité. Plus nous sommes détachés, plus notre action sera juste. Lorsque l'esprit est clair, le monde se simplifie.

Les programmes de gestion du temps et des choix de vie

Nous vivons dans un espace-temps limité, le bien-être et l'efficacité viennent de la satisfaction à réaliser dans cet espace-temps ses aspirations, le mal-être d'une distorsion entre nos souhaits et nos réalisations.

Le temps c'est la vie. Alors comment vivre le présent avec qualité et efficience en cherchant le sens, efficacité en cherchant la rentabilité, énergie en cherchant la détente, sans être pollué par la nostalgie du passé ou la peur de l'avenir ? Il faut pour cela repérer ses modes de fonctionnement, identifier ses ressources, s'appuyer sur ce qui fonctionne et transformer les obstacles en opportunités.

L'objectif est de clarifier son esprit pour rendre le temps plus vivant, efficace et serein, construire un espace intérieur pour se distancier et faire face à ses difficultés, se dégager de ses messages contraignants pour fluidifier son comportement. Une bonne gestion du temps permet de faire ce que l'on s'est engagé à faire.

« Seul l'homme libre a le pouvoir de dire non, l'esclave dit toujours oui. » (Malraux)

Première étape : le bilan des objectifs prioritaires

La qualité du temps dépend de la hiérarchie de nos aspirations prioritaires, qui dépend elle-même de notre clarté d'esprit à la concevoir.

Le manque de temps est une illusion de l'esprit, il résulte d'un manque de distance émotionnelle par rapport à la tache à effectuer. *Urgere* en latin signifie tourmenter. Il s'agit de prendre rendez-vous avec soi chaque jour pour faire des choix plus lucides.

À travers la mise en application concrète de deux lois clés, nous analyserons la notion de durée par rapport à la notion de résultat :

- *loi de Parkinson* : « Une activité a tendance à occuper le temps qui lui a été imparti » ;
- *loi de Pareto adaptée à l'organisation* : « 20 % de mes activités produisent 80 % de mes résultats ».

Puis nous élaborerons une définition de l'efficacité d'un manager et de son équipe : les critères, les points d'appuis, les repères pratiques.

L'analyse du temps vécu : une journée, une semaine, un mois, sous l'éclairage des résultats.

L'adéquation d'une mission et d'une disponibilité : le temps du planifié et celui de l'imprévu.

Enfin nous envisagerons nos objectifs d'amélioration : Pour quels résultats tangibles ? Avec quelle satisfaction ?

Deuxième étape : le diagnostic des actions chronophages

Il s'agit d'abord d'identifier nos voleurs de temps. Puis d'identifier nos ressources mentales, sensibles, physiques pour gagner dans la tête avant de gagner sur le terrain.

Nous nous placerons ensuite dans un scénario positif pour visualiser la réussite avec le compte à rebours, puis nous chercherons à construire concrètement notre futur : comment y arriver ? Quels sont les obstacles rencontrés et contournés ?

Enfin nous poserons des jalons pour comprendre le mécanisme du stress dans ses aspects neurologiques et comportementaux.

Troisième étape : de la réflexion à l'action, les actions correctives

Nous approfondirons des techniques pour mieux maîtriser les réunions et les entretiens, la gestion des interruptions, la dispersion et la pression du quotidien. Puis nous cernerons le cœur de notre fonction.

EXERCICE D'ENTRAÎNEMENT
RECRUTEMENT D'UN SUCCESSEUR

Ce travail permet une intéressante prise de recul d'un responsable par rapport à sa mission, l'élaboration d'une stratégie efficace de recrutement et de délégation, l'anticipation sur l'évolution souhaitable de la fonction à moyen et long terme, la présentation par chacun des compétences requises pour une bonne maîtrise de la fonction.

EXERCICE D'ENTRAÎNEMENT

PLAN DE JOURNÉE DU LENDEMAIN ET DE LA SEMAINE

Nous nous attacherons à identifier nos priorités : ce que je dois faire moins ou avec un autre degré de réalisation ; ce que je dois faire plus, par qui, pour quel résultat et comment ; ce que je dois faire pour conserver le contrôle et l'évaluation des écarts.

EXERCICE D'ENTRAÎNEMENT

PRÉPARATION D'UN PLAN D'ACTION SUR L'EFFICACITÉ : GAGNER DIX HEURES PAR SEMAINE !

Nous travaillerons sur nos représentations et sur nos actions pour créer de l'espace-temps, sur les bénéfices à ne pas changer pour faire des choix plus lucides :

Premier objectif : le participant est invité à dresser un plan d'action précis et détaillé sur les mesures prises pour optimiser son temps en se recentrant sur l'essentiel du corps de sa fonction.

Deuxième objectif : le participant est invité à communiquer sur ses méthodes de travail afin de convaincre son équipe.

Il s'agira d'anticiper le mois à venir avec un travail sur l'agenda de chacun, puis d'identifier les activités importantes professionnelles et personnelles de maintenant à un mois au niveau des entretiens, des réunions, des projets, des chantiers en cours, des réflexions stratégiques, de la vie personnelle : quoi faire pour « honorer » ces moments ? Comment les protéger ? Quoi dire, qui voir, quoi préparer pour mieux les vivre ? Puis d'identifier les activités polluantes – professionnelles et personnelles – dans la même période de temps. Et de demander : est-ce à faire ? Est-ce à moi de le faire ? Puis-je agir autrement ?

Bilan

Comment passer d'une attitude de manager à une position de leader (renforcer son influence et clarifier son image dans un contexte managérial, accroître son leadership et l'efficacité de son management.) ?

- Prendre des décisions.
- Gérer la diversité et les conflits.
- Coacher ses collaborateurs.
- Dynamiser son équipe.
- Animer des projets.
- Faire passer des messages efficaces et percutants.

Lorsque l'esprit est clair, l'influence positive se développe pour s'enrichir des différences, le monde se simplifie, le temps est plus vivant, plus efficace et plus serein…

Les programmes de gestion de la communication

Il s'agit de mesurer la complexité de la coopération : s'affirmer et accueillir l'altérité, afin de donner de la qualité à la relation pour développer son leadership et son followership, changer ses perceptions et ses actions.

L'objectif est de développer son assertivité, adapter son style de management à ses collaborateurs, gérer son stress et celui de l'autre.

APPORT THÉORIQUE

La Process Communication Management

La Process Communication Management (PCM), créée par Taibi Kahler, à partir de l'Analyse Transactionnelle, définit six types de personnalités en lien avec des modes de perceptions et correspondant à des besoins spécifiques. Ces types s'expriment à travers des scénarios au niveau de la motivation, de la communication et de la gestion du stress.

- Rêveur : a besoin de temps, a une motivation pour l'analyse, une force d'imagination, aime un environnement simple, manifeste un style de management directif, est doué pour la recherche. Il pense, pour être aimé, qu'il doit être fort et a tendance au retrait lorsqu'il n'est pas reconnu dans son besoin d'imaginer.

- Travaillomane : a besoin de reconnaissance du travail accompli, a une motivation pour la logique, une force d'expertise, aime un environnement fonctionnel, manifeste un style de management informatif, est doué pour la production. Il pense, pour être aimé, qu'il doit être parfait et a tendance à surcontrôler lorsqu'il n'est pas reconnu dans ses compétences.
- Persévérant : a besoin de reconnaissance des opinions, a une motivation pour la « grandeur », une force d'organisateur, aime un environnement classique, manifeste un style de management informatif, est doué pour la Direction générale. Il pense, pour être aimé, qu'il doit être parfait et a tendance à partir en croisade lorsqu'il n'est pas reconnu dans son besoin d'exprimer ses convictions.
- Rebelle : a besoin de réactivité, a une motivation pour la créativité, une force d'improvisation, aime un environnement ludique, manifeste un style de management délégatif, est doué pour le marketing. Il pense, pour être aimé, qu'il doit faire des efforts et a tendance à critiquer lorsqu'il n'est pas reconnu dans son désir de liberté.
- Promoteur : a besoin de défi, a une motivation pour l'action, une force de conviction, aime un environnement luxueux, manifeste un style de management directif, est doué pour les relations commerciales. Il pense, pour être aimé, qu'il doit être fort et a tendance à manipuler s'il n'est pas reconnu dans son désir d'action.
- Empathique : a besoin de chaleur, a une motivation pour la relation, une force de sensibilité et de compassion, aime un environnement familier, manifeste un style de management participatif, est doué pour la communication et les ressources humaines. Il pense, pour être aimé, qu'il doit faire plaisir et accumule les sauvetages s'il n'est pas reconnu dans ses sentiments.

Le processus est plus important que le contenu : la PCM permet également de définir les canaux de communication à privilégier ou à éviter pour une relation positive : l'empathique doit être abordé à travers un canal réconforteur, en manifestant des encouragements, le rebelle à travers un canal émoteur, en s'amusant, le persévérant et le travaillomane à travers un canal interrogateur, en échangeant les informations, le promoteur et le rêveur à travers un canal directeur, en donnant des protections. Le but est de devenir polyglotte.

Quel est mon immeuble ? Mon comité de direction intérieur ? Nous avons les six types en nous, comme nous avons les différents états du Moi en nous, mais l'un domine, c'est ce qui constitue la base de notre immeuble.

Hypothèse 1 : les modes de perception déterminent nos types de personnalité

APPORT THÉORIQUE

> **Les modes de perception**
>
> Nous avons une porte d'entrée privilégiée qui déterminera notre type de personnalité, à partir du triangle Tête/Cœur/Corps, suivant le mode de perception que nous préférons.
>
> À partir du principe de plaisir, nous avons des besoins, des motivations, des forces, un environnement et un style de management préférés.

La diversité est d'abord en nous-mêmes. D'où viennent ces différentes parties de nous ? Pourquoi avons-nous renforcé l'une au détriment de l'autre ? Comment fluidifier les différentes facettes de notre personnalité pour sortir de la confusion, de l'ambivalence, du reproche… ? Comment nous fluidifier pour accepter notre diversité interne ?

La diversité est ensuite dans le contexte d'action. Quelles sont les différentes facettes internes à activer pour nous adapter à un contexte mouvant sans générer trop de résistances ? Comment rester un référent dans la tempête ?

EXERCICE D'ENTRAÎNEMENT

TEST INTUITIF : MON COMITÉ DE DIRECTION INTÉRIEUR

- Mes surprises ? Mes forces ?
- Mes conditions d'efficacité (par satisfaction de mes besoins) ?
- Mes situations pièges (par manque d'énergie psychique) ?
- Mes axes de développement (pour éviter que mes forces ne deviennent des faiblesses, sur quelles croyances et filtres reposent ces évitements ? Comment les assouplir ?) ?

Hypothèse 2 : le stress résulte de la non-satisfaction de nos besoins

Un comportement de stress est en lien avec un besoin non satisfait à cause d'un interdit interne. La satisfaction entraîne un changement de phase (à l'issue d'une période de stress d'au moins deux ans) et la naissance d'un nouveau besoin. Un changement de phase est progressif et permet de comprendre ses propres contradictions. Les signes de reconnaissance calment le stress. Chaque type de personnalité a sa source de motivation, ses forces et ses faiblesses et donc a besoin de signes de reconnaissance spécifiques.

APPORT THÉORIQUE

La chaîne cognitive limitante

Au départ il y a un interdit interne, qui génère une angoisse par non-satisfaction des besoins, puis des comportements sous stress et des sabotages.

Si un individu n'obtient pas de satisfaction positive, il cherchera une satisfaction négative, un bénéfice secondaire et développera un comportement inefficace, une séquence de détresse, de décompensation du stress, amplifiant le désir et niant l'obstacle.

La PCM observe qu'en situation de mécommunication, quand le sujet ne reçoit pas ce dont il a besoin, il emploie des mimiques particulières correspondant à la répétition d'un scénario de vie négatif et à des comportements d'échec, « des séquences de détresse » : le persévérant et le travaillomane auront un masque d'attaquant, le promoteur et le rebelle un masque de blâmeur, l'empathique et le rêveur un masque de geignard !

La solution : comprenons la question existentielle de chacun, utilisons le bon canal de communication, les permissions et les signes de reconnaissance adaptés à notre interlocuteur. Comprenons en quoi une interaction favorise ou entrave la motivation.

Le manager d'équipe a une fonction de transfert, représente une figure parentale. Le stress interne est en lien avec le transfert.

Quand une équipe mécommunique, il est important de réguler, d'échanger des ressentis négatifs pour libérer l'énergie.

Tableau 2 – Les canaux de communication

Les questions existentielles	Le message contraignant	Le canal de communication approprié
Suis-je voulu ?	Rêveur : Sois fort	Management directif
Suis-je compétent ?	Travaillomane : Sois parfait	Management informatif
Suis-je digne de confiance ?	Persévérant : Sois parfait	Management informatif
Suis-je acceptable ?	Rebelle : Fais effort	Management délégatif
Suis-je vivant ?	Promoteur : Sois fort	Management directif
Suis-je aimable ?	Empathique : Fais plaisir	Management participatif

Tableau 3 – Les mécanismes d'échec de chaque type

Suis-je voulu ?	Rêveur se replie
Suis-je compétent ?	Travaillomane surcontrôle
Suis-je digne de confiance ?	Persévérant part en croisade
Suis-je acceptable ?	Rebelle bâcle
Suis-je vivant ?	Promoteur sème la zizanie
Suis-je aimable ?	Empathique fait des sauvetages

Tableau 4 – Les permissions à donner

Suis-je voulu ?	Rêveur : permission de sentir
Suis-je compétent ?	Travaillomane : permission de faire des erreurs
Suis-je digne de confiance ?	Persévérant : permission d'être proche
Suis-je acceptable ?	Rebelle : permission d'être soi-même
Suis-je vivant ?	Promoteur : permission de faire confiance
Suis-je aimable ?	Empathique : permission de se faire plaisir

EXERCICE D'ENTRAÎNEMENT

MON « COLLABORATEUR PROBLÈME »

- Identifier son comportement sous stress.
- Identifier son besoin insatisfait.
- Faire un plan d'action en terme de canal de communication à utiliser et de signes de reconnaissance ou de permissions à donner.

Le déroulement des séances de coaching individuel

Comment vont se dérouler ces séances de coaching individuel, sur le plan du contenu comme sur celui du processus ? Quels sont les indicateurs des phases du processus de changement que vit le coaché ? Quels seront les apports de la supervision pour devenir le coach dont le coaché a besoin pour évoluer ?

Le coaching est un voyage sur l'océan de nos perceptions pour tendre vers l'horizon de soi-même et devenir un référent dans un contexte changeant. En effet, le coach travaille sur les perceptions et non sur l'environnement. Il agit en miroir déformant pour permettre de voir l'essentiel. Il aide son client à réussir et à devenir autonome. Il planifie ses interventions dans un espace-temps défini, contrairement au thérapeute qui n'a pas de limite de temps.

Le coach crée un cadre pour explorer un potentiel, prendre un recul par rapport à des croyances — certes respectables mais peut-être non adaptées à la situation présente —, se mobiliser autour d'un projet qui tient à cœur, ne pas se laisser distraire par les urgences — savourez le présent et honorez son style…

Le coach écoute l'histoire, comprend avec empathie, confronte avec exigence, diagnostique les états du moi dominants, les messages contraignants et en déduit le scénario, la stratégie de satisfaction des besoins.

Il utilise les 3 P pour dynamiser le client : permission en envoyant de nouveaux messages sur le client, l'autre, le monde liés aux ressources de l'Adulte, protection contre les peurs de déplaire au Parent intérieur, puissance, « coup de marteau » pour aider le client à atteindre son objectif en l'atteignant soi-même.

APPORT THÉORIQUE

Déroulement d'une séance de coaching individuel

Chaque séance commence par une phrase d'accueil dans un climat d'alliance, en reprenant la dernière phrase de la précédente séance, se poursuit par une prise de conscience du travail de séance, puis un contrat de changement, puis une expérimentation pour aller au cœur du blocage et se termine par un plan d'action et un engagement à mettre en œuvre pendant l'interséance.

Cet engagement doit comprendre l'origine du comportement scénarique problématique, la confusion liée à des fixations issues du passé, les menaces à en sortir, et donc les risques de sabotage du contrat. Pour échapper aux émotions parasites qui traduisent le scénario, il faut mettre à jour les valeurs et les croyances, qui justifient les besoins insatisfaits, et donc travailler sur le Parent intérieur. Il s'agira, avec une infinie patience, de déconstruire les croyances limitantes à travers les méconnaissances et les transactions de redéfinition, déformant la perception de soi, de l'autre, du monde pour la faire correspondre à ses décisions scénariques.

La boite à outils de référence d'un coach pour un coaching d'excellence est variée mais laisse toujours la place à la magie de l'instant. À titre d'exemple, voilà un suivi possible…

La première séance

La première séance d'alliance commence devant un café ou un thé par la présentation du cadre du coaching, de la pédagogie et du ton pour élaborer un contrat relationnel. Elle se poursuit par la reformulation du contrat juridique au paperboard, contrat qui sera rapproché de chaque contrat de séance. Elle se centre sur « l'ici et maintenant » pour élaborer un chemin d'autonomie.

Le coaching est une rencontre de deux aventures humaines. C'est un voyage vers un changement déclenché par la présence de l'autre, un deuil de croyances limitantes car l'homme est d'abord un être de symbole qui doit clarifier des blessures mal digérées. La confiance permet d'accéder à l'inconnu de l'autre.

Mettre en place cinq excellences

Le coaching permet de vivre un moment de qualité pour trouver une nouvelle issue, à travers cinq protections de nos peurs pour sortir de la confusion d'esprit, de la sécheresse de cœur, de la baisse d'énergie du corps :

- excellence de l'espace pour s'émerveiller et prendre toute sa place ;
- excellence du temps où chacun fait le cadeau de sa présence ;
- excellence de la relation où chacun possède sa lampe d'Aladin de créativité, de dynamisme et de stabilité interne, faisant de la rencontre une œuvre de transformation ;
- excellence de la question posée et de sa pertinence : à quoi tu tiens, qu'est-ce qui te prend, qu'est-ce que tu entreprends, qu'est-ce que tu entretiens pour t'approcher, écouter, valoriser, accomplir ;
- excellence des valeurs pour agrandir sa vie, se responsabiliser, devenir maître de soi. Devenir maître de soi c'est ne pas juger, donner pour recevoir, accepter ce qui est sans subir, se détacher de ce qui n'est pas important.

Faire émerger l'énergie individuelle en différenciant apprentissage et échec

Quelle est la pédagogie, la philosophie d'entreprise, qui favorisera l'émergence de l'énergie individuelle ?

Il s'agit là de différencier apprentissage et échec : clé de l'estime de soi, à l'image de ce qui se passe dans les organisations apprenantes où l'on sait que l'on distingue quatre stades dans l'apprentissage. Nous sommes en effet successivement :

- inconsciemment incompétents (nous ne savons pas que nous ne savons pas) ;
- consciemment incompétents (nous savons que nous sommes dans l'ignorance) ;
- consciemment compétents (nous avons acquis une compétence) ;

– et enfin inconsciemment compétents (cette compétence est intégrée à notre fonctionnement).

On atteint ce dernier stade en tirant les leçons de ses erreurs comme des informations précieuses, en acceptant l'aventure de la vie ! En identifiant l'écart entre la situation désirée et la situation atteinte, en le mesurant et en agissant. C'est ce que développe le coaching.

Différencier perception et réalité

DÉFINITION

La perception

La perception est une interprétation qui s'accroche sur une histoire à partir d'une sensibilité. La conscience c'est la capacité à créer son monde. La pacification, c'est l'analyser pour apprendre à assouplir programmes et filtres.

Nos difficultés sont dues à nos perceptions, nous pouvons les modifier, et cette modification peut avoir des effets positifs sur nos pensées, ressentis et comportements. Il y a les faits, ce que je perçois, ce que je me représente, ce que je dis… avec des déperditions d'informations.

Les perceptions se font au travers de lunettes émotionnelles. Il s'agit de se détacher de soi pour identifier ses perceptions puis travailler sur son image pour restituer ses représentations.

Quelle est notre perception du monde ? Nous vivons le monde en nous mettant au centre et l'autre fait la même chose. Nous vivons donc avec des centres différents. Et ce centre se matérialise par un discours mental : j'aime ou je n'aime pas ou je suis indifférent, j'introjecte ou je projette ou je me détourne. Ces différentes tensions sont en lien avec la perception et cause de perturbation.

Personne ne vit dans le monde, chacun vit dans son monde ! Comment pouvons-nous nous délivrer des perturbations qui nous habitent ?

L'émotion naît à la rencontre de deux êtres, elle est basée sur l'ignorance de l'interdépendance et sur une saisie égocentrée.

Il s'agit de trouver le chemin du milieu, le chemin de la vacuité, le chemin de la porte de sortie.

Le développement personnel consiste dans le fait de mieux gérer son ego et son émotion, alors que le développement spirituel consiste en une libération de l'ego et de l'émotion pour sortir de notre fonctionnement duel, pour aller sur le chemin du milieu, de la vacuité : j'ai peur, c'est en apprivoisant ma peur que je vais construire l'intrépidité… En entrant en relation avec ma peur, je ne serai plus le jouet de cette peur.

Dans le monde il y a les parfaits qui camouflent leurs faiblesses et les pas parfaits qui peuvent atteindre l'éveil en s'améliorant sans cesse. Fasciné par mes manques, je les projette.

Comprendre le fonctionnement et l'évolution d'un être humain

Pour la psychologie humaniste et cognitive, un homme, une organisation, c'est un esprit, un cœur, un corps – ou une utopie, une ambiance détestable, le nez dans le guidon. Être dirigeant, c'est chercher à être aligné entre les trois composantes qui nous animent, retrouver ses trois énergies :

– esprit (intellectuellement vigilant et à l'écoute) ;
– cœur (émotionnellement sensible et stable) ;
– corps (physiquement calme et sans pression).

Quand nous vivons un problème, une dimension est négligée et prise en charge dans une symbiose avec un autre qui nous prive de notre autonomie.

L'être humain est le produit d'une évolution, évolution matérialisée par trois composantes de son fonctionnement qui s'expriment à travers ses trois cerveaux reptilien, limbique, cortical. De la même manière, un homme, une femme, c'est trois motivations de base d'après Maslow :

– un besoin de sécurité ;

– de reconnaissance ;

– de se réaliser.

Nous pouvons résumer ainsi les trois dimensions du dirigeant :

- L'action : l'attaque, la fuite et l'immobilisation archaïque ou la spontanéité, est ce que je sais doser mes efforts, me ressourcer, capter les messages venant de mes sensations ?

  « Fais du bien à ton corps pour que ton âme ait envie d'y rester »
  proverbe tibétain

- Les affects : l'image de soi, la froideur ou la sincérité, est-ce que je sais me faire confiance, faire confiance en l'autre, est-ce que je suis à l'écoute de mes sentiments et de ceux des autres ou suis-je fragilisé par mes émotions ?

- La réflexion : la confusion ou la clarté sur mes valeurs, suis-je capable de réflexion sur mes choix ou est ce que je me laisse guider par mes habitudes, suis-je capable de mobiliser ma volonté pour réaliser ce que j'ai choisi ?

Quelle est la cohérence entre pensée, sentiment, comportement : exemple : je ressens de la solitude, vais-je m'isoler ou aller au-devant des autres ?

À quoi attachez-vous le plus d'importance, quelle est votre dominante, comment être cohérent par rapport à vos besoins ? Comment être plus complet ?

Un « gagnant » est congruent, la congruence est la fidélité à soi-même, c'est la capacité à admettre sa singularité et celle de l'autre.

Le dirigeant doit s'appuyer sur les trois registres du langage : factuel, émotionnel, conceptuel, être concret, convaincant, clair.

Équilibrer intention et attention pour l'obtention de résultats durables

Il s'agit de mettre son énergie dans sa volonté personnelle mais aussi dans son intuition de l'autre pour dépasser ensemble le problème.

> « Se tenir dans la force de l'homme et la souplesse de la femme. »(Lao Tseu)

Ce principe traduit l'alliance du yin et du yang, la dimension féminine d'écoute et masculine d'assertivité du dirigeant. Suivant la situation, comment être au maximum dans l'affirmation de soi ou au maximum dans l'écoute de l'autre ?

Quel est mon objectif ? Quel est celui de l'autre ? Comment dépasser le problème ensemble ?

Notre pensée nous enferme dans la dichotomie, il s'agit de réunir les contraires pour trouver une sortie honorable pour tous.

Quel sera le contrat relationnel entre coach et coaché ?

Le but de ce contrat est d'éviter la relation symbiotique et de susciter à la fois la responsabilité et l'enthousiasme, en faisant émerger nos règles de fonctionnement en intelligence collective. Le principe de base est systémique, il permet de conjuguer le paradoxe de l'intention (s'impliquer au maximum) et de l'attention (écouter au maximum). Ainsi se mettent en place écoute et affirmation pour développer son assertivité, pour entrer dans la réalité de l'autre et l'aider à progresser.

Le contrat relationnel dans le cadre du coaching est une coconstruction avec protection et permission pour éviter les contrats secrets, qui se trament dans les relations dysfonctionnelles.

Ce processus reprend celui des trois stades de développement décrit par Will Schutz : c'est parce que nous sommes inclus que nous pouvons nous sentir important, nous donner des protections, puis que nous pouvons exercer une influence, nous sentir compétent, nous donner des permissions, que nous pouvons enfin nous ouvrir en acceptant notre « blessure qui pourra se transformer en perle », nous sentir aimable, développer notre puissance et construire ensemble en interdépendance.

**Tableau 5 – Exemple de contrat relationnel
entre le coach et le coaché**

Coconstruction et puissance	Coprotection	Copermission
Ponctualité	Confidentialité	Autorisation, Soutien
Participation	Professionnalisme	Droit à l'erreur
Contribution	Non-jugement	Encouragement
Élaboration de son projet	Confiance	Expérimentation
Responsabilité	Intégrité, authenticité	Lâcher prise sur le résultat
Autonomie	Analyse des risques	Reconnaissance

EXERCICE D'ENTRAÎNEMENT
LE PHOTO-LANGAGE

Le premier exercice se fait souvent à partir du photo-langage pour mobiliser le cerveau droit avec des métaphores. Il s'agit, à travers un choix de deux images, pour parler de soi, de qualifier la situation présente puis la situation désirée en regardant les avantages et les inconvénients de chaque situation afin de définir un espace de changement réaliste.

APPORT THÉORIQUE

Les issues dramatiques de scénario (IDS)

La compréhension des positions de vie (+/- : blesser l'autre, -/+ : se blesser, -/- : ne rien faire), est un prélude au changement de scénario. Le client n'a plus besoin de sentiments négatifs pour justifier le bénéfice final, de mettre en scène des événements douloureux pour utiliser son énergie.

Le coaché est satisfait, confiant, il sait qu'il se trouve dans un espace protecteur et exigeant pour explorer son potentiel et se dépasser. Le coaching est un espace de ressourcement pour un dirigeant, de récupération de l'énergie donné en management. Il cherche à observer et à comprendre les ressorts profonds de la subjectivité pour agir de façon extrêmement concrète.

La métaphore du Prince et du Crapaud

À l'origine de notre histoire, il y a un Prince, un être de talent, qui a été blessé par des principes éducatifs limitant son potentiel. Ceux qui ont un potentiel ont aussi un blocage. Ce Prince blessé s'est donc transformé en Crapaud agissant avec des mécanismes de défense inadaptés : trop de rationalisation, trop d'émotivité, trop d'activisme… Et pour ne pas voir sa laideur, il a adopté un masque social de bonne éducation, de perfectionnisme, de gentillesse…

Nos points scénariques représentent donc nos points forts comme nos points faibles. Le travail de changement du Prince blessé est un travail de déconfusion. Il permet de sortir de la blessure par la clarification des méconnaissances.

Le but du coaching est d'aider notre client à développer son Prince pour être autonome, c'est-à-dire spontané, ouvert et éthique, à ne pas s'identifier à son Crapaud qui n'est pas une réalité mais un avatar de son Prince, à dépasser son masque pour vivre avec plénitude, à ne pas aller vers des objectifs utopiques que lui suggérerait son héros de fer-blanc.

Comment ? En développant sa tête, en se donnant des protections et en analysant les conséquences de ses actions, en développant son cœur, en se donnant des permissions pour retrouver confiance, en développant son corps en mettant son énergie dans ses choix.

> En ce qui me concerne, je me représente ma Princesse sous la forme d'une femme spontanée, aimant sortir des sentiers battus et inventer, enfant on m'appelait « vif argent ». Mon Crapaud est inhibé, a peur de prendre du retard sur les apprentissages conventionnels, mon masque de perfectionniste vérifie sans cesse. Mon chemin d'autonomie devrait me permettre, avec une vigilance permanente, de naviguer souplement entre spontanéité et réflexion,

entre inventivité et docilité, en m'appuyant sur ma bienveillance naturelle et en étant moins crédule.

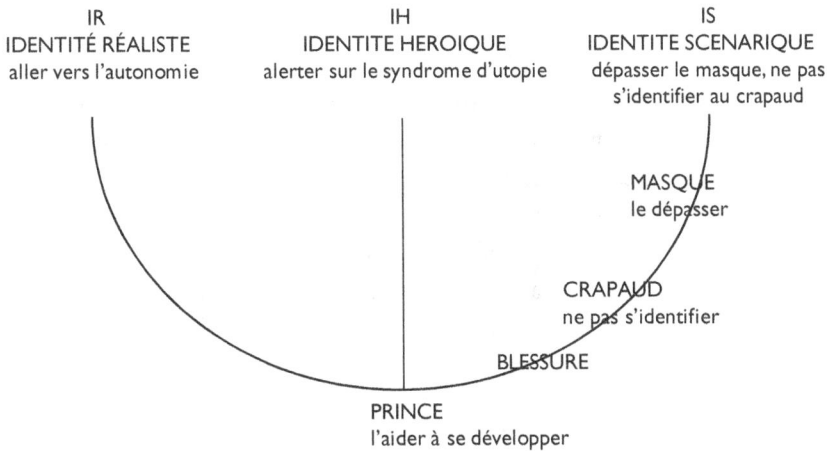

IR	IH	IS
IDENTITÉ RÉALISTE	IDENTITE HEROIQUE	IDENTITE SCENARIQUE
aller vers l'autonomie	alerter sur le syndrome d'utopie	dépasser le masque, ne pas s'identifier au crapaud

MASQUE
le dépasser

CRAPAUD
ne pas s'identifier

BLESSURE

PRINCE
l'aider à se développer

Figure 2 – Le schéma d'identité

Dans ce schéma on observe trois branches :

- l'identité réaliste traduit notre parfaite adaptation au présent en utilisant nos talents ;
- l'identité héroïque représente notre piège préféré ;
- l'identité scénarique est notre « pente naturelle, colorée par les émotions du passé » sans travail d'« évoluance », de mise à distance d'espace et de temps pour mettre en place une réalisation personnelle et créer une relation de qualité.

Le cycle du changement d'après Hudson

Il s'agit pour le coaché de connaître ses cycles pour aller chercher ses ressources dans les tops passés, pour comprendre à quelle étape il se situe et comment la franchir afin d'atteindre l'étape suivante.

La vie est mobilité, le projet personnel ou professionnel se construit par des identifications à des modèles de réussite, arrive à maturité, puis s'éteint... Une phase de bilan objectif permet de reconstruire, de se tourner vers l'avenir, après une maturation plus ou moins longue, les « phases du deuil » : de déni, de colère, de tristesse, de marchandage, puis d'acceptation du réel. Ce sont les saisons de la vie.

Que pouvons nous changer ?

Nous ne pouvons changer que notre regard sur le monde, trop souvent trompé par la chaîne cognitive des croyances autolimitantes ou le circuit des sentiments parasites. Comment cela fonctionne-t-il ? Toutes nos blessures d'enfant sont enregistrées dans notre cerveau et nous répétons des comportements inadéquats pour confirmer les croyances que nous avons élaborées enfant, afin de justifier ces mêmes blessures. Mais ces croyances ne sont pas le réel, elles sont une projection du passé dans l'avenir.

Il s'agit de clarifier cela en se ressourçant à la source de ses forces pour dépasser les situations problématiques.

APPORT THÉORIQUE

Les phases du changement

Phase 1, énoncer le projet : le coach conduit son coaché à parler de son projet pour en explorer la faisabilité.

Phase 2, lancer le projet : le coach confronte sur les passivités.

Phase 3, rentabiliser le projet : le coach écoute verbaliser les dysfonctionnements, l'audit externe change la dynamique de la structure.

Phase 4, se confronter à la rupture : le coach aide au constat, à la recherche de solutions.

Phase 5, faire son deuil ou tourner la page : le coach permet d'exprimer les émotions, de traiter les méconnaissances qui éloignent du réel pour élaborer un nouveau projet de vie.

Phase 6, faire le bilan : le coach aide à clarifier le trépied organisationnel (objectif de l'entreprise, objectif de la fonction, objectif de l'employé).

Phase 7, faire un changement de niveau 1 : le coach stimule la vision de la réussite.

Phase 8, prendre du recul : le coach rassure, aide à préparer l'avenir.

Phase 9, faire un changement de niveau 2 : le coach s'appuie sur les intentions positives des résistances.

Phase 10, inventer le futur : le coach autorise et protège pour changer.

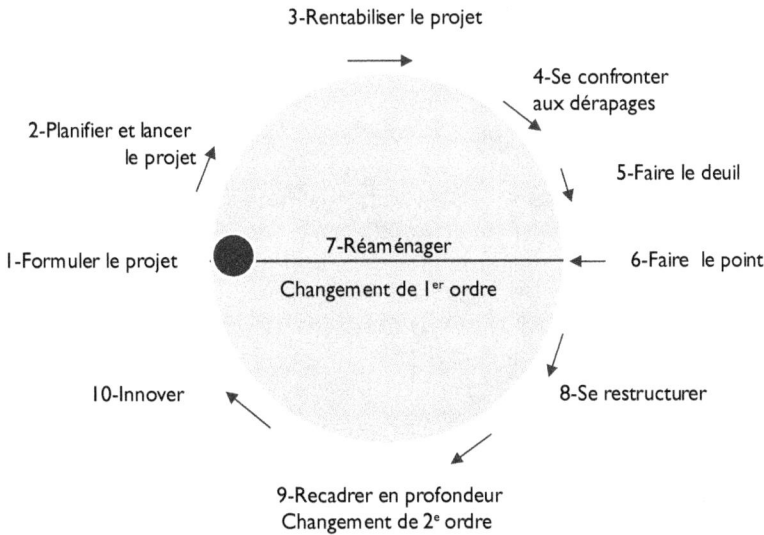

Figure 3 – Le cycle du changement

EXERCICE D'ENTRAÎNEMENT
LA BOUCLE DE LA RÉUSSITE

Suivre avec le coaché la boucle de la réussite permet de comprendre quelle est l'étape qu'il surinvestit ou sous-investit : concevoir, mettre en œuvre, réussir, se féliciter, quatre étapes nécessaires à la réussite d'un projet.

Les séances de mise en mouvement

Puis dans un second temps, avec toute la bienveillance possible, il s'agit de dissiper les émotions qui accompagnent les croyances. Le coaché renforce ce qu'il veut être et comment le montrer, il accepte sa responsabilité pour changer de regard sur son environnement. Le coaché s'écoute, s'approprie des techniques, devient autonome et retrouve le lien avec son âme d'enfant, source de toute énergie. Le coaching fait largement appel à l'esprit créatif pour dépasser les blocages culturels des responsables et des équipes en Occident.

APPORT THÉORIQUE

Développer l'esprit créatif

Dans les années 1960, Alex Osborn, sociologue américain, a élaboré un certain nombre de conseils pour développer l'esprit créatif :

- prendre le temps de rêver comme les enfants ;
- s'ouvrir aux autres cultures ;
- s'intéresser aux inventions du passé et du présent ;
- équilibrer activité physique et mentale ;
- chercher des analogies, des antithèses, des scénarios catastrophe à tout propos ;
- s'autoriser l'échec ;
- remonter à la source des problèmes…

OUTIL

La méthode des chapeaux

Edward de Bono a élaboré la méthode des chapeaux pour chercher le plus de solutions possibles avant de décider, en jouant des rôles différents pour se décentrer de soi-même : le chapeau bleu de l'analyse, rouge des sentiments, jaune de l'optimisme, noir de la critique… Il pense que le manque de créativité des équipes occidentales est dû à un blocage culturel et organisationnel, le recrutement privilégiant les profils organisateurs sur les profils imaginatifs.

Les séances suivantes se poursuivent par l'exploration du passé professionnel et de l'identité professionnelle avec un contrat de séance : que voulez-vous à la fin de la séance ? qui s'inscrit dans le contrat global. Tout contrat dégage le sentiment actuel, associe avec la pensée et le comportement, précise le comportement futur avec moyens, indicateurs, sabotages possibles.

Identifier les représentations du coaché

Lors de la deuxième séance, un travail sur le géno-sociogramme, les « tops et les flops » de votre vie professionnelle, que j'ai élaborée pour mes coachés, est précieux pour identifier les représentations du coaché sur les réussites et les erreurs de parcours de son histoire passée.

EXERCICE D'ENTRAÎNEMENT
LES « TOPS » ET LES « FLOPS »

Sur une ligne du temps, tracez les moments de top et de flop de votre vie et élaborez votre définition de la réussite et de l'erreur de parcours.

Les tops : quel rôle, quelle efficacité, quelle satisfaction, quel but vous fait courir, quelle valeur vous anime (partage, créativité, pouvoir...) ?

Les flops : quelles ressources avez-vous découvert ? Quel est le sens de la perte ? Qu'avez-vous hérité de cette perte ? Qu'avez vous appris de vos non-réussites ?

Voyons le cas d'un dirigeant venu travailler sa communication, sa supérieure hiérarchique ne le trouvant pas assez « carré ».

Un top : une présentation magistrale qu'il avait beaucoup préparée, à la virgule près, pour lutter contre sa facilité à parler. Il était content tout en se disant que cela ne lui ressemblait pas, il se disait aussi que cela n'était pas si compliqué, mais que cela prenait du temps.

Un flop : un entretien, avec d'autres candidats, dans un bureau glauque, où il s'était dit : « plus jamais cela ». En effet il s'était senti en concurrence, puis hors du contexte, se voyait se dissoudre car il n'avait pas su expliquer en quoi il était opportuniste !

Cette verbalisation fit l'effet d'une véritable prise de conscience de son besoin d'être le préféré et de son besoin d'écrire ce qu'il se disait pour préparer ses futures communications.

EXERCICE D'ENTRAÎNEMENT
L'ÉTOILE DE LA MOTIVATION

1 : tête, 2 : valeurs, 3 : cœur, 4 : social, 5 : corps, 6 : leadership : Pour représenter la complexité intra-psychique, le coaché identifie comment son étoile brille.

- Tête : les deux cerveaux de la logique et de l'intuition, les savoirs, la créativité, la réflexion sur les choix.
- Valeurs : la spiritualité, le sens de la vie, la place de l'homme.

- Cœur : l'appui sur les émotions, l'écoute des sentiments, la confiance en soi et en l'autre.
- Social : la relation à l'autre, à la famille, au couple, à l'environnement social.
- Corps : la sensorialité, la motricité, la santé, la capacité à se ressourcer.
- Leadership et responsabilité : le pouvoir de conviction, l'influence et l'impact, la volonté, le sens politique.

Entre la tête et le cœur se situent les valeurs (ce qui donne sens à nos choix), entre le cœur et le corps se situe le social (ce qui permet à nos sentiments de s'ancrer dans un réseau relationnel), entre le corps et la tête se situe le leadership (ce qui nous permet d'asseoir notre force de conviction pour exprimer notre vision à travers un champ d'influence).

Comment votre étoile brille-t-elle ? Qu'est-ce qui vous motive le plus ? Quelles sont les atrophies ou hypertrophies risquant de déséquilibrer votre énergie, votre efficacité et votre bien-être ?

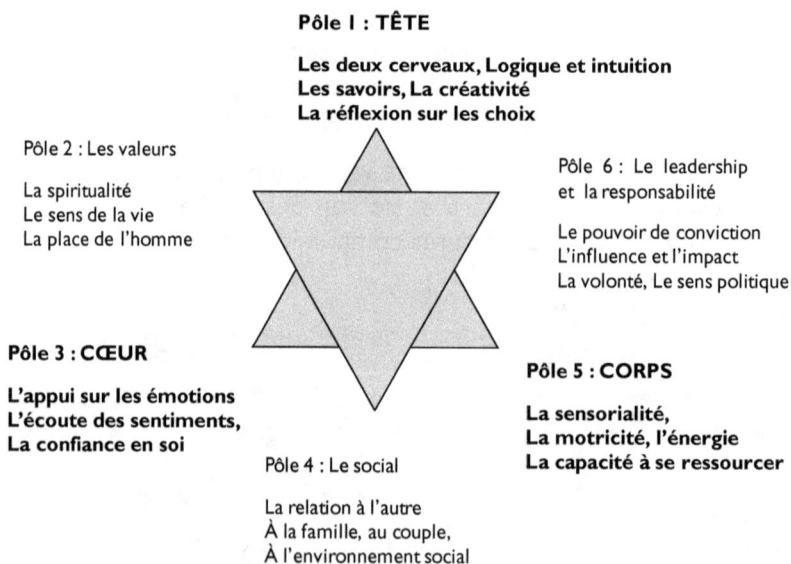

Pôle 1 : TÊTE

Les deux cerveaux, Logique et intuition
Les savoirs, La créativité
La réflexion sur les choix

Pôle 2 : Les valeurs

La spiritualité
Le sens de la vie
La place de l'homme

Pôle 6 : Le leadership
et la responsabilité

Le pouvoir de conviction
L'influence et l'impact
La volonté, Le sens politique

Pôle 3 : CŒUR

L'appui sur les émotions
L'écoute des sentiments,
La confiance en soi

Pôle 5 : CORPS

La sensorialité,
La motricité, l'énergie
La capacité à se ressourcer

Pôle 4 : Le social

La relation à l'autre
À la famille, au couple,
À l'environnement social

Figure 4 – L'étoile de la motivation

Cette approche de la complexité est robuste car les mêmes forces ou limites se manifestent sous différentes formes dans les six zones. En regardant la dynamique entre les couples d'opposés, des liens apparaissent :

> Voici le cas d'un dirigeant devant travailler sur une image de raideur et assouplir sa communication :
>
> Nous observons une hypertrophie du « pôle tête » et une atrophie du « pôle social ». Nous constatons une hypertrophie du « pôle cœur » dans le fond et une atrophie dans la forme, accompagnée de surcompensation dans la volonté de s'affirmer et de difficultés pour développer un sens politique. Nous travaillons en profondeur sur l'émotion de peur. Nous notons un équilibre des pôles spirituel et matériel. Nous travaillons en profondeur sur le sens et la mission. Puis nous abordons la définition de son style de leadership et de l'image qu'il renvoie à sa hiérarchie, à ses pairs et à ses collaborateurs.
>
> À la fin du coaching, le coaché déclare que le travail commence avec la prise de conscience de ces dimensions et avec un rééquilibrage progressif des pôles, le développement personnel demande du temps, le coaching met en marche. Il définit un plan d'action : une compétence intellectuelle reconnue à traduire en animation de réseau avec plus de détente sociale pour identifier les vrais enjeux. Un impact plus serein avec moins de peur à montrer sa sensibilité aux préoccupations de ses collègues, plus d'écoute sans trancher pour accompagner l'autre à trouver ses propres solutions et communiquer son ressenti avec une plus juste distance.

Conflit et positions perceptuelles

On peut résumer le conflit en 25 mots : lui donner un titre pour en tirer l'essentiel, visualiser les états du moi qui ont agi et ceux qui ont été négligés afin de se donner un objectif, de décider de se respecter et de s'épanouir. Il s'agit de se rappeler que l'Enfant réalise ses rêves, que le Parent s'occupe des autres avec une vraie affection, que l'Adulte abandonne les voies sans issue.

Cela permet de rassembler les causes et circonstances pour développer sa patience, de s'adapter au présent sans fixation, de ne pas se placer en Victime, en Sauveur ou en Persécuteur.

S'il y a conflit interpersonnel, les positions perceptuelles, associé, dissocié, méta, sont précieuses pour se préparer à la rencontre et trouver une solution gagnant-gagnant. Elles permettent d'identifier la dynamique, les ressources de chacune des parties afin de faire le « tour du lac » pour se mettre à la place de l'autre.

Premiers voyages scénariques

Lors de la troisième séance, un travail sur le conflit intra-psychique avec le jeu des héros est une étape déterminante pour développer la confiance en soi, explorer son style comme un enfant le ferait, afin de retrouver le contact avec soi, d'explorer ses motivations, ses peurs et ses ressources.

EXERCICE D'ENTRAÎNEMENT
LE JEU DES HÉROS

Le coaché décrit six héros qui l'ont marqué : héros d'enfance, d'adolescence, de maturité… issus du monde de la mythologie, des arts, des sciences, du sport.

Le coach prend en note et restitue les qualités communes pour relire avec bienveillance à la première personne du singulier en soulignant que l'important est que le coaché est l'auteur de ses choix, que les caractéristiques écrites lui appartiennent et lui ressemblent, qu'il est doté des énergies qu'il leur prête.

Ce premier travail permet d'identifier les aspirations pour aborder le voyage du héros.

EXERCICE D'ENTRAÎNEMENT
LE VOYAGE DU HÉROS

Qu'est-ce qui vous anime, qu'est-ce qui vous aide, qu'est-ce qui vous entrave, qu'allez-vous faire ?

La motivation : qu'est-ce qui vous appelle ? Qu'est-ce qui vous a décidé à commencer le voyage ?

Les obstacles : qu'est-ce qui vous barre la route ? Quel seuil vous faut-il franchir ? L'avez-vous franchi ? Quel nouvel espace s'ouvre à vous ? Qu'est-ce qui a radicalement changé ?

Les opportunités : qui vous aide ou pourrait vous aider dans ce nouvel espace ? À qui pourriez-vous faire appel ? Quelles sont les nouvelles compétences utiles pour progresser sur ce nouveau territoire ?

La rencontre avec les peurs : qu'est-ce qui vous fait peur ? Contre quoi devez-vous vous battre ? Qu'est-ce qui pourrait vous faire renoncer ?

La découverte du chemin d'évolution : Qu'avez-vous appris en traversant vos peurs ? Quel est le chemin qui s'ouvre devant vous ? Où mène-t-il ?

Le plan d'action : qu'est-ce qui se dégage des réponses aux questions précédentes ? Quelles actions concrètes allez-vous entreprendre ?

Le scénario en analyse transactionnelle

Ces premiers voyages scénariques ouvrent les portes des suivants. Quelle est votre *entreprise intérieure* ? Quel est le thème, les personnages, le décor, le moment critique ou voyage du héros, le titre, les réactions du public ?

Lors de la quatrième séance, on peut commencer à trouver des options pour intégrer ses différentes parties de personnalités, ses différentes identités, enrichir et assouplir son style de management en se penchant sur ses aspirations futures.

Le dialogue des polarités en Gestalt

L'assouplissement du scénario se met en place en éclairant les ressentis négatifs, en faisant dialoguer les polarités, en redonnant de la dignité à la partie ombre.

EXERCICE D'ENTRAÎNEMENT
UN ANIMAL ET SON CONTRAIRE

Je vous propose d'imaginer, comme un enfant le ferait, un animal qui parle de vous, que vous aimeriez mettre sur votre blason. Attrapez-le, où vit-il ? Seul, en meute, domestiqué, sauvage, qu'aime-t-il faire ? Qu'est-ce qui compte pour lui ?

Je vous propose maintenant de changer de chaise, d'imaginer un animal qui serait son contraire, où, comment, pourquoi ? Quelle est votre impression quand vous pensez au premier, au second ?

Je vous propose maintenant de les faire dialoguer, d'abord ils s'échangent des reproches, ils ne sont pas sur la même planète. Puis une complémentarité peut se dégager, ils ont chacun une intention positive, une mission, ils aimeraient unir leurs forces, se donner tous les moyens pour atteindre un rêve commun.

Je vous propose enfin de remercier l'animal dominant et de lui signaler quelques inconvénients à son action.

Cela permet d'identifier les tâches prioritaires pour accepter ses propres contradictions et pour stimuler sa propre créativité.

Cet exercice se poursuit avec l'identification des adjectifs caractérisant son style de management, pour en nommer les inconvénients, puis d'imaginer les contraires, et d'en nommer les avantages, afin de trouver une solution intermédiaire ouvrant les portes à une souplesse comportementale.

EXERCICE D'ENTRAÎNEMENT
LA MATRICE IDENTITAIRE DE DILTS

Pensez à un projet qui vous tient à cœur.

Trouvez six symboles correspondant aux « Images du Moi » ci-dessous (tableau 6), en laissant les mots venir par association d'idées grâce à un questionnement.

Construisez une histoire (*story telling*) avec ces six symboles en laissant les différents personnages – idéalisés ou reniés – entrer en scène afin d'éclairer son ombre et de développer son potentiel.

Cherchez les thèmes majeurs qui organisent votre équilibre. À partir du sens des images de la matrice, questionnez-vous pour vous réconcilier avec vous-même et à accepter que vos défauts enrichissent votre projet.

Tableau 6 – La matrice identitaire

Limite	Potentiel	Nature profonde
En quoi le fait d'être ... peut-il être une ressource ?	En quoi ce projet va-t-il créer un contexte pour que votre potentiel puisse s'exprimer ?	En quoi ce projet correspond-il complètement à votre nature ?
Frontière	**Faiblesse**	**Ombre**
En quoi votre frontière peut-elle jouer un rôle important dans votre projet ?	À quel degré votre défaut va-t-il intervenir et favoriser la réalisation de votre projet ?	Comment pouvez-vous reconnaître votre côté ombre pour servir votre projet ?

Mon projet : continuer à partager et à écrire sur mon expérience pour vivre une existence pleine de sens.

Ce que je veux être et ne serai jamais : une femme conformiste, et pourrais devenir : une professionnelle originale, et serais toujours : une mère de famille. Ce que je ne veux pas être et ne serai jamais : pauvre, et pourrais devenir : égoïste, et serais toujours : une mère imparfaite.

Développons : c'est l'histoire d'une enfant qui rêvait d'être une adulte « savante », élégante et indépendante entourée de ses enfants dans son salon littéraire. Le destin l'a conduite vers une vie moins protégée. La femme adulte a fui la pauvreté et l'égoïsme comme la peste, forte de son ambition d'avancer, stimulée par les oppositions, animée par la passion, elle a manifesté courage, engagement... et mauvais caractère pour les uns ou caractère affirmé pour les autres !

Les thèmes majeurs sont la féminité, la maternité, le travail, la perfection, la solitude, la passion.

Le projet est d'être une professionnelle originale. En quoi la peur de la pauvreté, l'acceptation d'être raisonnablement conformiste, égoïste et imparfaite peuvent-elles y contribuer ?

Le changement et l'apprentissage à opérer sont d'introduire de la fluidité et de l'imperfection pour ne pas se couper de ses proches et continuer sur la voie de l'approfondissement de soi dans un cadre sécurisant.

Voici l'exemple d'un dirigeant introverti souhaitant dans ce coaching développer son sens politique, pour montrer que la vie d'un dirigeant est celle de l'humaine condition…

Son projet : changer l'orientation de la « business unit », trouver son successeur pour se libérer et faire quelque chose qui le fait vibrer.

Ce que je veux être et ne serai jamais, et pourrais devenir, et serais toujours : Maradona, idole anticonformiste, avoir la maîtrise politique, une capacité à être reconnaissant.

Ce que je ne veux pas être et ne serai jamais, et pourrais devenir, et serai toujours. Un chien, un vaurien, un être sans passion qui baisse les bras et recule, un introverti qui n'aime pas parler.

C'est l'histoire d'un extraverti anticonformiste seul dans sa décapotable une journée de 15 août, son portable en panne. Il demande à un étudiant à sa fenêtre la permission de téléphoner. Il appelle quatre fois, touche à tous les livres et convainc l'étudiant de faire une virée. L'étudiant le trouve fou mais fascinant. Ils se retrouvent dans une soirée de politiciens ayant des avis sur tout, l'extraverti s'enivre, reprend sa voiture et se tue, l'étudiant est sauvé. L'histoire m'a été inspirée par le film *Le Fanfaron*.

Les thèmes sont la peur de se lâcher, la dangerosité de l'insouciance, l'amitié et la reconnaissance.

Le projet permet l'expression du sens politique dans le cadre d'une nature fidèle à l'organisation.

Les apprentissages à opérer sont la capacité à se livrer, avec conviction mais sans passion pour développer le jeu collectif et non le jeu personnel sans crainte d'être perçu comme un vaurien.

EXERCICE D'ENTRAÎNEMENT

UN BLASON, « LE PROJET QUI ME TIENT À CŒUR »

Emprunté aux traditions anciennes, le blason traduit la devise fondatrice d'une lignée et constitue un cadre dans lequel s'inscrivent ses membres.

Sur un feuille de papier, seul, en silence, le coaché dessine un blason comportant quatre cases et un bandeau. Tout ce qui sera inscrit le sera sous forme de graphismes, sans vocabulaire ni signes verbaux. La valeur artistique des graphismes n'a pas d'importance dans cet exercice.

- Dans la première case, le coaché dessine sa relation à l'autorité.
- Dans la deuxième case, le coaché dessine sa relation à ses pairs.
- Dans la troisième case, le coaché dessine sa relation à sa vie extraprofessionnelle.
- Dans la quatrième case, le coaché dessine sa relation à lui-même.
- Au centre le coaché dessine le projet qui lui tient à cœur.

EXERCICE D'ENTRAÎNEMENT

POUR HABITER SON PROJET, IL FAUT COMMENCER PAR L'EXPRIMER.

Si vous vous préparez, si vous visualisez le futur, il est possible qu'il se réalise…

Nous sommes en 2012, vous avez le sentiment fort d'un projet réussi et qui vous apporte de la satisfaction, vous avez déterminé un objectif précis, positif, possible, pour donner du sens au quotidien en explorant le long terme, vous pouvez ainsi harmoniser aspirations personnelles à long terme et objectifs professionnels à court terme.

Quel est ce projet réussi ?

Quels seraient trois avantages à ce projet ?

Quels seraient trois obstacles à ce projet ?

> Quelles seraient trois actions pour contourner ces obstacles ?
> Nous sommes en 2011, que faites-vous ? Nous sommes en 2010, que faites-vous ? Nous sommes en 2009, que faites-vous ?

Il est essentiel, à ce moment-là, de clarifier la relation au(x) pouvoir(s) :

– pouvoir subi : avez-vous tendance à être dans une position Soumise ou Rebelle ?
– pouvoir exercé : avez-vous tendance à être dans une position de Sauveur ou de Persécuteur ?
– Cherchez des situations, analysez la triade pensées/émotions/comportements.
– Qu'avez-vous appris sur vos risques personnels en situation de pouvoir ? Quelles décisions prenez-vous ?

La gestion du temps et des choix de vie

Lors de la cinquième séance, il est important d'aborder « la gestion du temps et des choix de vie », de façon très concrète.

APPORT THÉORIQUE

Quelques principes d'efficacité

Loi de Parkinson : une activité occupe le temps imparti ; l'efficacité n'est pas fonction de la durée. Combien de temps vous faut-il pour qu'une réunion soit efficace ?

Grille d'Eisenhower des « Urgent » et des « Important » : le sens ne vient pas de l'urgence. Quel sont vos « nU-I », non Urgent-Important ?

Loi de Pareto : 20 % des priorités produisent 80 % des résultats : le plaisir conduit à la motivation et à la performance. Quel est « le peu d'activité qui produit le beaucoup d'efficacité et de sérénité » ?

Du manager au leader

Ce travail favorise la prise de conscience et les résolutions pour amorcer le passage du manager au leader. Le coaché identifie les compétences et postures à travailler à travers différents points (voir ci-dessous), qui vont du défi à l'effort, de la transgression à la concrétisation, de l'utopie au sens de la fête.

OUTIL

Du manager au leader

- Un défi ambitieux et réaliste : les leaders connaissent leurs propres limites et savent se fixer des objectifs accessibles. Ils placent la barre à un haut niveau pour mobiliser leurs ressources profondes tout en restant réalistes, de façon à pouvoir concrétiser effectivement. Recommandations : vérifiez que votre challenge reste à votre échelle humaine et ne devient pas utopique.
- La capacité de vision : les leaders sont des visionnaires guidés par un idéal. Recommandations : il s'agit de se laisser porter par la ressource du cortex droit pour imaginer l'état futur. On utilisera la machine à avancer dans le temps pour voir la situation une fois l'objectif atteint.
- Partir de ses qualités : les leaders utilisent leurs points forts en les valorisant sans s'appesantir sur leurs points faibles. Recommandations : listez vos propres qualités pour mener à son terme votre projet. Si vous êtes en panne, interrogez une personne bienveillante pour lui demander quelles sont vos ressources pour conduire cette affaire.
- Le rendement maximum de l'effort : les leaders sont des intuitifs qui ont acquis une méthode simple, précise, économique appliquant avec élégance leur effort au bon moment et au bon endroit. Guidés par leur instinct, ils avancent méthodiquement. Recommandations : pas de dispersion, concentrez-vous sur votre but de façon à utiliser le courant et à donner le coup de gouvernail au moment opportun. Plutôt que de multiplier les coups de marteau, trouvez le point où appliquer justement un coup unique.
- Planifier le parcours : les leaders ont un bon sens du planning et anticipent souvent les difficultés et les virages de leur existence. Par ailleurs, ils savent laisser mûrir un problème sans en être obsédés. Recommandations : il s'agit maintenant de décrire chaque étape selon la méthode des petits pas et des repères dans le temps, qui sont autant de balises pour accompagner la progression.
- Respecter le rythme naturel : les leaders veillent à ne pas s'engager à tenir des délais trop serrés et savent juger le temps qui leur est nécessaire pour accomplir chaque chose. Recommandations : restez en contact avec le rythme de mûrissement et d'éclosion de votre projet. Prématuré, vous vous priveriez du plaisir du mûrissement.

- La visualisation de l'action : comme les champions olympiques, les leaders répètent mentalement la réalisation. Pour cela, ils voient et se sentent physiquement concrétiser leurs interventions. Ils mobilisent ainsi leurs ressources inconscientes, la partie cachée de l'iceberg. Recommandations : moment fort de la relaxation, vous devenez le gagnant que vous allez être en vous projetant sur la scène future et en la jouant.
- Devenir maîtres de la délégation, non freinés par les détails secondaires. Recommandations : cultivez le sens de l'essentiel, en conservant à l'esprit : « qu'est-ce qui est important maintenant dans cette situation ? »
- Se faire confiance : les leaders se donnent profondément le droit à l'erreur, ce qui leur facilite la prise de risque en confiance. Recommandations : la ressource est de se demander : « Que peut-il m'arriver de pire si ça ne tourne pas rond ? » Séparer les conséquences objectives des craintes subjectives puis relativiser celles-ci.
- Utiliser les feed-back avec puissance : les leaders ne se préoccupent pas du « qu'en dira-t-on », ils ne redoutent pas les jugements des autres. Au contraire, ils s'en nourrissent, soit en se stimulant pas l'adversité, soit en recadrant ces remarques, en se disant que « c'est une bonne publicité » pour eux. Recommandations : restez toujours ouverts aux réactions provoquées afin de les utiliser comme des feed-back pour rectifier la trajectoire.
- Se muscler par les difficultés : les leaders savent qu'il est nécessaire de se confronter directement aux problèmes – y compris les plus déplaisants. Différer inutilement, c'est transformer en montagne ce qui n'est au départ qu'une colline à monter. Recommandations : plutôt que d'éviter, attaquez l'obstacle. La réalité est plus maniable que le cinéma que l'on peut se faire. Sachons apprivoiser le tigre de papier !
- Actions pratiques contre utopie : les leaders agissent en stratèges avec une vision claire de ce qui peut être changé pratiquement. Il s'agit d'investir à bon escient son énergie pour maîtriser son environnement et d'accepter que reste inchangé ce sur quoi je n'ai pas de prise. Recommandations : quelles sont les limites de mon action ? Qu'est-ce qui ne changera pas ?
- Grandir en apprenant : toute expérience est vécue comme occasion d'apprentissage et de désapprentissage d'expériences antérieures dépassées. Ainsi l'échec a disparu de leur vocabulaire et de leur vécu. Recommandations : au sens du judo, l'idée est de transformer une épreuve ou une contrainte en opportunité de croissance. Remplacez la séquence négative vécue par une séquence positive révisée selon un autre scénario, dans les vingt-quatre heures qui suivent, avant que le plâtre à prise lente qu'est notre mémoire à court terme ne soit figé.

- L'effet hélicoptère : les leaders conservent une vue panoramique des événements de leur vie, ce qui leur permet de relativiser une difficulté et de la dédramatiser. Recommandations : demandez-vous comment, dans cinq ans, cet événement s'inscrira dans votre trajectoire ?
- Jouer gagnant pour ses proches : les leaders voient surtout les qualités et le potentiel de leur personnel, permettant ainsi à des gens ordinaires de réaliser des choses extraordinaires. Ils sont portés par une équipe ambitieuse qu'ils stimulent en une interaction féconde. Recommandations : un moyen simple est de lister les cinq qualités de chaque personne importante pour mon projet.
- Les spirales d'énergie : les leaders suscitent un aller-retour d'énergie positive impressionnant et subtil. Chacun tire alors le meilleur de l'autre. Recommandations : jouez l'effet boule de neige en permettant à l'autre de se sentir plus intelligent et plus motivé.
- Résoudre plutôt que de culpabiliser : les leaders pensent et agissent résolutions de problèmes, plutôt que recherche de responsabilités ou de coupables. Recommandations : le point-clé est « que faire » plutôt que « qui a fait cela ? »
- Le goût du beau : les leaders mènent leurs actions comme des artistes guidés par des critères internes exigeants. Recommandations : aimez et encouragez la belle ouvrage et la réalisation harmonieuse.
- Oser transgresser : les leaders prennent des initiatives les amenant à transgresser intelligemment les règles établies. Recommandations : osez sortir du cadre des habitudes, des routines et des procédures. Prenez une initiative bien inspirée, halte à l'impulsion, place à la transgression réfléchie.
- Aimer la concrétisation : les leaders sont tenaces et vont jusqu'au bout de leurs réalisations avec un souci de résultat. Recommandations : donnez-vous un mot starter pour tenir contre vents et marées : « Je conclus, je termine, je tiens ferme », puis utilisez-le de façon insistante.
- Le sens de la fête et du « voyage » : les leaders limitent la part du travail dans leur vie… Ils prennent des vacances et savent efficacement se changer les idées après tout moment de vive tension. Ils savent prendre soin d'eux. Recommandations : introduisez des ruptures de rythme – je m'en vais pour un voyage ou une balade. Je décroche, je décompresse, je prends du recul, je me donne les moyens de voir les choses autrement.
- Est sérieux celui qui sait vraiment s'amuser : les leaders utilisent toutes les occasions de s'amuser, car la vie c'est aussi l'humour et le rire. Recommandations : halte à l'esprit de sérieux, le véritable leader sait être léger, enfantin, vulnérable et même ridicule.

Les séances de stabilisation de l'objectif et de l'acceptation du talent personnel

La sixième séance comporte le point de mi-parcours avec le donneur d'ordre pour échanger des perceptions sur ce qui a changé et ce qui reste à améliorer à travers un processus rigoureux laissant la liberté au coaché.

APPORT THÉORIQUE

La théorie organisationnelle de Berne

La théorie organisationnelle de Berne (TOB) est une analyse systémique qui distingue cinq zones : le leadership, la culture, les membres, l'activité, l'environnement pour poser un diagnostic de fonctionnement de structure et pour clarifier sa stratégie. La TOB fournit une grille de lecture pour comprendre les pratiques managériales et poser les bonnes questions au bon échantillon d'acteurs afin de poser un diagnostic de fonctionnement de structure. Les cinq questions de base sont : qui a l'autorité ? Quelles sont les valeurs et les règles ? Qui sont les membres de l'équipe ? Quelle est leur activité ? Quel est l'environnement ?

Selon Berne, le « scénario du fondateur » continuerait à imprégner inconsciemment la structure entrepreneuriale. La question que doit se poser tout leader est donc : « En quoi suis-je dans la continuité ou dans la rupture avec l'esprit de la structure ». La seule raison valable pour être dans la rupture étant le changement d'environnement, qui nécessite une adaptation nouvelle.

On peut rapprocher la TOB de l'échelle des niveaux logiques de Gregory Bateson[1]. Le travail sur l'environnement sera résolu au niveau de l'activité (quelle est l'activité dont a besoin l'environnement ?). Le travail sur les comportements sera résolu au niveau des membres (comment se manifeste la reconnaissance ?). Enfin, le travail sur les valeurs sera résolu au niveau du leadership (qui est consulté et quel est le cheminement des décisions ?).

Grâce à la TOB, le coaché se pose les bonnes questions, qui vont des besoins de son environnement à l'exercice de son pouvoir, et, ce faisant, donne sens à son action

---

1. Gregory Bateson, anthropologue et théoricien de la pensée systémique, est contemporain d'Eric Berne, lui-même fondateur de l'analyse transactionnelle.

La septième séance est consacrée à un travail sur « l'image et la communication » avec la PCM. À travers un questionnement, le coaché identifie ses dominantes comportementales, ses situations d'efficacité et ses situations piègeantes.

La huitième séance se déroule autour du plan d'action sur le stress avec la PCM.

EXERCICE D'ENTRAÎNEMENT
ÉVACUER LE STRESS

Retrouver ses trois énergies : Esprit (intellectuellement vigilant et à l'écoute), Cœur (émotionnellement sensible et stable), Corps (physiquement calme et sans pression).

Le coach propose de respirer, de faire le calme en soi, d'être attentif à soi, à l'autre, à l'objectif du jour, à travers une attitude mentale et une attitude physique

Parlons de l'attitude mentale : dès l'instant où nous sommes conscients, le stress ne plaque plus à nous, il y a de la place pour deux, nous prenons du recul, nous n'avons plus le nez collé à la paroi, nous pouvons lui faire un clin d'œil, nous pouvons en rire.

Faisons un exercice physique : vous êtes assis, les pieds bien à plat sur le sol, vos yeux sont fermés.

1. Je vous propose d'étirer tous vos muscles : de contracter le visage, la nuque, les bras, les poings serrés, le ventre, les cuisses, les mollets, les pieds.

Maintenez cette position inconfortable une minute… Puis relâchez sur un grand soupir de soulagement… laissez tomber vos épaules, détendez les muscles de votre visage et de votre corps, souriez, laisser votre ventre respirer librement…

Sentez les messages d'apaisement qui vous parviennent de votre corps.

2. Je vous propose de choisir une situation difficile de la vie professionnelle : parler en public, présenter votre projet, faire face à un enjeu important pour vous…

Visualisez, imaginez-vous calme, comme dans un cocon… Votre respiration devient régulière, vous maîtrisez parfaitement la situation…

Voyez ce que vous faites, ce que vous dites, le ton sur lequel vous le dites, les silences qui ponctuent vos paroles... Voyez ce que votre interlocuteur vous répond...

Revenez à votre respiration, à votre contact avec le siège... Et décidez, au lieu de vous crisper, d'avoir ce réflexe respiratoire.

3. Des images vous aideront à maintenir cette décision, par exemple : je suis dans une bulle d'air qui me protège, je vois les événements de loin, je ne colle plus à la paroi !

Gardez ce sourire intérieur. Soyez le spectateur amusé de vous-même ! Dès que nous sommes dans cette attitude, notre respiration devient calme, notre posture tonique, notre comportement invulnérable à nos affects négatifs !

Tout en restant vigilant à votre respiration, étirez-vous sur une grande inspiration, relâchez, puis ouvrez un œil, puis deux.

Vous voici maintenant relaxé, capable de vous concentrer à la fois sur l'ensemble et sur le détail.

4. Je vous propose maintenant un exercice qui associera une puissante énergétisation à une image positive de vous-même.

Je vous propose de vous lever, de fléchir les genoux, de vous accroupir, de saisir une boule de feu imaginaire et en inspirant de la monter lentement, très haut au-dessus de votre tête, comme si vous vouliez toucher le ciel.

Bloquez en serrant les bras contre votre corps, gardez cet air qui habite chaque cellule de votre corps, puis propulsez cet air, sur l'expir en tendant les bras en avant, comme une flèche.

Soyez cette flèche vivante, sentez que tout en vous est puissance et vie, gardez cette image positive de vous qui fortifie l'estime dont vous avez besoin.

Les neuvième et dixième séances permettent d'aborder la carte des acteurs à travers un plan d'intelligence politique (PIP) pour visualiser ses leviers d'action utile. Nous l'approfondirons à travers un cas dans la troisième partie.

EXERCICE D'ENTRAÎNEMENT
LE PLAN D'INTELLIGENCE POLITIQUE (PIP)

Le coach demande au coaché d'identifier les acteurs de son système puis de s'interroger :

1/ Quelle est l'influence de chaque acteur, sur une échelle de 1 à 10 ?

2/ Comment est utilisée cette influence, pour ou contre le projet de transformation ?

3/ Comment est-il possible de changer cette influence ?

4/ Quels sont les liens entre les acteurs, fusionnels ou conflictuels, négatifs ou positifs ?

La onzième séance est consacrée à un travail à la caméra, travail d'entraînement appelé TPOV (*teachable point of vue*), élaboré par mon collègue Noel Tichy, professeur à Harvard, pour concrétiser sa pédagogie de dirigeant.

TPOV est un outil de communication pour expliquer où vous souhaitez aller et comment : à travers ses tops et ses flops passés, ainsi qu'à travers ses enjeux actuels, le coaché cherche à traduire ses leviers de réussite, ses leçons issues de l'expérience, ses motivations et aptitudes à poser un cadre clair par l'intermédiaire d'une métaphore.

Pour l'y aider, le coach propose une méthodologie. Voici les trois éléments clés d'une pédagogie de dirigeant, un « point de vue enseignable » :

– les idées stratégiques pour promouvoir l'action ;
– les valeurs ;
– les 3 E : *empathy, energy, edge* (capacité à poser des limites).

EXERCICE D'ENTRAÎNEMENT
VOTRE TPOV

Réfléchissez à la manière de synthétiser et de communiquer votre « point de vue enseignable » dans un discours de cinq minutes.

Si vous pensez qu'une histoire ou une expérience pouvant servir de métaphore illustrera votre « point de vue enseignable », cela peut être très efficace pour convaincre.

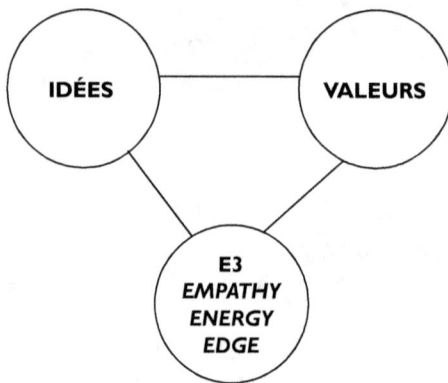

Figure 5 – TPOV, la pédagogie du dirigeant

EXERCICE D'ENTRAÎNEMENT
L'INTERVIEW TÉLÉVISÉE

Imaginez-vous que vous êtes interviewé par un journaliste, qui fait un documentaire sur les « organisations apprenantes ». Dans une minute, la caméra s'allumera. À ce moment-là, le journaliste vous demandera : « *Veuillez me dire votre point de vue enseignable sur vos qualités de direction, votre pédagogie de dirigeant ?* Quelles sont les idées stratégiques que vous promouvez pour mener à bien votre activité et comment celles-ci vous sont elles venues ? Quelles valeurs animent ces idées ? Comment stimulez-vous vos collaborateurs et comment mobilisez-vous votre capacité à poser des limites, pour prendre des décisions et faire des choix justes ? »

Il vous demandera d'expliquer en cinq minutes votre objectif, vos valeurs, vos 3 E : *empathy, énergie, edge.*

La dernière séance, l'envol

Enfin la douzième séance de ce voyage comporte le bilan avec le coaché ainsi qu'avec son supérieur hiérarchique et son DRH suivant le contrat tri ou quadripartite.

Nous reprenons « l'étoile de la motivation » initiale : comment étiez-vous avant ? Comment êtes-vous maintenant ? Qu'avez-vous développé ? Que vous reste-t-il à développer ?

Quelle serait la métaphore de cet accompagnement ? Quel a été le moment le plus fort ? Quelles ont été les séances en creux ?

Puis demandons au coaché d'écrire une « Lettre à soi-même » : quelles sont mes forces ? Mes axes d'amélioration ? Quelle image est-ce que je veux donner de moi ? À quoi est-ce que je veux avoir abouti dans six mois ?

Cette lettre sera envoyée par le coach six mois après la fin du coaching pour aider le coaché à ne pas perdre de vue son objectif.

APPORT THÉORIQUE

La supervision

La supervision permet au coach de déjouer ses contrats secrets qui s'expriment à travers ses croyances scénariques pouvant le faire entrer dans le triangle dramatique de l'irrité, du peiné, ou du confus et qui sont cachés par son masque s'exprimant à travers son message contraignant dominant.

Pour ma part :

Vigilance pour ma nature affective de me rappeler que l'émotion est un guide pour intervenir, pas un moyen pour établir un lien.

Vigilance pour ma nature perfectionniste de renoncer à l'exploration : la ou le thérapeute qui a plus de temps ne renonce pas.

Vigilance pour ma nature de Candide de la faisabilité du contrat en accord avec l'éthique et de me rappeler que, souvent, le contrat secret du donneur d'ordre est que le collaborateur soit satisfait même si la situation n'est pas satisfaisante.

Chapitre 5

Les réponses en coaching collectif

« Quand des gens intelligents expliquent
leurs idées à un orang-outan, cela améliore leur prise de décision. » (Warren
Buffet)

Le développement de l'intelligence collective et de la coopération

Tout projet réussi et toute performance durable dépendent de la
communication transversale entre les équipiers. « Une équipe,
c'est une bande de guerriers avec un code d'honneur et un but
sacré ». Une équipe, c'est en effet une tête et une vision, un cœur
et une communication, un corps et une activité. Comment partager une vision ? Comment communiquer en diffusant
l'information utile ? Comment générer la coopération et la
performance ? Nous allons aborder successivement dans ce chapitre les principes, les demandes, les phases et les modalités du suivi
d'un coaching collectif pour passer du groupe à l'équipe performante.

Trois principes régissent la cohésion des équipes :

— *la préparation* par un audit pour créer la confiance, obtenir de
l'information sur le leadership, la culture, les objectifs, les forces
et faiblesses, les conflits, la vision, les souhaits… définir avec le

patron ses souhaits de participation, gagner un temps précieux et enfin régler le cadre spatio-temporel ;

– *l'action* pour modifier les croyances collectives dysfonctionnelles ;

– *le suivi* pour ajuster objectifs et moyens.

Trois types de demandes de cohésion d'équipe :

– *les situations* : un patron trop charismatique ou trop effacé ou dépressif, une équipe trop isolée ou en conflit, une activité de fuite en avant ou d'apathie, un environnement changeant ou incertain… ;

– *les objectifs* : prendre du recul, faire un travail sur les valeurs, sur la communication et la gestion de conflit, sur le changement et le deuil, sur la motivation et la priorisation d'activités, sur la résolution créative de problème… ;

– *les stratégies* : intervenir sur la connaissance de soi et le développement personnel du dirigeant et l'autonomie des collaborateurs, sur le partage des représentations, sur la régulation, sur la vision, sur la reconnaissance de chacun…

Trois temps d'action caractérisent un séminaire de cohésion d'équipe dont la pédagogie s'articule autour des règles de coconstruction, copermission, coprotection, des trois clés de la communication (esprit, cœur, corps) et ses deux modalités (intention, attention).

– *L'inclusion* : qui sommes-nous et que voulons-nous devenir ?

Outils : présentation croisée, photo langage, portrait chinois, la banquise…

Apports : la définition d'objectif, les niveaux logiques, le partage des représentations

Réalisation : nos réussites et vulnérabilités de l'année, nos attentes les uns des autres.

– *L'influence :* quels sont nos rôles et nos contributions ?

Outils : jeu de la corde, des fuites, d'accident dans le désert, des camions pour la Chine.

Apports : l'observation dans l'action, la négociation, l'influence et la conviction, du chaos à la créativité, la gestion du temps et du stress.

Réalisation : vision et anticipations par des outils analogiques.

– *L'ouverture* : comment travailler dans la confiance ?

Outils : plan d'action, *strokes*.

Apports : le circuit de la confiance : reconnaissance, solidarité, satisfaction, motivation, la créativité : compréhension des objectifs, génération des idées, évaluation, l'avocat de l'ange, le scénario rêve ou catastrophe, le développement du chef : contenu, processus et sens.

Réalisation : résolutions, engagements, indicateurs de progrès.

Il s'agit de générer des rites pour créer des mythes et élaborer une activité en accord avec les valeurs de l'équipe.

La relation manager/collaborateur

La relation entre le manager et le collaborateur est la principale cause de départ de l'entreprise. Cette relation renvoie à l'histoire de chacun : le manager a en effet une fonction de transfert. Il représente une figure parentale et le stress interne est en lien avec le transfert.

* Le manager doit donc équilibrer intention et attention pour mettre une pression positive, imposer des règles claires, développer le courage de dire ce qui est difficile à dire et donner du sens pour permettre à son collaborateur de grandir.
* De son côté, le collaborateur doit faire le deuil du manager idéal, doit clarifier ses attentes, ses besoins de soutien et être force de proposition pour contribuer à une relation vivante et efficace.

Le leader doit satisfaire quatre besoins de base pour aider son collaborateur à s'automotiver et à s'engager :

- le besoin de communication claire et fonctionnelle, de transactions adultes est un travail d'élucidation ;
- le besoin de reconnaissance de la performance, de signes de reconnaissance est un besoin vital ;
- le besoin que la hiérarchie soit dans une posture adulte d'OKness est un effort sur soi pour passer de la compétition à la coopération et reconnaître le talent de l'autre ;
- le besoin de structure durable liant l'individu à la structure, qui se traduit par un contrat explicite et précis.

Le contrat permet de développer une relation saine et dynamique

Un contrat doit aider à grandir. Il n'est jamais définitif, mais évolutif puisque nous ne maîtrisons pas le monde : un véritable leader sait être flexible et adaptable par rapport au réel.

Si un contrat est transgressé, il est important de confronter la personne, puis le leader doit s'interroger pour savoir ce qui a manqué à la personne pour ne pas respecter son contrat.

Le contrat doit être :

- explicite pour éviter les manipulations ;
- précis sur les objectifs, responsabilités et délais ;
- clair sur les moyens, indices, engagements, critères permettant de connaître les étapes intermédiaires pour atteindre l'objectif.

Le contrat favorise la clarté d'esprit et le recul pour surmonter les émotions perturbatrices.

Le contrat doit être éthique et accepté par le Parent en nous, utile et accepté par l'Adulte en nous, plaisant et accepté par l'Enfant en nous.

Le déroulement des séances de coaching d'équipe

La préparation

L'audit d'auto-diagnostic

Un audit d'auto-diagnostic est pratiqué auprès des participants du séminaire sous la forme d'un entretien individuel, confidentiel et anonyme au niveau de la restitution. L'élaboration du questionnaire se fait ensemble, en fonction des différents systèmes de management.

L'objectif de cet audit est multiple, et il s'agit de :

– collecter une information et la perspective de chacun sur ses espoirs, ses craintes, sa contribution à la réussite de ce séminaire et sur le changement qui doit en découler ;

– créer une connivence professionnelle et humaine entre les participants et leur coach ;

– gagner un temps précieux en présentant un « journal de bord » fait des citations de chacun regroupées par thèmes ;

– disposer d'un recueil d'informations pouvant devenir un indicateur de tendance pour plus tard évaluer les progrès concrets réalisés.

Tableau 7 – Un exemple de questionnaire

Votre fonction	Votre équipe	Notre séminaire
Ce qui vous motive, vos apports, ce qui vous préoccupe, vos manques…	Votre but commun, vos territoires particuliers, votre contribution à l'expression du jugement de chacun	Vos attentes, vos craintes
Quelle est l'activité ? Quel est l'environnement ?	Qui sont les membres ? Qui a l'autorité ? Quelles sont les règles ?	Quelles sont vos attentes, espoirs, craintes, pour le séminaire ? Quelles sont vos suggestions pour que le formateur coach anime efficacement le groupe ?

Qui êtes-vous ? Que faites vous ? Quel est le « noyau dur » de votre fonction, votre contribution essentielle ? Qu'aimez-vous et qu'est-ce qui vous préoccupe dans votre fonction actuelle ?	Qu'attendez-vous de votre patron ? Et qu'est-ce qu'il attend de vous ?	Quel est votre engagement personnel pour la réussite du séminaire, de l'action ? Qu'est ce que vous attendez de moi pour vous y aider ?
Quelle est votre vision du projet managérial ? Quelle est la mission du service, dans six mois, dans un an, dans deux ans ? Comment votre environnement évolue-t-il ? Quel est le système de gouvernance de l'organisation, atouts, points de vigilance, axes de progrès ?	Comment gérez-vous les problèmes de communication ou de conflits entre vous ? Quelle est l'ambiance ? Avez-vous des séances de régulation ? Quelles sont vos relations, comment recréez-vous du lien à chaque maillon du système managérial « métier » éloigné du centre ?	Quelles sont vos suggestions pour mettre en place un suivi qui garantisse l'application des résolutions prises ?
Qui sont vos collaborateurs, vos encadrants de proximité, quels enjeux, implication, cohésion ?	Quel est le management que vous pratiquez, le management que vous attendez ?	
Quels sont les atouts et les points de vigilance du comité de direction ? Vision, cohésion, organisation. Son activité : préparation des dossiers, temps consacré aux sujets en réunion, suivi des décisions prises, rôles, apports du Codir vers les services ? Quels sont les atouts et axes d'amélioration des services au niveau du système d'animation managérial, comment le Codir peut-il vous aider davantage ?	Quelles sont vos propositions d'action, les différentes étapes ? Quels sont vos besoins d'appui et d'accompagnement dans la mise en œuvre de ce projet ?	

Un coaching flash de six heures du dirigeant

Pour permettre un travail de qualité qui s'appuie sur la réalité d'une situation, il est indispensable d'avoir avec le dirigeant un entretien approfondi qui permet :

- de recueillir ses propres réponses aux questions posées par ailleurs aux autres membres du comité de direction ;
- d'identifier comment ce changement pour l'entreprise est en harmonie avec le parcours et les valeurs de son dirigeant.

Cet entretien approfondi prend la forme d'un « coaching » de six heures dont l'objectif est de mieux comprendre le style de leadership du dirigeant, d'identifier ses atouts et ses manques, de permettre au dirigeant de prendre du recul pour mieux accompagner le changement dans sa durée. Ce coaching flash de six heures a aussi pour vocation de permettre au dirigeant de réfléchir pour trouver une plus juste cohérence entre l'objectif de changement identifié pour son équipe et son entreprise en lien avec ses propres aspirations professionnelles et personnelles à long terme.

Une phase de validation et de conception

Après cet audit, il faut prévoir une réunion avec le dirigeant pour lui faire part des observations et recommandations du coach, pour imaginer les attitudes et latitudes de la mise en scène entre coach et dirigeant en cas de crise, pour proposer un projet de contenu pour le séminaire de cohésion d'équipe.

Sans s'engager, il est possible de préciser que le séminaire, d'une soirée et de deux jours, examinera les missions, les rôles, les fonctions de chacun.

Un moment à déterminer sera probablement consacré à la réflexion d'un projet partagé, une vision, pour le moyen et le long terme. Il s'avère que la mobilisation d'un groupe humain se fait autour d'un objectif formulé et formalisé.

Certainement aussi, un temps sera utilisé pour un moment convivial, qui soit en relation pédagogique avec le contenu et les objectifs du séminaire. Un attribut du management est aussi de savoir parfois faire la fête ensemble !

Il faut aussi prévoir un travail précieux de clôture sur la reconnaissance, *strokes* des qualités humaines et professionnelles de chacun vues par chacun pour favoriser la phase d'ouverture de l'équipe.

Une trame de travail pour un programme de deux jours

L'animation exige de la part du coach vigilance, soutien et détachement. La journée est ouverte par le dirigeant qui rappelle les objectifs et qui remet en confiance les clés au coach, protégé par un contrat de loyauté défini en amont.

La journée se poursuit par la présentation par le coach de la trilogie pédagogique « Esprit-Cœur-Corps », un outil de complémentarité utile dans un groupe permettant d'aller à la recherche d'une dominante collective avec ses forces et axes d'amélioration.

Viennent ensuite les restitutions du journal de bord et des premières réactions en plénière par un travail en sous-groupes sur le choix d'une opportunité prioritaire et d'un frein prioritaire, puis la mise en commun en plénière et la formalisation des priorités d'actions identifiées par l'ensemble de l'équipe.

Un exercice vivant, mobile, de réussite d'un projet en équipe suivra : la banquise. Quels enseignements tirez-vous de cet exercice dans votre vie professionnelle ?

Puis un travail de fond et d'approfondissement en sous-groupe pour identifier les perceptions croisées : ce que chaque fonction attend de chacune des autres avec conseils et encouragements à chacun.

Probablement en final de cet exercice, il serait judicieux d'ajouter un paragraphe sur ce que « nous attendons de notre chef et ce que notre chef attend de nous, au niveau initiative et reporting ».

EXERCICE D'ENTRAÎNEMENT
EXERCICE EN EXTÉRIEUR : LE CARRÉ PARFAIT

Nous recommandons cet exercice, compte tenu de l'importance de la dimension corporelle pour sentir.

Les participants forment deux équipes « rivales », dont l'objectif est de former un carré parfait avec une corde de douze mètres, sachant que les participants auront une demi-heure par équipe pour s'y entraîner et qu'ils seront amenés à refaire cet exercice, les yeux bandés et sans parler...

C'est un excellent exercice qui permet d'aborder :

- la préparation d'une équipe à propos d'un projet ;
- l'interaction de ses membres pendant la réalisation du projet ;
- l'influence de l'animation et le jeu des résistances.

C'est aussi un exercice qui met en relief deux conditions de savoir être pour la réussite d'une équipe : l'idée de détermination et l'idée de souplesse. Cet exercice permet également de voir la complémentarité efficace entre des acteurs et des observateurs. Il permet enfin d'ouvrir un travail concret sur notre vision, notre communication et notre organisation.

Selon les attentes identifiées lors des entretiens, il peut être efficace de prévoir une simulation de conflit en temps réel suivi d'un moment de régulation et de coaching des participants, ainsi qu'une « marche en aveugle » pour susciter la confiance.

D'autres exercices porteront sur le travail d'identification des conditions de succès d'atteinte ensemble d'une vision stratégique définie à un an (enjeux, préconisations, contributions, obstacles à anticiper). Il est pour cela utile d'associer des outils analogiques, par exemple la demeure mythique, qui permet à un groupe de travailler sur ses représentations de leur collectif, tel qu'il est aujourd'hui et tel qu'ils le voudraient demain, à partir d'une projection métaphorique, pour identifier un idéal vers lequel ils veulent tendre, et rendre concret cet idéal.

EXERCICE D'ENTRAÎNEMENT
LA DEMEURE MYTHIQUE

Si l'équipe était une demeure…

Un lieu où l'on vit, mythique, fantastique, métaphorique, symbolique, emblématique… dans laquelle vous vivez aujourd'hui et dans laquelle vous souhaitez vivre demain, à quoi ressemble-t-elle ?

En faire un dessin, en poussant jusqu'à la métaphore : une galère, un orchestre, une tour de Babel, un château des mille et une nuits… et la décrire :

La description physique : la structure…

La vie à l'intérieur : le fonctionnement, qui a l'autorité, quelles sont les valeurs, règles et rites, quels sont les membres, les invités, l'activité, l'environnement…

Maintenant, si vous vous ancrez dans le réel, à quoi correspondent chacun des éléments de la demeure mythique vers laquelle vous souhaitez tendre, de quoi s'agit-t-il ?

Quels sont les réajustements nécessaires pour passer de la demeure d'aujourd'hui, à la demeure de demain, dans le concret dans trois ans, deux ans, un an ?

Qu'est-ce qui pourrait faire obstacle à la mise en place de cette demeure ? Comment dépasser ces obstacles ?

EXERCICE D'ENTRAÎNEMENT
LE BLASON

Il est également possible de prévoir « une obligation de créativité collective » : comment les sous-groupes vendent leurs idées sur une vision par une œuvre graphique colorée, un blason issu de la demeure mythique ou une statue vivante :

- les attentes de vos clients internes et externes dans la moitié gauche ;
- vos forces dans la pointe gauche ;
- vos priorités à mettre en œuvre dans la moitié droite ;
- vos valeurs dans la pointe droite ;
- la devise du service en haut.

Le travail en sous-groupe, puis en grand groupe permet de finaliser les découvertes sur le fonctionnement du collectif. Le coach propose alors un exercice de visualisation, une métaphore pour « transformer une contrainte en opportunité ».

APPORT THÉORIQUE

Le conte de fées

Dans les contes, il y a toujours trois personnages importants :

le roi (ou la reine), dont la fonction essentielle est d'exercer une demande, une volonté. Il (elle) est omnipotent, incapable de bouger. D'où l'arrivée d'un second personnage…

Le héros ou l'héroïne, qui entend la demande mais doit être habité de deux qualités : l'amour inconditionnel pour la demande royale et le lâcher prise, c'est-à-dire la disponibilité. S'il développe ces deux qualités, alors apparaît le troisième personnage…

L'enchanteur ou la fée, dont la seule capacité est de répondre, mais qui est très exigeant(e) sur la qualité d'engagement et sur la qualité du lâcher prise.

Le coach fait une analogie avec l'entreprise :

* le roi, c'est l'objectif ;
* le héros, c'est la coresponsabilité qu'une équipe met en place en passant d'une équipe de stade « collection d'individu » à une équipe de stade « équipe performant » ;
* la fée, c'est la vision.

Lâcher prise revient à dévier de son objectif pour ensuite l'atteindre avec davantage d'efficacité et de sérénité.

Vers la fin du séminaire, il faut travailler sur l'élaboration d'actions concrètes, mesurables à mettre en place avec des indicateurs, des échéances et des responsables ainsi qu'une politique de suivi à laquelle chacun des participants adhère.

La journée se termine par une reconnaissance de chacun à travers les *strokes*.

Le dirigeant conclut et remercie ses équipiers pour leur implication.

La cohésion d'équipe peut se faire sur un mode de groupe de co-développement, offrant un espace pour prendre du recul, revoir les enjeux fondamentaux du projet managérial de chacun, questionner la vision de l'environnement et réfléchir à son impact personnel. Dans cette pratique, nous sommes à la frontière entre trois démarches :

– un groupe de soutien pour aider chacun à rester centré sur ses priorités ;
– un groupe de supervision pour aider à modifier les modes d'action dans l'entreprise et créer des opportunités de développement ;
– un groupe de formation pour échanger des pratiques et des expériences, pour prendre du recul sur sa situation réelle et pour développer de nouvelles compétences de management.

Nous utilisons souvent ce dispositif en complément d'une formation au leadership proposée à des dirigeants et managers confirmés.

Le suivi

• En temps réel, en formation action, sur le thème : comment construire une réunion efficace, à partir de deux demi-journées de feedback lors de réunions opérationnelles.
• En temps différé, sur le thème : ce que j'ai mis en application, ce que je n'ai pas mis en application, mon objectif pour la suite, afin d'analyser les bonnes pratiques et les axes d'amélioration avec documents de synthèse sur les engagements.
• Un coaching individuel selon les besoins et les objectifs de chacun des membres des systèmes de management.

2 ■ La recherche de nouvelles solutions

Spécificités de la psychologie bouddhiste des émotions, convergences avec la psychologie occidentale

« Partager votre savoir, c'est une façon d'atteindre l'immortalité. »
(Tenzin Gyatso, Dalaï Lama)

Chapitre 6

Entretien
avec Lama Jigmé Rinpoché[1]

« La vie n'est pas un problème à résoudre,
mais une réalité à expérimenter. »
(Bouddha)

*Sérénité peut se conjuguer avec efficacité, surtout en ces temps de crises et
de changements permanents que nous vivons. C'est ce que souligne le travail de Lama Jigmé Rinpoché, dont vous trouverez les réponses à mes
questions ci-dessous. Lama Jigmé Rinpoché accompagne des responsables
d'entreprises asiatiques, américaines et françaises depuis dix ans. Il est un
expert en psychologie de l'Éveil. En tibétain, « la » signifie « qui élève »
et « ma » signifie « mère ». Un lama veille sur nous comme une mère qui
nous élève pour nous débarrasser de nos peurs et nous ouvrir à l'inconnu.
Se tenir devant les êtres comme si c'était la première fois que nous les
voyions, c'est être lama. En sanscrit, lama se dit « guru », qui signifie
lourd. Un guru nous aide, par son questionnement, à nous rendre plus
léger. Lama Jigmé Rimpoché entraîne les dirigeants à comprendre comment
fonctionne leur esprit et l'esprit de leurs équipes, car la plupart de nos misè-
res proviennent d'un mauvais fonctionnement de notre pensée.*

---

1. Directeur spirituel du centre bouddhiste tibétain Dagpo Kagyu Link.

Bonjour Lama Jigmé Rinpoché, ma première question portera sur votre enfance : quand avez-vous décidé de devenir lama ? Qui vous a aidé ?

Bonjour Martine. J'ai décidé de devenir lama lorsque j'étais enfant et demeurais au Sikkim, au Nord-Est de l'Inde. J'étais réfugié et vivais avec la communauté tibétaine en exil. J'ai été aidé sur ce chemin spirituel par le XVIᵉ Karmapa, Rigpé Dordjé, ainsi que par d'autres enseignants qui m'ont soutenu afin que je puisse étudier et acquérir quelques connaissances. Le Premier ministre indien de l'époque, Jawaharlal Nehru, nous a aussi donné une importante vision globale et mondiale. Il nous a expliqué que puisque nous étions en exil, il était très important de suivre la philosophie bouddhique parce qu'elle nous serait utile à nous-mêmes mais pourrait aussi être mise au service des autres plus tard de façon plus vaste. Cette vision m'a permis de considérer deux perspectives : d'une part le chemin spirituel personnel, et d'autre part le fait de pouvoir être un soutien dans le monde actuel. Nous étions alors au début des années soixante.

Que signifie le nom que vous portez ?

Jigmé est le prénom que j'ai reçu à ma naissance. Comme tous les prénoms tibétains, il se réfère à une qualité : « jigmé » signifie intrépidité. Rinpoché a pour sens « précieux », c'est un titre attribué à un sage reconnu. Ici, nous pensons qu'un rinpoché a un niveau de conscience élevé lui permettant de choisir sa réincarnation.

Comment exercez-vous votre mission ?

J'essaie d'appliquer, dans mes diverses rencontres et selon les circonstances environnantes, les différentes instructions que j'ai reçues, ainsi que la vue des enseignements bouddhistes, et ce, toujours en lien avec la situation présente.

Comment vous développez-vous ?

Je me développe en me référant aux enseignements bouddhistes et en partageant ce que j'ai appris auprès de personnes qualifiées qui ont une connaissance et une expérience approfondies de ces enseignements.

J'essaie aussi d'écouter ce que l'on me dit, sans rien rejeter, afin de comprendre le sens. Adhérer ou non au point de vue présenté m'appartient, mais l'important, c'est de ne pas rejeter ce qui m'est exposé afin d'essayer tout d'abord de comprendre, ensuite de voir si l'idée est valable ou non, si elle a du sens ou non. C'est le plus important pour moi et c'est ainsi que je me développe.

Quelle différence faites-vous entre développement personnel et développement spirituel ?

Les termes « développement personnel » et « développement spirituel » recouvrent la même notion dans les enseignements bouddhistes.

Le développement personnel débute lorsque nous essayons de ne pas être piégés par une méconnaissance, il s'agit donc bien d'une perspective tout à la fois personnelle et spirituelle.

Lorsqu'il est question de développement spirituel, le but est de voir la réalité du potentiel humain, il s'agit de pouvoir se relier véritablement à ce potentiel. C'est ce dont il est question dans le développement spirituel : ne pas être nuisible ni à soi-même ni à l'autre. Afin de progresser, nous essayons d'acquérir différentes connaissances et une certaine expérience. C'est la raison pour laquelle il m'apparaît que le développement personnel et le développement spirituel sont identiques. Parfois certains comprennent le développement personnel comme étant clarté et intelligence et le développement spirituel comme relié à la foi, cependant pour les pratiquants bouddhistes, dans les deux cas, il s'agit de l'esprit.

Quels sont les pièges que peut rencontrer un sage, un accompagnateur ? Comment reconnaître un faux et un vrai accompagnateur ?

Il y a le fait d'être un faux accompagnateur, mais aussi le danger d'en devenir un, par exemple en étant trop fanatique ou trop centré sur sa propre vérité, sa propre version des choses. Quelqu'un qui pense : « Moi seul ai raison » ou encore « Tout ce que je sais est juste » et qui guide les autres ainsi peut être un faux accompagnateur.

Un individu qui ne sait pas comment se référer à la vérité, en faisant preuve d'intelligence dans la situation, peut également être un faux accompagnateur. Vérité signifie ce qu'est exactement la situation du moment.

Un véritable accompagnateur ne fait pas de différence entre ce qu'il est et ce qu'il dit, il est sincère et ouvert.

Quelle est la signification de « bouddhisme » ?

Le bouddhisme est une philosophie qui cherche à atteindre « l'éveil ». En effet « buddha » se compose de deux mots sanscrits : « bud » signifie qui se dévoile et « dha » qui amène la qualité à maturité. Les Tibétains nomment leur philosophie « tradition intérieure ». Notre pratique est une « science de l'esprit » ayant pour objectif de devenir conscient de soi, de l'autre et du monde afin de développer clarté d'esprit et bienveillance de cœur.

Quelle est l'essence de la philosophie bouddhiste ?

Le bouddhisme cherche la nature de la réalité perçue pour se délivrer de la souffrance.

Quelles sont les causes de la souffrance ?

La souffrance résulte d'un tumulte émotionnel lié à la confusion de notre esprit.

Quelles sont les causes de la confusion ?

Il y en a de nombreuses, mais il s'agit avant tout d'un manque de discernement et aussi d'une incompréhension de ce que nous sommes réellement. Nous croyons seulement en ce que nous savons.

Il y a aussi notre dépendance à l'égard de notre désir, notre envie permanente d'autre chose que ce que nous avons, qui est à l'origine du tourment de notre esprit et de nos perceptions à court terme, sans mesure des conséquences de nos actes. Cette dépendance obscurcit la vision de l'interdépendance et de l'enchaînement des causes et des effets.

Qu'est-ce que la vacuité ?

C'est la même chose que ce que la physique a découvert ! Par exemple, le fait qu'un phénomène composé n'existe pas : une couleur n'existe pas en tant que telle, elle est simplement due à un reflet. C'est la même chose.

Généralement, la plupart des individus comprennent la vacuité comme étant une vue théorique, mais en fait elle est la subtile découverte que la réalité n'a aucune existence en tant que telle. Notre perception brute n'est pas le reflet de la réalité physique.

Cela a pour conséquence que personne ne vit dans le monde et que chacun vit dans son monde. Le concept de vacuité permet de recentrer nos perceptions pour nous ouvrir à l'autre.

La nature de la vacuité, c'est la justesse comportementale qui donne une motivation de compassion et une clarté lucide concernant les conséquences de ses actes.

Qu'est-ce que le renoncement ?

C'est la compréhension authentique de ce qui nous est nécessaire afin de devenir moins dépendant de l'extérieur. Il ne s'agit pas de nier ses désirs, mais de réfléchir au sens de l'existence : pour quel bienfait suis-je sur cette terre ? Il est important de ménager des pauses dans sa vie pour prendre du recul. Ce recul donne de l'espace et de la liberté à l'esprit.

Qu'est-ce que le karma?

Le karma englobe la cause et son résultat. Ce résultat est en lien avec une action effectuée. L'action doit aussi être reliée à une reconnaissance. C'est ce que nous appelons karma. La souffrance résultante dépend de la nature de la cause. Le karma énonce que nous récoltons ce que nous semons : il est donc l'affirmation de la liberté humaine. Lorsque nous choisissons d'agir pour apporter le bonheur et la réussite, alors les fruits du karma sont le bonheur et la réussite. L'action juste est un choix conscient dont les conséquences sont le bonheur.

Qu'est-ce que le dharma ?

La loi du karma nous pousse à reproduire ce que nous avons déjà fait, et pourtant il est possible de ne pas refaire les mêmes erreurs. En ouvrant notre esprit nous pouvons évoluer. Nous avons tous une mission, un talent à offrir. Lorsque nous mettons ce talent au service des autres, nous connaissons l'abondance et la paix de notre esprit, qui est le but de la vie. En sanscrit, dharma signifie « but de la vie ». Le chemin du dharma est de saisir les opportunités pour développer un karma positif.

Qu'est-ce que le nirvana ?

Il s'agit d'un état d'esprit au-delà de la souffrance. Comme la souffrance vient de la confusion, le nirvana est un état de lucidité dans lequel tout est perçu dans sa vérité. Le nirvana ne coupe pas du monde, il représente un état d'ouverture maximum sur le monde.

Qu'est-ce que le samsara ?

Le samsara représente la ronde des répétitions des tourments de notre mental. Le nirvana ne peut que se trouver dans le samsara, dans la réalité de notre condition humaine, en nous ouvrant à la source de notre intuition et de notre compassion.

Comment définissez-vous ce que l'accomplissement de soi ?

L'accomplissement de soi est une perception juste de soi et de ses émotions qui nous permet « de reprendre notre esprit » pour nous délivrer des perturbations qui nous habitent. Il s'agit toujours de ne pas être pris par la situation émotionnelle, mais d'aller dans la direction de ce qui est bénéfique à chacun. Parvenir à accomplir ceci permet de résoudre beaucoup de problèmes.

Quels exercices préconisez-vous pour faire des choix plus lucides, être plus interdépendant, approfondir l'empathie ?

Il est nécessaire de prendre le temps. Afin de se développer, il faut réfléchir et méditer. Ce sont de très bons exercices. Méditer rend présent à soi et au monde, permet de déceler les buts essentiels, rend l'esprit plus lucide.

Quelle relation entre méditation et action ?

La méditation donne une vision claire afin de pouvoir agir, elle donne à l'esprit une capacité à la clarté qui facilite l'action. C'est la relation entre les deux. L'action suit la méditation.

Comment un bouddhiste appréhende-t-il la gestion du temps ? Comment équilibrer vie personnelle et vie professionnelle ?

Le temps, c'est la substance de la vie qui nous permet de réaliser nos aspirations et de nous accomplir. Si nous avons l'esprit troublé, nous avons l'impression de manquer de temps comme si nous manquions d'air.

Il est important d'apprendre à s'investir dans chaque activité l'une après l'autre en étant totalement présent. L'acceptation du présent libère énergie et détermination.

Comment gérer le stress ?

Une chose peut être effectuée afin d'éviter le stress : essayer d'avoir une image claire de la situation et développer cette capacité afin de pouvoir l'utiliser lorsque c'est nécessaire.

Il s'agit de parvenir, par exemple, à identifier la difficulté et ainsi d'être à même de la résoudre. Une préparation est nécessaire pour être capable d'identifier correctement le problème. En général, une grande part de stress vient de ce que nous ne discernons pas exactement la difficulté, c'est très subtil. C'est la même chose pour la souffrance : avec davantage de clarté d'esprit, elle s'atténuera. La souffrance est due à une confusion dans l'esprit créée par le manque de clarté.

Avoir l'esprit clair signifie avoir la compréhension exacte du moment présent, ou encore être capable de se relier à cette acuité. Même si vous n'y voyez pas clair immédiatement vous pouvez vous connecter à cette perspicacité de façon juste. Cela requiert un peu de temps pour y parvenir, mais c'est possible.

Comment définissez-vous le sens politique ?

La spécificité du bouddhisme réside dans le fait d'essayer d'appliquer de façon correcte l'enseignement à notre propre comportement. Avec cette motivation d'être bénéfique aux autres, vous pouvez vous impliquer au niveau politique.

Qu'est-ce qui caractérise un leader ?

Un leader est quelqu'un qui a de l'expérience ainsi que des connaissances et qui est capable de conduire une situation jusqu'à sa réalisation. « Réalisation » fait ici référence au but à atteindre, je ne parle pas de réalisation spirituelle.

La mission du leader est de conduire en prenant soin de tout, en voyant les conséquences à long terme, en corrigeant et en encourageant.

En surmontant les perturbations de son caractère, il développe une motivation positive, son intuition devient juste, il développe présence d'esprit et force de caractère.

La motivation positive vient de la présence à soi et à l'autre et en se dégageant des émotions, entraîne vision juste et détente.

Le charisme se travaille : c'est une parole qui va toucher l'autre. La séduction n'agit qu'à court terme, entre Gandhi et Hitler deux charismes dont l'orientation de l'esprit oriente les comportements, soit de nuire soit de faire grandir.

Quels sont les pièges du pouvoir ?

Être pris uniquement par son ambition personnelle, avancer en se prenant comme seul point de référence, sans prendre les autres en considération. Un autre piège est d'avoir certaines connaissances et de penser que l'on sait tout alors que son savoir est limité, c'est là une forme d'orgueil dont on n'est pas conscient.

Un autre piège, encore, consiste à communiquer avec son entourage d'une manière inappropriée, ou à avoir peur de ne pas être capable de communiquer, ce qui est différent. Certaines personnes ne veulent pas communiquer mais d'autres ont des difficultés dues à la peur.

Quelle différence voyez-vous entre le leadership au féminin et au masculin ?

Je pense que la différence réside dans une perception subtile, au niveau émotionnel. Les femmes ont une perception plus fine et plus colorée du monde.

Quelles sont les causes de la souffrance que vous observez en entreprise ?

La réussite au travail dépend de l'accomplissement de soi. Or, dans la société occidentale hyper moderne, les cadres dirigeants sont très éduqués en savoir théorique et très peu éduqués en savoir être.

La principale cause de la souffrance en entreprise est l'orgueil qui suscite de la compétition et une grande difficulté à écouter l'autre. Cet orgueil est à la source du stress et de la peur.

Quel est l'apport du bouddhisme pour calmer cette peur et être plus serein ?

Le bouddhisme a une philosophie qui favorise un changement de regard et de comportement. Il nous permet de développer une vue positive de l'autre et de soi pour élaborer une attitude appropriée afin de voir clairement les perturbations qui nous agitent. L'orgueil nous empêche d'avoir une vue positive.

La méditation est un travail de distanciation, pour sortir d'une fixation répétitive. L'enseignement de base de la spiritualité consiste dans un entraînement à développer un état d'esprit positif pour nous désintoxiquer de nos fixations.

Une mauvaise perception de soi et une faible considération des autres créent plus de souffrance que de bien-être. L'esprit est plus libre et plus spacieux si l'on s'intéresse aux autres.

Dans notre esprit, personne ne nous dérange, il n'y a que « nous ». Quand nous sommes dans la peur des conséquences de nos actions, nous oublions de reconnaître nos parasitages. Pourtant nous sommes libres d'identifier les causes, de ramener la situation à de plus justes proportions, de prendre nos responsabilités et d'évacuer le stress.

Nous sommes responsables de notre tournure d'esprit, qui va avoir une influence directe sur la tournure des événements.

Quel est le changement à opérer ?

Les cadres dirigeants sont responsables, mais agités par des perturbations internes. Il s'agit de prendre conscience de nos perturbations internes pour s'en libérer.

Nos émotions sont constamment présentes : la peur, le désir, la colère, l'orgueil, la jalousie… En les comprenant, nous aiguisons nos qualités de perception et nous ouvrons notre esprit. Petit à petit nos émotions transparaîtront sans drame, comme un simple message.

Quels sont les obstacles à dépasser ?

L'orgueil est le filtre majeur qui nous empêche de voir les apports de l'autre.

Notre expérience est fondée sur l'ignorance que nous sommes interdépendants, cependant cette ignorance ne doit pas être une certitude car nous avons toujours le besoin de nous confirmer dans notre différence par l'orgueil. Le moi n'a pas la permanence ni l'existence que nous lui donnons, puisque l'esprit utilise son environnement pour se confirmer dans sa différence.

L'orgueil est proche de l'ignorance, l'illusion est que toute notre histoire nous rend unique et donc nous confirme que nous sommes seuls.

Perdre une illusion, c'est lui faire face pour cesser d'avoir un regard de hiérarchisation et de jugement mais de pragmatisme afin de cesser de nous confirmer dans notre différence.

Le lâcher prise est justement cette distance où nous ne sommes plus victime de nos représentations et de nos perturbations.

L'esprit a la capacité de se reconnaître, d'être vigilant sur l'utilisation de son énergie. Comment faire ? Il s'agit de nous regarder sans nous juger, sans nous rejeter, sans être fasciné, avec bienveillance, confiance, patience pour changer.

Quelle est la première action à mettre en place ?

L'écoute ouverte aux autres représentations, la capacité à faire un pas en arrière pour trouver un espace de rencontre avec l'autre. Le stress, la pression viennent de notre esprit.

Il s'agit chaque matin de trouver la couleur pour agir de la façon la plus juste possible, pour nous donner une motivation pour le bien de tous, de soi et des autres.

Le chemin est de travailler sur nos ornières comportementales, sur nos tendances émotionnelles par un travail de miroir qui nous ramène à ce que nous sommes.

Comment éviter les conflits de rivalité ?

La jalousie consiste à vouloir pour soi ce qui appartient à l'autre. Dans la jalousie, nous ne pouvons nous réjouir du talent de l'autre, cela débouche sur la mise en compétition. Pour ne pas voir le talent de l'autre, pour ne pas voir ce que nous voudrions avoir, nous voyons ses défauts.

Or la compétition c'est la vie. Cependant on pourrait se réjouir que l'autre ait gagné. En effet en semant la graine de la réjouissance, nous développons en nous le même talent. Cet apaisement est un espace de lucidité qui enlève de l'espace à la jalousie. La compétition saine ne conduit pas à une perception négative de l'autre.

Un conflit bref peut permettre de désamorcer une situation problématique, mais le désir de revanche est toujours présent dans l'esprit. La vigilance permet de transformer le ressentiment en entraide. L'entraide nous enlève le poids de la culpabilité, nous rend plus léger et plus lucide.

Dans un conflit, le cœur du problème est de déceler l'origine de l'agressivité, puis d'y apporter une réponse soit d'aide soit d'opposition ferme sans agressivité.

Pour communiquer avec justesse, il faut d'abord clarifier ses valeurs avec sincérité.

Peut-on faire rimer performance et sérénité ?

Un orgueil positif est nécessaire à la performance et à la sérénité. Il est important d'avoir conscience que la confiance est possible, important d'être vigilant pour regarder en face notre fonctionnement afin d'avancer. Être présent, c'est s'entraîner.

Il faut pour cela une extrême douceur et une infinie exigence avec soi-même afin de ne pas nuire pour s'accomplir et construire ensemble.

Quand l'esprit n'est pas pris par les émotions, il jouit d'un espace suffisant pour s'investir dans l'activité elle même. Il est plus stable et plus fort, l'état d'esprit positif est d'une grande efficacité.Dans tout travail, il est possible de développer une force intérieure pour agir avec efficacité. La voie médiane est de rigueur : demeurer vigilant et investi sans prendre les choses trop à cœur.

Comment convaincre l'entreprise de l'apport de la philosophie bouddhiste ?

C'est difficile à dire, il me semble que cela peut se faire en communiquant, en parlant afin que les gens puissent comprendre le sens et la fonction de cette philosophie.

Quels conseils donneriez-vous aux dirigeants ?

Le leader est au sommet grâce à ses collaborateurs. Si le sommet est élevé, c'est parce que la base est large. L'attention à tous permet de poursuivre la mission au sommet. Un bon leader éclaire ses voiles internes et ainsi développe force de caractère et présence d'esprit.

Comment faire pour que nos bonnes intentions ne deviennent pas nocives ? Il faut développer notre lucidité. Le principal obstacle à cette lucidité est le voile de nos émotions. Tous les déclencheurs externes ne sont réellement nocifs que parce qu'ils trouvent un écho dans notre esprit.

La lucidité nous permet de ne pas rajouter à une situation difficile des complications qui viennent de notre propre confusion.

Je donnerai trois conseils : développez un regard intérieur afin de gérer vos émotions, gardez un esprit positif et de soutien envers autrui, restez vigilants si tout va bien.

Merci, Jigmé, pour votre clarté et votre capacité à apporter de l'apaisement.

Chapitre 7

Les fondamentaux de la psychologie

> « Souvenez-vous que ne pas obtenir ce que vous voulez est parfois un merveilleux coup de chance. »
> (Tenzin Gyatso, Dalaï Lama)

Les principes de base de la psychologie occidentale

La psychologie clinique a acquis sa légitimité, elle se définit comme « une approche contrôlée de l'homme par l'homme dans une situation d'implication réciproque » (J. Favez-Boutonnier). Personne ne penserait plus aujourd'hui à la qualifier de « médecine sans contrôle, philosophie sans rigueur et éthique sans exigence » (Canguilhem).

Quatre champs théoriques de la psychologie clinique sont à la base du coaching : la psychanalyse, la psychologie humaniste, la psychologie systémique, la psychologie cognitive, que nous analyserons successivement à travers leurs postulats, valeurs, méthodologie et posture.

L'humain est complexe et imprévisible. Chaque théorie a ses filtres : « C'est la théorie qui détermine ce que l'on observe et non l'inverse » (Einstein). C'est pourquoi il est important de connaître en profondeur, mais aussi de relativiser l'apport de chaque champ théorique dans une psychologie intégrative qui ne représente pas un bric-à-brac a-théorique, mais se nourrit de chaque apport.

Un coach articule donc les concepts et les outils issus de la psychologie clinique et de la sociologie des organisations dans une psychologie intégrative. Quand utiliser l'écoute flottante de la psychanalyse, la trilogie protection/permission/puissance de la psychologie humaniste, le recadrage de sens et la métaposition de la systémique, le travail sur les pensées automatiques et sur les pensées alternatives de la psychologie cognitiviste ?

La psychanalyse

Elle est efficace pour percer la façade sociale, travailler en profondeur sur ses conflits infantiles qui nous ont structuré par l'association libre et l'analyse des résistances, pour atteindre « l'individuation », le sentiment d'être un individu unique.

- L'origine de la psychanalyse se situe dans la pensée philosophique postmoderne du soupçon et de la déconstruction du sujet raisonnable initiée par Nietzsche. La psychanalyse est attachée au nom de Freud, puis à celui de Jung au début du XXᵉ siècle.

- Les postulats de base s'appuient sur une démarche analytique pour comprendre les instances conscientes, préconscientes et inconscientes qui nous structurent à partir d'un conflit de base. Ainsi que les pathologies qui nous guettent au niveau de la nature de l'angoisse (morcellement, abandon, castration) puis des défenses employées (déni, évitement, refoulement) et enfin du mode de relation à l'autre (fusion, dépendance, ou acceptation du conflit).

- Les valeurs sont basées sur l'introspection, l'expérience de la rencontre avec la psyché par le mental pour Freud, par l'émotion pour Jung, pour accéder à un processus universel appelé individuation et permettant l'acquisition de nouvelles capacités de symbolisation.

- La méthodologie et les outils essentiels sont l'attention flottante pour saisir le langage de l'inconscient et analyser le transfert et ses manifestations d'angoisse, de défense, de mode de relation à l'autre...
- La posture est caractérisée par la neutralité permettant la confrontation entre le conscient et l'inconscient, pour conduire à l'acceptation de la séparation et de la castration afin de vivre selon le principe de réalité.

Les structures de la personnalité

Freud distingue la psyché et le soma. Dans la psyché, quatre « entités » jouent des rôles complémentaires :
- le surmoi joue un rôle de censure ;
- le moi décide ;
- le ça, réservoir des pulsions, veut tout, tout de suite ;
- l'idéal du moi nous dit « fais comme si... ».

Si l'une d'entre elles prend le pas sur les autres, cela entraînera des pathologies au niveau du soma. Si le Moi décide à l'inverse du réservoir des pulsions, on peut observer trois sortes de conséquences plus ou moins pathologiques qui se traduiront par des troubles du caractère, des conversions psychosomatiques ou des maladies physiques.

Les trois grandes pathologies

La névrose se traduit par un surmoi prédominant et un idéal du moi faible, par une peur de la castration, de la punition, susceptible d'engendrer conversions hystériques et phénomènes caractériels obsessionnels. L'état-limite se traduit par un idéal du moi dominant et une peur de l'abandon, des risques de passage à l'acte, de maladie physique, de troubles caractériels. On distingue l'hystérique caractérisé par la quête d'attention, et l'obsessionnel caractérisé par le perfectionnisme et le contrôle.

La psychose se traduit par un moi dissocié et la peur du morcellement, des troubles de la pensée et du délire, le désir du sujet se heurtant à la réalité. On distingue le pervers ayant une structure de personnalité très stable, non susceptible de variation, le caractériel et le pseudo-névrotique (tel que narcissique, dépressif, hypocondriaque, psychosomatique, hypomaniaque) dont la structure de personnalité est instable, avec risques de basculement entre la psychose ou la névrose. Ces personnalités « border line » sont caractérisées par l'impulsivité et l'instabilité des relations interpersonnelles. On distingue le paranoïaque caractérisé par la méfiance soupçonneuse, le schizophrène caractérisé par le détachement des relations sociales, le mélancolique, caractérisé par le sentiment de perte de sa propre identité.

Que faire avec les personnalités difficiles que nous rencontrons en entreprise ?

— Avec l'hystérique : montrons-lui que nous apprécions son charme mais lorsqu'il va trop loin, aidons-le à rationaliser.
— Avec l'obsessionnel : montrons-lui que nous apprécions son perfectionnisme mais lorsqu'il va trop loin, aidons-le à se détendre.
— Avec le narcissique : soyons discret sur nos réussites et vigilant sur ses tentatives de manipulation, ne nous attendons pas à une relation donnant/donnant.
— Avec le paranoïaque : faisons référence aux règles et aux lois et munissons-nous de courage ou fuyons.
— Avec le maniaco-dépressif : aidons-le à soigner ses crises d'agitation et d'abattement.
— Avec le schizoïde : montrons-lui que nous apprécions son intuition, son imagination et aidons-le à exprimer son ressenti.

La psychologie humaniste

Elle est précieuse pour traiter des problèmes de développement personnel. En travaillant sur l'analyse structurale, elle permet de lever des obstacles internes, de dynamiser un projet en retrouvant l'Enfant Libre en soi, le Prince. Elle permet aussi de résoudre des problèmes relationnels, en travaillant sur l'analyse transactionnelle.

- Son origine se situe dans le courant humaniste de la philosophie moderne, qui va de Descartes à Rousseau en passant par Kant, et qui stipule que l'homme est seul face à son destin, mais sujet capable de se perfectionner – à la différence de l'animal. La psychologie humaniste prend naissance aux États-Unis dans les années 1930 avec Maslow, Rogers, Perls et Berne… Elle se déploie en réaction à la psychanalyse qui fait de l'homme une victime de son destin et au comportementalisme, qui fait de l'homme un robot. L'analyse transactionnelle repose sur trois éléments théoriques : une psychologie de la personnalité intra-psychique, une psychologie de la communication interrelationnel et une psychologie du développement par la satisfaction des besoins de base.
- Les postulats de base s'appuient sur la responsabilité individuelle et la capacité à décider puis sur la prise de conscience de la « blessure », entraînant des décisions scénariques précoces, limitant le potentiel comportemental.
- Les valeurs sont basées sur le développement de la croissance et de l'OKness.
- La méthodologie permet de faire une Analyse Structurale des Etats du moi pour comprendre comment s'est édifiée la personnalité, quelles sont les positions de vie, la structuration du temps préférentielle, les jeux psychologiques les plus fréquents conduisant au scénario de vie. Les outils essentiels sont le contrat, les positions de vie, le triangle de l'autonomie par rapport à l'autorité s'opposant au triangle dramatique, les signes de reconnaissance pour créer l'alliance.
- La posture est caractérisée par la bienveillance, le « penser martien », le regard de Candide et la recherche du « Prince derrière le Crapaud » que la vie nous fait souvent devenir !

En coaching, nous distinguons la demande explicite, qui est toujours défensive au niveau du comportement, et la demande implicite, qui se situe à un niveau identitaire plus profond, et qui exige une analyse, car elle permet de faire une hypothèse sur les besoins du client, besoins liés à sa position de vie, à son regard de base sur lui, les autres et le monde.

Les positions de vie

La demande implicite est reliée aux trois besoins de base définis par Maslow, le chef de file de la psychologie humaniste : sécurité, appartenance, réalisation.

Nous pouvons les rapprocher des positions de vie, élaborées par Berne, inventeur de l'analyse transactionnelle, qui a énoncé des besoins correspondant à des peurs fondamentales : de se positionner pour ne pas être abandonné, de structurer son temps pour ne pas se morceler, de se développer pour ne pas s'auto-punir.

Tableau 8 – Les positions de vie

Position	Je suis + Tu es −	Je suis + Tu es +	Je suis − Tu es −	Je suis − Tu es +
Émotion	Colère	Toutes les émotions	Tristesse	Peur
Comportement	Attaque	Gagnant/ gagnant	Repli/ isolement	Fuite
Trophée	Esprit de décision		Esprit de dévouement	Esprit de créativité
Question fondamentale	Suis-je compétent ?		Suis-je accepté ?	Suis-je aimé ?
Besoin	Réalisation de soi		Appartenance à un groupe	Sécurité

Quelques éclairages par rapport à ce tableau…

- Nous ne naissons pas en position + +, en revanche nous pouvons acquérir cette position en nous développant, en évoluant.
- Si nous sommes rigidement ancrés dans l'une de ces positions, notre scénario risque d'être pathologique et de nous conduire vers une issue dramatique de scénario (IDS) : + − : tuer, − + : se faire tuer, − − : se tuer. Le scénario représente en effet l'enfermement dans un comportement unilatéral, la méconnaissance, au lieu de naviguer de façon souple et fluide avec une large palette comportementale.
- Le trophée est le produit de l'évolution à partir de notre position initiale vers la position + +.

La psychologie systémique

Elle est utile, pour sortir de l'intra-psychique, entrer dans l'inter-relationnel, modifier le contexte pour modifier le sens donné à la situation.

* L'origine de la pensée systémique se situe à Palo Alto en 1950. Elle repose sur deux éléments théoriques : d'une part, la théorie des systèmes définit le système comme un lieu d'interaction dont la finalité est imprévisible (« l'effet papillon »). D'autre part, la cybernétique met en lumière l'importance du feedback, de l'apprentissage et de la logique circulaire avec une démarche synthétique pour s'adapter à la complexité.

* Les postulats de base reposent d'abord sur le problème de la double contrainte, la contradiction à des niveaux logiques différents sans possibilité de méta-communiquer, mise en lumière par Bateson. Le second postulat, proposé par Watzlawick, est le changement de niveau 1 ou 2, le changement de comportements ou de représentations. Dans le changement 2, il s'agit de sortir du cadre pour apporter une solution durable.

* Les valeurs sont basées sur le respect du système et de son écologie.

* La méthodologie constructiviste repose sur trois temps : l'identification du problème et de l'objectif pour sortir du problème de la double contrainte et changer de niveau logique, l'abandon des solutions déjà tentées et qui n'ont pas marché, la centration sur les ressources, les réussites, les apprentissages, l'intention positive, et enfin la mise en place du changement et l'analyse des inconvénients à changer.

* Les outils essentiels sont le recadrage, la recherche des exceptions, les échelles, la question miracle, les prescriptions de tâches, la création de rituels, l'intervention provocatrice, l'humour.

* La posture est caractérisée par le pragmatisme, l'optimisme, l'étonnement, l'utilisation du paradoxe, la prescription de taches.

La psychologie systémique définit cinq principes de communication :

- il est impossible de ne pas communiquer ;
- dans toute interaction, il y a un contenu verbal et un processus non verbal qui doivent être en cohérence ;
- la relation dépend de la ponctuation, du point de vue que l'on isole ;
- la relation peut être symétrique et conduire à des escalades dans le conflit, ou complémentaires si l'un adopte la position basse quand l'autre prend la position haute ;
- pour coconstruire une relation vivante, il faut sortir de la logique linéaire et entrer dans une logique circulaire.

Que permet l'analyse de la demande dans une intervention en systémique ?

Ouvrir au coaché la possibilité d'un nouveau jeu relationnel.

Situer le problème dans l'expérience de vie actuelle et globale du coaché : quelle est la nouvelle expérience de vie à expérimenter ? Quel est l'apprentissage en jeu ?

Comprendre la position actuelle du coaché vis-à-vis de son problème et de ses jeux interactionnels actuels : quelles représentations se fait-il de la situation ? Quel vecteur de motivation l'anime ?

Étapes et objectif d'une intervention

- Quel est le problème ?
- Quelle est la position du coaché ?
- Quel est l'objectif de changement accessible susceptible de conduire au changement de type 2 ? Comment le mettre en œuvre ?

Le coaché doit répondre aux questions suivantes : « En quoi est ce un problème ? À quel moment, dans quel contexte… ? » En général, la demande du coaché revêt trois caractéristiques : elle est floue, elle est trop précise là où c'est inutile, elle est perturbée par des interprétations-explications. L'une des façons d'aller au cœur des besoins profonds, du désir du coaché est de lui permettre de différencier les niveaux logiques.

Trois clefs pour sortir de l'impasse

Il s'agit de déterminer dans quelle impasse le coaché se trouve, dans quelle boucle d'interactions il est coincé. Presque toujours, il est dans une double contrainte qu'il a acceptée.

Une double contrainte est une injonction contradictoire dont les deux éléments sont énoncés à deux niveaux logiques différents (« Sois spontané ! » ou encore « Obéis-moi avec plaisir »). C'est pourquoi celui qui est pris dedans ne s'en rend pas compte. Cette double contrainte se traduit ainsi :

– le coaché n'a pas droit à la situation « non-A » ;
– il n'a pas droit à la situation « A » ;
– il n'a pas le droit de sortir de cette alternative.

Pour sortir d'une double contrainte, la systémique offre trois outils, que l'on choisit en fonction des situations et qui consistent à :

– décortiquer le problème et identifier les niveaux logiques de l'impasse pour repérer le nœud de la contradiction ;
– comprendre la position du coaché, sa dynamique. À quel nouveau jeu serait-il prêt à jouer pour remplacer le jeu problématique qui découle de la double contrainte ?
– identifier les tentatives de solution déjà tentées pour s'orienter vers celles qui se trouvent à l'opposé.

Le cognitivisme

Il est approprié pour sortir de l'affect, comprendre ses schémas mentaux et mobiliser ses ressources et ses compétences sociales.

- L'origine de la pensée comportementale et cognitiviste se situe chez les stoïciens, pour qui nos souffrances proviennent de notre perception des choses. Les théoriciens sont Watson et l'étude des comportements, Pavlov et l'observation du conditionnement, Bandura et l'analyse de l'apprentissage social par imitation, Ellis et la clarification des croyances irrationnelles et enfin Beck et son travail sur les distorsions cognitives en 1960.
- Les postulats de base reposent sur le lien entre nos souffrances et notre façon de voir les choses. Si nos difficultés sont liées à nos perceptions, nous pouvons modifier nos perceptions et cette modification peut avoir des effets positifs.
- Les valeurs sont basées sur la clarification de nos schémas mentaux pour développer l'estime de soi.
- La méthodologie cognitiviste repose sur trois temps : l'identification des pensées automatiques et alternatives, le travail sur les exceptions et la focalisation sur les ressources.
- Les outils essentiels sont la flèche descendante, le fantasme du pire et la spirale positive.
- La posture est caractérisée par le partenariat actif pour questionner les croyances et redéfinir une interaction au monde plus efficace.

Le coaching peut s'inspirer de cette recherche des croyances profondes qui dirigent le client et le font revivre sur des modes répétitifs qui compromettent son efficacité. Cette approche rappelle l'analyse des « scénarios de vie » de l'analyse transactionnelle.

Le coaching est souvent caractérisé par des premières demandes, aux niveaux opérationnel et comportemental qui, une fois satisfaites, laissent place à des demandes plus fondamentales du sujet qui renvoient à des schémas cognitifs qui guident son action.

Le coaching cognitiviste instaure un mode relationnel fondé sur la collaboration active des partenaires dans l'ici et maintenant. À partir d'un contrat clairement défini et structuré, le coach s'attache à questionner la validité de certaines croyances qui orientent des pensées et des comportements du client pour lui proposer de redéfinir, de façon plus efficace, son interaction au monde. Quelles sont les croyances limitantes ? Quelles seraient les pensées alternatives ? Ces deux questions sont à la base de la stratégie du coach cognitiviste.

Les convergences entre les psychologies bouddhiste et occidentale

La philosophie bouddhiste

Le bouddhisme cherche la nature de la réalité perçue pour se délivrer de la souffrance. La base de l'enseignement bouddhiste est en effet la compréhension de la souffrance et du fait qu'il est possible de sortir de cette souffrance.

Le bouddhisme est apparu en Inde au Ve siècle avant J.-C., s'est développé au Tibet dès le Ve siècle après J.-C., puis en Chine, parallèlement au confucianisme et à ses valeurs de respect des ancêtres et au taoïsme et à ses valeurs d'harmonie entre les extrêmes, puis enfin au Japon, avec l'école Zen.

On distingue trois pratiques :
- le petit véhicule ou « theravada » se rattache au développement personnel, il s'agit d'être un bouddha pour soi, de mieux gérer son temps et son stress ;
- le grand véhicule ou « mahayana » se rattache au développement social, nous ne pouvons être au paradis si les autres sont en enfer, il s'agit de prendre soin ;
- le véhicule diamant ou « varayana » se rattache au développement spirituel afin d'atteindre l'état ultime qui permet de ne pas nuire, de faire des actes bénéfiques et d'apprivoiser son esprit.

- Les postulats de base : la souffrance est causée par la méconnaissance. Les enseignements généraux montrent les différentes conditions qui conduisent à la souffrance et à la méconnaissance. En appliquant les enseignements, l'homme peut dépasser les blocages causés par ces conditions.

- Les valeurs du bouddhisme se déclinent en de nombreux degrés différents. La plupart des difficultés dans le monde viennent du fait que nous ne nous comprenons pas mutuellement. Normalement, si une véritable bienveillance prend place entre les individus, les problèmes sont résolus. Pour ce faire, les êtres doivent gagner en clarté au niveau de l'esprit et avoir moins peur. L'esprit est alors beaucoup plus ouvert, plus vaste et c'est ainsi qu'il est possible de faire preuve de discernement. La devise du bouddhisme pourrait être : développer la clarté intérieure et la bienveillance extérieure pour vivre une vie plus intense et plus satisfaisante.
- La méthodologie est basée sur l'introspection, l'expérience de la rencontre avec la psyché pour accéder à l'éveil et sur la méditation analytique pour comprendre les mouvements de l'âme.
- La posture est caractérisée par la largeur d'esprit et la générosité. En général, notre problème est que nous ne savons pas comment discerner les différentes conditions, ce qui crée de nombreuses difficultés. Avec un esprit intelligent, plus vaste et moins apeuré, il est facile de régler les différents.

Les points de rencontre

L'introspection chère à la psychanalyse a certainement puisée à la source du bouddhisme : l'introspection permet d'être à l'écoute de notre nature animale, de retrouver nos instincts et de fuir nos complexes. Elle permet de développer notre sensibilité. De même, la méditation a pour but la vigilance à la vie à travers l'observation de son propre fonctionnement. Elle développe la curiosité envers soi-même, une curiosité faite de douceur et de précision. Elle favorise le fait de savoir s'émerveiller de son propre monde et ainsi de pouvoir s'émerveiller de ceux que l'on a trop tendance à critiquer !

La PCM issue de la psychologie humaniste, et plus particulièrement de l'AT, s'est certainement enrichie aux sources de la philosophie bouddhiste : le stress est en lien avec le transfert. Il est lié à la non-satisfaction de nos besoins occultés par les messages contraignants qui nous ont construit. Il est important de connaître nos besoins, de prendre en compte la notion de polarités contraires, de parties de soi réprimées et celle de permission pour s'apaiser et obtenir un résultat à la fois efficace et serein en faisant le deuil de besoins répétitifs et ainsi retrouver notre motivation de base, celle du « Prince » qui est en nous.

Les découvertes neurologiques actuelles sur le fonctionnement des neurones miroirs apportent un éclairage : le rôle des neurones miroirs est de reconnaître l'autre humain, de comprendre ses intentions et de vouloir l'imiter. Cela souligne la double fonction des neurones miroirs et de la fonction mimétique : le désir, la rivalité et la jalousie des émotions perturbatrices mais aussi la capacité d'apprentissage et d'empathie des émotions apaisées. Par ailleurs, un lien avec la notion de plasticité en neurophysiologie apparaît : nous pouvons nous développer en gérant nos émotions, en développant une parole juste, la curiosité dans l'ignorance, la générosité dans l'envie, la patience dans la colère, le détachement de soi dans l'orgueil et la réjouissance du talent de l'autre dans la jalousie…

Nous observons également un lien avec le cognitivisme : la perception n'est pas une réception mais une interprétation à partir de notre histoire et de notre sensibilité ? Nous construisons nous même notre enfer et notre paradis… Il importe donc de comprendre et de dépasser nos distorsions cognitives pour devenir un créateur de monde plus humain, plus dynamisant et plus sécurisant.

La gestalt thérapie a certainement trouvé dans la philosophie bouddhiste des éléments fondateurs de sa pratique, notamment dans le cycle du contact, « l'awareness », la présence au champ total composé de nos propres besoins et des opportunités de l'environnement. Il nous appartient de développer cette conscience et cet esprit de soutien qu'elle engendre afin de devenir une offrande et non d'être une attente dans un plein contact accompli.

Enfin, apparaît un lien avec la systémique pour qui « le moi » se construit dans la relation.

Philosophie bouddhiste et philosophie du coaching en entreprise

Les Européens sont de plus en plus nombreux, avec la mondialisation, à souhaiter mieux comprendre la philosophie orientale. C'est un défi d'être dirigeant, d'accompagner un dirigeant, c'est pourquoi l'ouverture aux différentes traditions de pensée est précieuse.

Le bouddhisme, comme le coaching, est une invitation à une prise de conscience vers davantage de lucidité et d'entraînement pour développer notre potentiel. Dans le monde de la complexité, la réussite en entreprise est liée à l'accomplissement intérieur.

Le message du bouddha est un message à la fois apaisant et confrontant, une philosophie du doute, car ce n'est pas par la croyance que nous pouvons acquérir la libération, mais par un travail sur notre propre fonctionnement mental. Chacun possède en soi ce potentiel d'éveil lui permettant de développer une clarté d'esprit et une compassion exemplaires.

L'enseignement bouddhiste sur les émotions est un accompagnement dans un voyage à la découverte de nos états mentaux perturbateurs pour apprendre à lâcher prise. Il s'agit de nous dissocier de nos représentations, afin d'atteindre une stabilité émotionnelle, en observant sans juger, avec douceur et fermeté, comment fonctionnent notre perception et notre conscience, comme si nous la regardions à travers un miroir.

Cet enseignement exigeant se fait en trois temps :
– l'écoute de ce qu'on reçoit ;
– la réflexion en le comparant avec son vécu ;
– l'entraînement sur la justesse qui n'est rien d'autre qu'une stabilisation émotionnelle par la méditation introspective (*bhavana*).

Lorsque nous ne ressassons plus, c'est que nous sommes stabilisés, c'est la fin des pensées automatiques et le début des pensées maîtrisées.

Souvent, en Occident, où l'extraversion domine dans nos comportements, nous nous arrêtons à la deuxième étape. La troisième étape, apanage d'une société plus introvertie, consiste dans la transformation de nos insatisfactions, non pas pour changer les situations extérieures mais pour évoluer dans notre intériorité. L'objet d'étude devient le sujet et l'amélioration de son esprit.

La philosophie bouddhiste, de nature introvertie, a donc pour objectif principal de s'ouvrir à soi pour se changer soi-même, l'influence occidentale lui a apporté une dose d'engagement pour changer le monde, d'où la naissance d'un bouddhisme plus inscrit dans le monde, apparaissant tant en Birmanie qu'au Tibet. L'influence orientale peut ouvrir les entreprises de demain à cette dimension intérieure.

La philosophie du coaching préconise également un travail sur le développement de l'estime de soi, sur la pensée positive et sur la clarification des méconnaissances, sur le fait d'apprivoiser son ombre pour retrouver une énergie fluide afin de faire des choix plus lucides et plus autonomes.

Le transfert de la psychanalyse, le scénario de la psychologie humaniste, la résonance de la psychologie systémique, la distorsion cognitive de la psychologie cognitiviste représentent ce que la philosophie bouddhiste appelle « nos filtres émotionnels », entravant la possibilité de vivre l'aventure de la vie, l'ajustement créateur et asséchant la rencontre et l'esprit de coopération. Trouver la bonne distance avec soi et avec l'autre exige un travail permanent.

L'entreprise est comme les hommes : contradictoire, écartelée entre le ciel et la terre, entre les valeurs et les résultats. L'objectif du management de demain n'est-il pas de réconcilier les deux pour une efficacité et une sérénité accrue ? Nous voyons que loin d'être un instrument de contrôle social, si la déontologie est respectée, le coaching met les hommes au cœur des organisations dans une perspective de développement durable.

Chapitre 8

Fonctionnement de l'esprit et émotions de base

> « Partager votre savoir, c'est une façon d'atteindre l'immortalité. » « Apprenez les règles pour savoir comment les transgresser correctement. »
> (Tenzin Gyatso, Dalaï Lama)

Le fonctionnement de l'esprit

La conscience de soi (*alaya*)

La conscience comprend les sensations, les émotions, les perceptions, les représentations mentales et la fonction imaginaire.

Les sensations

Elles se manifestent par l'intermédiaire de nos cinq sens : la vue, l'ouïe, l'odorat, le goût, le toucher.

Les émotions

L'émotion (*klesha*, en sanscrit) signifie voile, filtre. Nous percevons le monde à travers des lunettes émotionnelles qui ne représente en rien le réel. Comment nous libérer de nos filtres ?

Les perceptions

Quelle est notre perception du monde ? Nous vivons le monde en nous mettant au centre et chacun fait la même chose : nous vivons donc avec des centres différents. Et ce centre se matérialise par un discours mental. Nous aimons, ou nous haïssons, ou nous sommes indifférents. Nous nous projetons ou nous nous détournons. Ces différentes tensions sont en lien avec la perception et cause de perturbation.

Cette théorie de la perception se rapproche de celle élaborée par les sciences cognitives actuelles : la perception n'est pas une réception, elle est une interprétation qui s'accrochent sur une histoire à partir d'une sensibilité. C'est ce que Varela nomme « enaction ».

Les représentations mentales

À travers notre corps, nous avons des sensations par l'intermédiaire de nos cinq sens : je vois, j'entends, je sens, je goûte, je touche. Cela entraîne des perceptions : j'aime ou je n'aime pas, ou je m'en moque ! Ce qui entraîne des représentations mentales : je suis nul ou il est nul ! C'est comme cela que se construit notre conscience : c'est cela moi !

La fonction imaginaire

La conscience c'est la capacité, à partir d'identifications successives qui nous construisent, à créer un monde et la libération de ce monde qui peut nous enfermer, c'est de l'analyser : si j'ai peur, c'est en apprivoisant ma peur que je vais construire l'intrépidité… En entrant en relation avec ma peur, je ne serai plus le jouet de ma peur, je trouverai d'autres options.

L'introspection (*bhavana*)

Analyser notre monde devient donc notre défi majeur, le but de notre vie, « le dharma », pour vivre une vie pleine d'intensité et de présence. La méditation introspective est un travail de distanciation, pour sortir d'une fixation répétitive où nous vivons une apparence comme une réalité. L'enseignement de base de la spiritualité consiste dans un entraînement à développer un état d'esprit positif pour nous désintoxiquer de notre ego.

Le développement personnel consiste dans le fait de mieux gérer son ego et son émotion alors que le développement spirituel consiste en une libération de l'ego et de l'émotion pour aller sur le chemin du milieu et de la vacuité. C'est un chemin exigeant car ce qui nous intéresse c'est de dépasser nos limites, mais c'est un chemin courageux et joyeux car nous allons nous entraîner à aller chaque fois un peu plus loin.

Rappelons-nous, dans le monde il y a les parfaits qui cachent leurs faiblesses, et les pas parfaits qui peuvent atteindre l'éveil en s'améliorant sans cesse.

La loi de la projection

La projection est le mécanisme de défense de base de la psyché qui doit à la fois se protéger de ses pulsions et de ses interdits. Quand nous sommes fascinés par nos désirs ou nos manques, c'est une sensation trop intense, alors nous les projetons, nous les attribuons à l'autre. « Dis-moi qui tu hais ou qui tu aimes et je te dirai qui tu es ».

L'amour et la haine se rejoignent dans la loi de projection : dans l'amour nous projetons ce qu'il y a de meilleur en nous, dans la haine nous projetons ce qu'il y a de pire en nous.

Si nous ne voulons pas ressembler à ce que nous haïssons, tenons-nous éloignés de nos propres jugements. Car il est plus économique de se changer soi-même que de changer le monde : il vaut mieux mettre du cuir sous ses plantes de pied que sur toute la surface de la terre !

Une parole de Bouddha fait bien comprendre comment ne pas entrer dans le jeu de la projection de l'autre : à la colère de l'un de ses compagnons, celui-ci répond : « Quand tu fais un cadeau que l'autre refuse, à qui appartient ce cadeau ? » Le chemin de la vacuité consiste alors à se décentrer pour trouver une métaphore afin d'aider l'autre à comprendre. Quand l'autre a compris, comme le Bouddha, nous pouvons dire : « Alors, je ne veux pas du cadeau de ta colère. »

La méditation

Le but de la vie est de marcher pour s'éveiller, et non de s'endormir. Dans la méditation introspective nous aurons toujours trois portes à ouvrir pour nous éveiller :

- le front, c'est ouvrir son corps et développer sa vigueur ;
- la gorge, c'est ouvrir sa parole, son cœur et développer son humilité ;
- le cœur, c'est ouvrir son esprit et développer sa clarté.

Les émotions de base

Les émotions et l'analyse transactionnelle

L'émotion s'élève à la rencontre de deux êtres suivant leurs habitudes de réagir, leurs stratégies personnelles à partir de cette vie ou de leurs vies antérieures. C'est ainsi, suivant leur « karma », leurs actions passées et présentes, que certaines personnes se mettent dans l'insécurité et que la peur les habite de façon dominante. D'autres personnes se situent dans l'envie et c'est le désir qui les hante. D'autres encore se posent en opposition systématique et vivent l'émotion de colère de manière répétitive. Certaines personnes se mettent naturellement en comparaison avec l'autre qui se trouve sur leur chemin et c'est la jalousie qui les anime. Certaines enfin se mettent systématiquement au-dessus et c'est l'orgueil qui les motive.

Le chemin est de travailler sur nos ornières comportementales, sur nos tendances émotionnelles profondes par un travail de miroir qui nous ramène à nous-même pour clarifier notre esprit et apaiser notre cœur.

Contrairement à la philosophie et à la psychologie occidentales, qui distinguent quatre émotions de base : la peur, la colère, la tristesse et la joie, la philosophie bouddhiste ne fait pas de distinction entre états mentaux perturbateurs et émotions perturbatrices. Pour apporter une note symbolique, elle associe des couleurs aux émotions qui troublent la perception juste du réel : c'est ainsi que l'ignorance est blanche, le désir rouge, la colère bleue, l'orgueil jaune, la jalousie verte. Elle y associe également des esprits animaux : pour l'ignorance le cochon, pour le désir le coq, pour l'orgueil le serpent...

Les émotions sont des mouvements, l'esprit ne peut pas fonctionner sans le mouvement des émotions. Mais si nous les ignorons, elles nous poussent à réagir de façon excessive. Nous sommes alors le jouet de nos émotions. En revanche à partir du moment où nous les observons, nous pouvons utiliser leur énergie de façon positive.

Pour chaque émotion, nous analyserons l'origine de ce trouble, le comportement caractéristique avec un exercice pour en prendre conscience et le chemin de la résolution avec une métaphore illustrative.

- L'analyse transactionnelle nous a appris qu'à l'intérieur de nousmême, nous avions *trois états de notre conscience* : un Parent qui juge à partir de messages contraignants, un Adulte qui réagit au présent et un Enfant qui ressent et crée. Dans cette investigation des émotions, c'est donc à l'Enfant Libre en nous que nous nous adressons pour comprendre ce qui nous anime et ce qui anime l'autre, c'est ainsi que nous pourrons développer notre « intelligence émotionnelle ». Il s'agit de développer ses émotions positives (l'espoir, la joie, la gratitude) et d'exprimer sans nuire nos émotions négatives (la culpabilité, la colère, l'orgueil, la jalousie) afin de savoir reconnaître nos erreurs et les réparer. Car la puissance personnelle est bien davantage en lien avec l'émotion qu'avec le contrôle. Pour cela, il est nécessaire et essentiel de calmer notre Parent critique interne, qui attaque notre estime de soi et celle de notre entourage, afin d'être davantage en contact avec nos souhaits plus qu'avec nos obligations, qui nous conduisent vers des jeux de pouvoir.

- Un second concept important en analyse transactionnelle et en développement de l'Intelligence émotionnelle est celui de *transaction*s, de *signes de reconnaissance* ou strokes qui peuvent être positifs : « Je t'apprécie » ou « j'apprécie ton travail » ou encore négatifs : « Ton travail est mauvais », ou pire : « tu es nul ! » Les signes de reconnaissance se déclinent suivant plusieurs verbes : donner, demander, accepter ou rejeter, se donner à soi-même car, dans notre Enfant intérieur, nous sommes tous « affamés » de signes de reconnaissance et nous allons même jusqu'à préférer des signes de reconnaissance négatifs à une absence de signes de reconnaissance. Dès lors pourquoi avons-nous peur de donner, demander, accepter ou refuser, se donner à soi-même, pourquoi sommes-nous si coincés à l'intérieur de nous-mêmes ? Cela vient de notre Parent interne critique qui a peur de ne pas être à la hauteur, de dépendre de l'autre, de faire de la peine, de prendre sa place…

En thérapie transactionnaliste, il s'agit d'apprendre à donner des signes de reconnaissance positifs afin de faire remonter le niveau d'énergie et de coopération dans un monde compétitif. L'intelligence émotionnelle consiste donc dans le fait de reconnaître ses émotions, de reconnaître les émotions des autres et de savoir les exprimer de façon positive afin qu'elles soient bénéfiques, tant à nous-même qu'aux autres.

Comme le niveau de stress du monde de la complexité est croissant, nous avons tendance à nous protéger de nos émotions pour nous empêcher de souffrir. Et ce faisant nous nous privons également de leur puissance qui nous met en relation les uns avec les autres, car sans émotions nous serions des asociaux.

Pour Éric Berne, le fondateur de l'analyse transactionnelle, le « gagnant » a aligné ses États du Moi : Parent, Adulte et Enfant, il est adapté à son environnement, il est confiant malgré les échecs, il se réjouit de ses succès et de ceux des autres, il atteint son objectif sans nuire, il œuvre pour un monde meilleur… L'analyse transactionnelle a certainement puisée aux sources du bouddhisme cet esprit de réjouissance.

L'ignorance (*marigpa*)

Origine

La première perturbation est l'ignorance, elle est à prendre au sens de déni de réalité, de distorsion cognitive, de méconnaissance. Elle est méprise, fascination à l'exemple du rêve. Quand je rêve, mon « moi » perçoit le rêve comme une réalité.

L'ignorance, le déni, est en lien avec la peur, c'est même la première défense face à la peur, peur du changement, de l'isolement, de l'échec, de se faire écraser par l'autre…

Sans entraînement, notre esprit est sans cesse en train de produire de la confusion, du chaos. L'ego s'identifie à quelque chose qui n'a pas l'existence qu'il lui donne, la permanence qu'il lui donne. L'ego élabore des fonctionnements contingents et les prend pour le tout. L'ego a une tendance récurrente à se solidifier et à s'accrocher à une identité figée.

> *Un jour Nasr Eddin Hodja se réveille en pleine nuit, saisi d'appréhension, regarde par la fenêtre et voit une forme humaine dans le jardin. Il réveille Khadija, son épouse, qui se cache sous sa couverture, puis il descend dans le jardin, saisit une pierre et la jette contre le voleur, la forme blanche s'écroule. Il s'approche et revient vers sa femme et lui dit : « Je viens d'abattre non pas un voleur mais ma chemise que tu avais suspendue à la corde à linge, je l'ai échappé belle, pense si j'avais été dedans ! »*

Quelle est l'origine de cette confusion ? Le nourrisson, notre inconscient vit dans l'indifférenciation. Le but du développement personnel est de nous différencier, d'apaiser nos conflits internes, de dépasser nos croyances limitantes afin de mobiliser nos ressources et de devenir ce que nous sommes de façon Adulte pour accé-

der au réel et en nous ressourçant à la liberté interne de notre
Enfant intérieur pour nous dynamiser.

Le chemin est de travailler sur nos ornières comportementales, sur
nos tendances émotionnelles par un travail de miroir qui nous
ramène à nous-mêmes pour nous apaiser.

Comportement caractéristique

Il y a une conscience de base qui est une succession d'instants de
connaissance. D'abord il y a nos cinq sens : je regarde, j'écoute, je
sens, je goûte, je touche. Au-dessus, il y a un mental perturbé par
des jugements issus du passé et logés dans notre inconscient : « Il
est nul » ou « je suis nul ». Et au dessus encore, il y a une conscience organisatrice à partir des identifications successives : « C'est
moi cela ». Les jugements issus de notre passé, logés dans notre
inconscient, imprégnés du fonctionnement duel de notre esprit,
sont donc la cause de cette confusion.

EXERCICE D'ENTRAÎNEMENT
LE VOYAGE DU HÉROS[1]

Qu'est-ce qui vous anime, qu'est-ce qui vous aide, qu'est-ce qui
vous entrave, qu'allez-vous faire ?

La motivation : qu'est-ce qui vous appelle ? Qu'est-ce qui vous a
décidé à commencer le voyage ?

Les obstacles : qu'est-ce qui vous barre la route ? Quel seuil vous
faut-il franchir ? L'avez-vous franchi ? Quel nouvel espace s'ouvre
à vous ? Qu'est-ce qui a radicalement changé ?

Les opportunités : qui vous aide ou pourrait vous aider dans ce
nouvel espace ? À qui pourriez-vous faire appel ? Quelles sont les
nouvelles compétences utiles pour progresser sur ce nouveau
territoire ?

---

1. Autre exercice précieux en la matière : la matrice identitaire de Dilts (voir pp.
92-93).

La rencontre avec les peurs : qu'est-ce qui vous fait peur ? Contre quoi devez-vous vous battre ? Qu'est-ce qui pourrait vous faire renoncer ?

La découverte du chemin d'évolution : qu'avez-vous appris en traversant vos peurs ? Quel est le chemin qui s'ouvre devant vous ? Où mène-t-il ?

Le plan d'action : qu'est-ce qui se dégage des réponses aux questions précédentes ? Quelles actions concrètes allez-vous entreprendre ?

Nous ne cessons de nous identifier à quelque chose qui bouge tout le temps. Tout est interdépendant, mais nous ne le voyons pas, car le fonctionnement de notre intellect et de notre langage est dual, alors que la solution serait la voie du milieu qui donne de l'espace et de la lucidité à l'esprit et qui peut se résumer ainsi : ni cela existe, ni cela n'existe pas, ni les deux, ni aucun des deux.

Les femmes sont deux fois plus habitées par la peur que les hommes, elles doivent donc être deux fois plus douées pour réguler leur peur. La culture masculine favorise la prise de risque et la peur, un stéréotype social fort consiste donc dans le fait de moins bien tolérer la peur des femmes. En revanche, elles sont aussi deux fois plus douées pour déceler les émotions des autres.

Chemin de la résolution

Comme pour chaque émotion, il s'agit de l'identifier, de comprendre ses causes et conséquences et de la gérer en la traversant pour ressortir plus lucide et plus serein.

Nous ruminons sans cesse, c'est pourquoi dans ces conditions c'est difficile d'être lucide. L'entraînement consiste donc à accepter cette tension et cette confusion pour l'apaiser progressivement. Il s'agit de cesser de réagir en permanence pour prendre le temps de clarifier son esprit et de trouver les ressources pour faire face. Il s'agit d'accepter notre ignorance pour la traverser sans craindre le vide.

La première étape du changement est le déni, après vient le cortège des résistances d'intellectualisation, d'affiliation et de suractivité, puis l'exploration intellectuelle et enfin l'engagement émotionnel positif.

« Si j'ai peur, c'est que je ressens un danger, il s'agit alors d'évaluer les risques, puis d'y faire face. En développant cette posture je cherche à voir ce que je peux faire devant la situation, à l'apprivoiser, au lieu de réagir à ce que je dois faire. Si j'ai peur d'être rejeté, je dois accepter de me voir rejeté. L'idée acceptée, je vais agir pour que cela n'arrive pas ou, si cela arrive, pour que je sois serein face à cela car je serais plus efficace ainsi que sous l'emprise de l'émotion. »

Seuls mes actes vont modifier le cours des événements. La peur nous empêche de voir le monde avec un regard neuf, elle entrave notre clarté d'esprit et inhibe notre action. Il s'agit de la traverser comme on traverse un tunnel, en sachant que nous pouvons en sortir, en étant attentifs à chaque pas afin de ne pas aller dans le mur.

À l'origine comme à la fin, partout est la peur accompagnée de déni de réalité, elle nous accompagne depuis la sortie du paradis du ventre maternel, peur de l'avenir, de ne pas être à la hauteur, de l'isolement, de l'étouffement, du changement…

Peur poison qui devient énergie si elle est reconnue et transformée en intrépidité, en audace. Le remède est de se soutenir en posant un cadre de sécurité pour s'entraîner à la traverser avec audace.

Quand dans une équipe, les équipiers transforment la peur en soutien et en intrépidité, il y a un gain d'énergie considérable.

> *Nasr Eddin Hodja traverse une période financière difficile, il décide donc de vendre son âne. Khadija son épouse proteste : « Tu es devenu fou, comment vas-tu faire pour te déplacer ? » Le mollah sourit : « Ne t'inquiète pas ma chérie, je vais demander un tel prix que personne n'en voudra ! »*

Quelle est l'origine de ce désir d'échouer en se donnant bonne conscience ? Lorsque l'on a décidé de réussir, on plie la réalité à ses souhaits. Lorsque l'on ne croit pas à sa réussite, on met en place une stratégie d'échec. L'insuccès prend sa source dans un blocage inconscient, dans une culpabilité à gagner, car la culpabilité est le moteur et non le fruit de nos actions inadéquates.

Pour valoriser les comportements de la chance, il s'agit de travailler sur les émotions positives qui rendent la pensée plus ouverte et plus clairvoyante

Quels sont les secrets de la confiance en soi ? Tirer la leçon de ses erreurs, aller au bout de son projet, oser prendre des risques avec audace, s'entraîner avant d'agir, ne pas mettre la barre trop haut et éliminer les pensées négatives.

Écoutons Lao Tseu : « Mieux vaut allumer sa petite bougie que maudire les ténèbres »… L'action positive est toujours possible !

Avoir confiance en soi, c'est faire le pari optimiste que l'on va réussir. La confiance en soi dépend d'une sécurité de base puisée dans le regard de ses parents. La création de ce lien émotionnel permet d'affronter l'inconnu en confiance, en croyant en la bienveillance du monde, en se sentant encouragé, en sachant que la progression est aussi importante que l'atteinte du but.

Il nous faudra chaque jour affronter cette peur et ce déni de réalité pour nous ouvrir à nous-même, aux autres et à la vie afin de nous éveiller. Le voyage de l'Éveil, le voyage du héros, consiste à se donner des défis puis à ouvrir son cœur pour s'apaiser. C'est dans cette posture d'acteur que nous affinons notre vigilance et trouvons notre joie de vivre. Il s'agit de passer du subir à l'agir, de Victime à Combattant, et ce combat se gagne par une attention au présent.

Il s'agit chaque matin de trouver la couleur qui éveille notre curiosité afin d'agir de la façon la plus juste possible, pour se donner une motivation pour le bien de soi et des autres. Vivre le moment présent est une recette miracle pour n'avoir peur de rien et besoin de rien, recette qui favorise l'ouverture, l'étonnement et la joie de vivre.

> *Deux moines marchent au bord d'une rivière, quand passe une jeune femme qui les interroge : « Pouvez-vous me faire traverser la rivière ? » Le vieux moine réagit, prend la jeune femme à bras-le-corps et la transporte… Le voyage des deux moines se poursuit dans le silence car le jeune moine semble se replier. Au bout de deux heures, le vieux moine le questionne « Qu'as-tu ? », et le jeune moine répond : « Ce n'est pas bien de porter une femme. » Alors le vieux moine constate : « Moi je l'ai portée trente secondes, et toi tu l'as portée deux heures. »*

Le désir (*deudeshac*)

Origine

Le désir fonctionne en trois temps : nous aimons, nous voulons, nous nous attachons. Un désir encore plus profond (*sepa*, en tibétain) est la soif fondamentale de confirmer l'existence de notre ego à travers nos attachements. Nous nous attachons à ceci ou à cela parce que ceci ou cela signe notre identité. Par ailleurs, tout individu normalement névrosé est ambivalent, a des désirs contradictoires qui consistent à détruire ce qu'il convoitait juste avant. Cette ambivalence provient du conflit entre le conscient qui choisit une direction et l'inconscient qui choisit la voie inverse.

Comportement caractéristique

Le désir est une émotion fondamentale, inhérente au monde humain, elle nous accompagne dès la première minute de notre existence, puisque nous sommes nés du désir de nos parents.

Dans le désir, il s'agit donc de reproduire ce qui a laissé en nous une ornière de plaisir, c'est pourquoi dans le désir, nous ne faisons que revivre le passé.

C'est ce qui s'appelle le cercle du *samsara*, de l'illusion. En nous attachant, nous avons perdu d'avance, car rien ne reste stable. C'est ainsi que le désir est source de souffrance. L'antidote au désir est donc d'être prêt à vivre ce qui apparaît avec générosité.

> *Un jour, un voisin de Nasr Eddin Hodja veut lui emprunter son âne. « Désolé, je l'ai déjà prêté » lui répond Nasr Eddin. Mais soudain, l'animal se met à braire. « Pourquoi mens-tu ? » lui demande son voisin. « Si tu préfères croire la parole d'un âne à celle de ton voisin, alors tu ne mérites pas que je te prête quoi que cela soit ! » rétorque Nasr Eddin.*

À travers cette métaphore, nous voyons que le désir prime sur le réel, que nous prenons nos désirs pour des réalités, que chacun voudrait que l'autre fonctionne selon son désir, et que nous nous déculpabilisons souvent par la justification.

EXERCICE D'ENTRAÎNEMENT
MOI ET MES DÉSIRS

Quels sont mes désirs ? Qu'est ce que je veux vraiment ? Qu'est ce qui est important pour moi ? Ces trois questions représentent un exercice de base en coaching pour apaiser l'ambivalence de base et fortifier la confiance en soi. La confiance en soi se traduit par quatre capacités : la capacité à exprimer clairement son objectif, la capacité à oser aller au bout de son projet, la capacité à apprendre de ses erreurs de parcours et la capacité à neutraliser ses pensées négatives.

Écoutons ce dirigeant : « J'ai surtout besoin de ne pas perdre mon temps, c'est pourquoi je ne laisse aucune plage vide dans mon agenda, la question que je me pose est la suivante : comment introduire plus de souplesse dans cette gestion serrée du temps ? En trouvant une voie médiane entre être efficace et être plus disponible, je m'autorise à ne pas être parfait, c'est ainsi que je peux m'ouvrir au monde avec générosité et progresser au lieu de me justifier ».

EXERCICE D'ENTRAÎNEMENT
LE DIALOGUE DES POLARITÉS

Le coach propose d'identifier un animal qui me ressemblerait, puis un animal contraire afin de les faire dialoguer pour identifier et résoudre un conflit interne. Le coach explique que notre personnalité fonctionne sur un mode bipolaire, un pôle conscient correspondant à l'image que nous voulons montrer de nous et un pôle inconscient correspondant à ce que nous renions de nous et qui pourtant contient de grandes richesses pour être plus complet.

En éveillant progressivement les multiples expressions de nos apparentes contradictions et polarités, nous leur permettons de mieux s'utiliser pour favoriser une complémentarité et une synergie accrue de la personne. Le coach engage à nommer les contraires pour élaborer la zone d'ombre, enfin il incite à nommer les avantages des caractéristiques contraires car *c'est l'acceptation d'une attitude réprimée qui stimule la créativité et aide la personne à se réaliser à travers une souplesse comportementale.*

Chemin de la résolution

Il s'agit donc d'identifier, de comprendre et de traverser le désir engendrant de la frustration pour se réaliser en s'ouvrant avec générosité au présent, la plus grande des souffrances étant certainement d'avoir un cœur de pierre. Camus soulignait déjà que « la vraie générosité consiste à tout donner au présent ». Vivre le moment présent est donc une recette miracle pour n'avoir peur de rien et besoin de rien, recette qui favorise l'ouverture, l'étonnement et la joie de vivre. Le désir bénéfique est celui qui éclaire notre existence et qui nous libère pour nous accomplir.

Dans l'enseignement du petit véhicule « theravada », enseignement de développement personnel, l'objectif c'est la méditation sur l'impermanence. Il s'agit de regarder le sujet plus que l'objet, nos fascinations, nos dégoûts ou nos indifférences avec un regard qui ne s'approprie pas ou qui ne rejette pas. Là encore il s'agit de développer une posture de don au lieu d'attendre de recevoir.

Il s'agit donc de connaître nos besoins, de prendre en compte la notion de polarités contraires, de parties de soi réprimées, pour trouver le chemin du milieu, de la vacuité, et celle de permission pour s'apaiser et obtenir un résultat à la fois efficace et serein.

Pour cela il s'agit de faire le deuil de nos besoins répétitifs pour retrouver notre motivation de base d'ouverture au monde dans l'apaisement.

Les femmes sont plus sujettes au désir, alors que les hommes sont davantage dans la revendication et la colère. Contrairement aux hommes qui vivent dans le monde de l'unique, les femmes vivent dans le monde du multiple qui se caractérise notamment par une diversité de leurs centres d'intérêt : leur cerveau, grâce à la plus grande innervation du corps calleux, leur permet de faire plusieurs choses en même temps, cela favorise leur imaginaire, la puissance de leurs désirs, mais également leurs risques de frustration. En entreprise, les femmes sont donc plus souvent dans une posture d'attente que dans une posture proactive pour construire leurs carrières. Elles doivent donc oser s'affirmer davantage. Elles pourront alors devenir de grands leaders car elles ont plus tendance que les hommes à la confrontation avec soi-même qui caractérise la croissance professionnelle et personnelle.

Quel est l'état d'esprit qui va influencer nos perceptions et nos réactions ?

Chaque matin il s'agit de se poser la question : quelle est la direction de mon état d'esprit ? Comment lui donner une direction positive ? C'est cette motivation qui permet d'aller au-delà de la souffrance, pour nous éveiller et devenir conscient de ce qui nous anime. Et cela ne peut se faire seul, car nous sommes tous interdépendants. Nous avons besoin de l'aide de nos proches, de la communauté dans laquelle nous vivons. Nous avons aussi besoin des leçons de l'expérience qui structurent notre vie quelle que soit la forme qu'elle prend : le *dharma*, et des esprits qui nous éclairent pour dépasser nos peurs et notre ignorance avec courage : les *boddisatva*

> Deux coachs vivent dans les mêmes conditions avec une seule dif-
> férence non quantifiable, l'un travaille pour gagner sa vie, l'autre
> travaille pour gagner sa vie en faisant du bien, cette différence fera
> que tout son rapport à la vie sera différent.

De la peur naissent deux émotions d'attraction et de répulsion, le
désir et la colère, issues de notre cerveau reptilien, deux émotions
qui culturellement sont plus attachées au féminin dit « hystérique »
et au masculin dit « obsessionnel ».

Le désir, ou complexe de Tantale qui n'avait pas le bras assez long
pour atteindre les mets délicieux qu'il pouvait voir, est un poison
s'il génère de l'insatisfaction par demande de toujours plus pour
soi. Le remède est de vivre dans la générosité, qui consiste à tout
donner au moment présent afin de passer de la frustration au don.

Il s'agit d'être présent ici et maintenant. Un leader travaille dans le
présent, dans l'attention à tous, dans l'estime et le respect mutuels.
Un collaborateur motivé n'est pas dans l'attente mais développe
une force de proposition. C'est cette posture qui permet d'atteindre un objectif précis, positif et possible, élaboré à travers un contrat collectif.

L'enseignement du développement spirituel, « varayana » consiste
dans un entraînement à développer un état d'esprit positif pour se
désintoxiquer de notre ego. Il est alors important de rester vigilant,
de ne pas remplir d'espoir une expérience d'un moment car le
désespoir suivra, de continuer à rester dans la voie du milieu, de
continuer à s'ouvrir à soi et aux autres, de rester dans l'incertitude
pour ouvrir des possibles.

> *Un jeune lama accompagné d'un vieux lama gravissent une
> montagne et atteignent un lieu magnifique. Le vieux lama interroge :
> « Quel a été le plus beau moment de ta vie ? » Le jeune répond sans
> hésiter : « C'est maintenant, avec toi. » Alors le vieux lama lui donne
> un coup de pied afin de l'aider à ne pas figer son esprit dans une
> dépendance et dans une absence de lucidité car dans la vacuité,
> samsara et nirvana, terre et ciel ne font qu'un.*

En vivant pleinement son enthousiasme sans se noyer en gardant en mémoire la vision du désespoir, alors nous pouvons faire l'expérience de l'équilibre. Le chemin du milieu consiste à être dedans tout en étant au-dessus.

La colère (*abhyasuya*)

Origine

La colère est en lien avec le refus de l'autorité et le besoin d'être respecté. Tout se passe comme si nous étions dans un match de ping-pong où la balle grossit à chaque échange. La colère s'auto-alimente et provoque une sensation d'épuisement. Elle se traduit par une excitation grandissante, qui fait que nous envoyons de la souffrance et que nous recevons de la souffrance.

Dans la plupart des thérapies, le but est de décharger notre colère afin de nous soulager. Dans la démarche spirituelle, il s'agit de chercher à comprendre la cause de notre colère pour l'apaiser lucidement. Dans l'enseignement du grand véhicule ou « mahayana », l'objectif n'est pas d'éteindre la colère, ni par le refoulement ni par le jeu de rôle. Il s'agit d'entrer en relation avec la colère, avec son esprit et avec son corps, pour la transformer et vivre un changement majeur, en traversant sa rage.

Comportement caractéristique

La colère est un voile, la connaissance est permise par la clarté du miroir qui permet de la transformer en patience. Si la colère est retournée contre soi, nous somatisons !

Dans la communication, nous cherchons à convaincre, à imposer notre vision au monde. Dans la spiritualité, nous cherchons à transformer notre vision du monde.

EXERCICE D'ENTRAÎNEMENT

CLARIFICATION SUR LA COLÈRE

Qu'est ce qui me rend ivre de rage ?

Une dirigeante me disait : « *Je suis révoltée devant ce collaborateur qui veut prendre ma place, qui me prend pour une idiote, qui décide à ma place.* » En disant cela, elle réalise qu'à la place de son collaborateur, elle voit le visage de son père, qui régente tout, distribue la parole, devient cassant si tout ne correspond pas à son sens de l'ordre.

Je lui demande de revoir cette séquence comme si cet homme n'était pas son père afin d'analyser ses motivations. Elle comprend que s'il n'est pas le chef, il a peur de ne pas exister. Je lui demande alors de donner un conseil à la jeune femme qui pourrait être elle. Elle lui propose de partager avec son père son ressenti. Je lui demande alors ce qu'elle va faire avec son collaborateur. Elle décide de lui donner sa compréhension des faits afin de formuler une demande en lui proposant de se mettre à sa place et donc de modérer son ardeur.

Progressivement elle découvre que sa colère cache une peur. Je lui demande d'analyser quel est le danger, « le scénario catastrophe ». « *La colère de l'autre est dangereuse, elle va me blesser* ». Comment l'éviter ? « *En me tenant à distance* ». Elle réalise qu'à l'intérieur de soi, il y a pour toujours l'enfant que nous avons été mais que nous pouvons prendre de la distance par rapport à nos blessures, à nos filtres, en les analysant pour sortir de notre prison intérieure et nous ouvrir au monde.

EXERCICE D'ENTRAÎNEMENT
CLARIFICATION SUR LA RELATION AU POUVOIR

- Le pouvoir subi : avez-vous tendance à être dans une position Soumise ou Rebelle ?
- Le pouvoir exercé : avez-vous tendance à être dans une position de Sauveur ou de Persécuteur ?

Cherchez des situations, analysez la triade pensées/émotions/comportements.

Qu'avez-vous appris sur vos risques personnels en situation de pouvoir ? Quelles décisions prenez-vous ?

Chemin de la résolution

Il s'agit donc d'identifier, de comprendre et de traverser l'impatience, la colère ou la rage pour développer patience et esprit de négociation avec soi et l'autre.

Le Dalaï Lama nous le rappelle : « Souvenez-vous que ne pas obtenir ce que vous voulez est parfois un merveilleux coup de chance. »

Pour transformer la colère, il est donc important de développer la patience face aux agressions et d'accepter sans subir pour aller au-delà de son ego. Si nous ne pouvons pas maîtriser toutes les situations, nous pouvons maîtriser la façon dont nous réagissons aux situations et quand la cause est juste, c'est-à-dire non égocentrée, aller jusqu'au bout et déplacer des montagnes.

Accepter le réel n'est pas le subir, ni subir le monde extérieur, ni subir surtout le monde intérieur. Il s'agit de prendre la situation comme matériau de réflexion, pour lâcher l'attachement à nos représentations et pour se positionner avec justesse.

Le remède à la colère consiste dans le fait de rassembler les causes et les circonstances pour comprendre comment nous sommes entrés dans la confusion de la colère.

« Ma patience a des limites ! » Quand nous sommes en colère, quand nous nous disons que l'autre nous énerve, nous méconnaissons le fait que nous ne pouvons transformer l'autre et que nous ne pouvons transformer que notre manque de patience.

Il s'agit de regarder notre perturbation, notre manque de patience. Puis de réfléchir à comment agrandir l'espace de notre patience en nous entraînant à petits pas sur ce qui est possible pour nous.

La solution est là : ouvrir son regard à la situation présente, s'adapter à ce qui se passe, négocier avec le réel. Cela ne se trouve pas dans les livres, c'est pourquoi l'enseignement bouddhiste est essentiellement oral. Le bouddhisme est une philosophie de l'attention pour vivre chaque instant avec intensité.

Nous l'avons vu, la première étape du changement est le déni. Face à nos émotions perturbatrices, nous entrons dans le cortège des résistances d'intellectualisation, d'affiliation et de suractivité. Le chemin de la résolution nous permet de nous diriger vers l'exploration intellectuelle et enfin vers l'engagement émotionnel positif.

La colère est un poison si nous en sommes le jouet. Le remède est de développer l'esprit de négociation pour clarifier et mettre en place des compromis, pour accepter le réel sans le subir en posant les limites avec respect. La colère se transforme par la compassion, d'abord envers soi-même, car le compromis le plus difficile à élaborer est avec les différentes parties qui nous composent. Quand nous avons accepté intellectuellement le compromis, il reste la partie la plus complexe à aborder : l'acceptation émotionnelle. C'est là qu'entre en jeu le compromis avec soi-même.

> *Milarepa, le fondateur de la dynastie des « Kagyupa », a commencé son chemin spirituel en tuant ses ennemis à la demande de sa mère, puis il a changé et est parti méditer au bord d'un ruisseau. Passent trois chasseurs qui le jettent trois fois dans le torrent glacé, avant de comprendre que le jeu n'en vaut pas la chandelle : à aucun moment la colère n'apparaît chez Milarepa, il ne se place jamais en victime, et en plus il crée une situation d'apprentissage pour les autres.*

L'orgueil (*mana*)

Origine

Le moi n'a pas la permanence que nous lui donnons, puisque l'esprit utilise son environnement pour se confirmer, en s'appropriant par l'attachement, en rejetant par la colère, en se disant que nous sommes différents des autres par l'orgueil.

L'orgueil est proche de l'ignorance, l'illusion consiste à croire que toute notre histoire nous rend unique et donc nous confirme que nous sommes seuls au monde.

Perdre une illusion c'est lui faire face, c'est cesser d'avoir un regard de hiérarchisation et de jugement mais de pragmatisme pour cesser de nous confirmer dans notre différence.

Comportement caractéristique

L'orgueil se manifeste par la difficulté à voir ce que nous sommes vraiment. L'orgueil fige l'esprit, mais par la déception de ne pas être ce que nous ne sommes pas, il crée une brèche vers l'ouverture et la compréhension.

Quelle est la différence entre satisfaction et orgueil ? La satisfaction est la réjouissance de ce qui est bénéfique, elle est différente de l'autosatisfaction qui est l'orgueil.

Quand une histoire de vie blesse fortement, l'autosatisfaction peut être bénéfique car elle est un contenant de l'ego. Pour aller sur un chemin spirituel, il est nécessaire que l'ego soit structuré. Nous pouvons tous sortir de la confusion et nous éveiller, mais chacun a droit à son rythme. Pour dépasser l'orgueil négatif, il est important de comprendre que l'on peut être aimé sans être le préféré.

EXERCICE D'ENTRAÎNEMENT
SE REGARDER

Dans un groupe regardez-vous les uns et les autres et dites-vous : « Il n'y a pas de différence entre eux et moi », puis regardez ce qui émerge dans vos esprits : « Oui peut-être, mais je suis meilleur que lui, oui peut-être mais je suis moins bon que lui ». L'orgueil prend tout comme support le corps, l'esprit, la lignée… pour se comparer, s'identifier ou rejeter.

EXERCICE D'ENTRAÎNEMENT
NOTRE PIÈGE PRÉFÉRÉ

Souvenons-nous des trois branches de l'identité :
- l'identité réaliste traduit notre parfaite adaptation au présent en utilisant nos talents ;
- l'identité héroïque représente notre piège préféré ;
- l'identité scénarique est notre « pente naturelle, colorée par les émotions du passé » sans travail d'« évoluance », de mise à distance d'espace et de temps pour mettre en place une réalisation personnelle et créer une relation de qualité.

> Écoutons une dirigeante, polytechnicienne, issue d'une famille modeste avec une mère surprotectrice :
>
> Ma princesse est généreuse, ma blessure est d'être dépendante du regard de l'autre, mon crapaud me conduit à faire trop vite, à écrire des courriels brutaux, à créer de la tension, mon masque me dit d'être forte et de ne pas montrer mes émotions, mon piège préféré est d'être la meilleure.
>
> Mon plan d'action pour développer un orgueil positif est de sortir du binaire, de valoriser les feedback positifs au lieu de me focaliser sur les feedback négatifs afin de redonner ce que je reçois de mes hiérarchiques à mes collaborateurs.

Le dharma est un chemin de courage pour rencontrer notre confusion et notre orgueil afin de nous dévoiler ce que nous ne voyons pas encore parce que nous dichotomisons tout !

Chemin de la résolution

Il s'agit donc d'identifier, de comprendre et de traverser l'orgueil pour développer l'écoute, l'humour et l'interdépendance avec soi et avec l'autre. L'humour, en mettant de l'espace et de la lucidité sur l'interdépendance, calme l'orgueil. L'écoute permet de développer un orgueil positif, une modestie tournée vers les fiertés collectives.

> « Le bien-être dépend de la qualité de la relation » nous a enseigné Abraham Maslow, le chef de file de la psychologie humaniste.

Il s'agit de prendre son temps, d'avoir une approche progressive pour établir une confiance et remettre en cause des fonctionnements afin de réfuter des croyances et d'arriver à la voie du milieu.

L'orgueil est le filtre majeur des dirigeants, il entrave la perception de la richesse des apports des collaborateurs. Il s'agit de s'entraîner à pratiquer l'écoute et ainsi de développer un espace de rencontre avec l'autre.

Le lâcher prise est justement cette distance où nous ne sommes plus victimes de nos représentations et de nos perturbations.

L'esprit a la capacité de se reconnaître, d'être vigilant sur l'utilisation de son énergie. Comment faire ? Il s'agit de se regarder sans se juger, sans se rejeter, sans être fasciné, avec bienveillance, confiance, patience pour changer.

Du désir et de la colère, naissent deux autres émotions : l'orgueil – par sentiment de supériorité – et la jalousie – par sentiment d'infériorité –, issues de notre cerveau limbique, deux émotions qui culturellement sont plus en lien avec le masculin, dit « phallique » et le féminin, dit « castré ». Même si un orgueil positif est nécessaire à la performance et à la réussite, l'orgueil et la jalousie sont deux poisons majeurs des équipes, extrêmement coûteux en énergie. Orgueil et jalousie sont en effet les deux faces d'une même réalité : souvent une position de supériorité dans l'un des domaines de la vie, personnel ou professionnel, entraîne une position d'infériorité dans l'autre…

La transformation permet de valoriser ses collaborateurs, de développer les fiertés mutuelles, de cesser d'être dans l'ignorance qui fait croire que l'on est d'une nature différente de celle des autres humains, afin d'exercer un pouvoir mature, c'est-à-dire sans menace pour l'autre.

> *Saint Ignace de Loyola, voyageant sur son âne, voit un passant blasphémer devant un crucifix. Il se lança à sa poursuite, pour le sermonner. Au fur et à mesure de sa course, il se mit à réfléchir et à se calmer. À la croisée d'un chemin, il se rendit compte qu'il avait perdu celui qu'il poursuivait. Il s'en remit donc à son âne, en toute humilité, pour savoir quel chemin choisir. C'est cela, le lâcher prise.*

Les différentes expériences de spiritualité se rejoignent, même si les textes institutionnels divergent, dans ce lâcher prise sur les émotions perturbatrices pour atteindre un état de paix et de sagesse.

La jalousie (*apadhyana*)

Origine

La jalousie, pour la psychanalyse, trouve son origine dans une confusion entre soi et l'autre, un manque de différenciation qui fait basculer de l'amour à la haine, une vulnérabilité due à une blessure d'enfant indicible, un manque de confiance en soi, une peur de l'abandon. Le jaloux veut tout pour n'être exclu de rien. Il vit à travers l'autre par manque d'autonomie. Ce désir d'emprise tisse des relations destructrices et apparaît dans les relations fraternelles. Pour sortir de ce schéma, il convient de s'interroger avec lucidité sur la place que l'on occupe afin de sortir des comparaisons.

« La jalousie naît de la parité », disait Tocqueville, elle ne s'exerce jamais envers la hiérarchie. Comment trouver la bonne distance et développer son intelligence sociale ?

Comportement caractéristique

La jalousie consiste à vouloir pour soi ce qui appartient à l'autre avec impossibilité de se réjouir du talent de l'autre, ce qui débouche sur la mise en compétition. Pour ne pas voir le talent de l'autre, pour ne pas voir ce que nous voudrions avoir, nous voyons ses défauts.

Or la compétition c'est la vie. Le bouddhisme nous propose de nous réjouir de ce que l'autre a gagné en prononçant ces simples mots : « Bien joué ». Le remède à la jalousie est la réjouissance. Car en semant la graine de la réjouissance, nous développons en nous le même talent. Cet apaisement est un espace de lucidité qui enlève de l'espace à la jalousie.

EXERCICE D'ENTRAÎNEMENT
QUELLE EST LA VIE QUE TU VOUDRAIS VIVRE ?

Mais aussi : quels sont les avantages de ta vie ? Comment être plus présent dans ta vie ?
Les positions de perception sont ici précieuses.

Si nous ne savons pas par où commencer pour nous réjouir, regardons ce que nous avons et oublions ce que nous n'avons pas, pour calmer nos peurs de ne pas être important, compétent et digne d'être aimé, afin de goûter le présent pour nous positionner avec tranquillité et sens de l'interdépendance afin de vivre selon nos motivations profondes.

OUTIL

Les positions de perception

La première position est associée à soi-même : le sujet ne voit ni sa tête ni son dos, il voit ce qu'il voit, il entend ce qu'il entend, il pense ce qu'il pense et il ressent ce qu'il ressent. Le sujet se rappelle que son comportement a une intention positive.

La deuxième position est associée à son interlocuteur : le sujet voit à travers le regard de l'autre, il entend ce qu'il entend, il ressent ce qu'il ressent, il se met à sa place. Il comprend l'intention positive de l'autre, même si la situation est conflictuelle !

La troisième position « méta » est dissociée de soi-même : le sujet se voit de loin, il prend du recul, il s'observe comme s'il était sur une scène de théâtre, il se dissocie de ses sentiments pour réfléchir clairement, il devient un observateur neutre et éclairé. Il voit également la relation et il se demande ce qu'il a appris de cet échange.

Les différentes formes de position méta :

- la position Martien est la position d'un observateur des faits : le sujet ne sait rien du modèle du monde des protagonistes. C'est comme s'il venait d'une autre planète et qu'il ne comprenait pas la langue des terriens. Le sujet se demande ce qu'il observe et ce qu'il en déduit.
- la quatrième position : quand la troisième position « méta » ne permet pas de prendre suffisamment de recul. Le sujet fait un pas de plus en arrière pour observer l'observateur et le champ de l'observation. Il prend davantage de recul pour se dissocier. Cette position est utile quand l'observateur a du mal à rester neutre. Il s'agit alors d'inviter le coaché à s'exprimer en disant « nous ».

« Quand j'envie, je n'en vis plus. Depuis que je n'envie plus, je revis ! » « Quand je suis avide, je suis à vide. Depuis que je ne suis plus avide, je ne suis plus à vide et je peux me réjouir de ma gratitude à l'égard de l'autre. » C'est ce que l'analyse transactionnelle appelle le développement d'une posture Adulte d'OKness, où chacun apprécie avec sérénité sa contribution et la contribution de l'autre.

Chemin de la résolution

Il s'agit donc d'identifier, de comprendre et de traverser la jalousie pour développer l'esprit de réjouissance avec soi et avec l'autre.

> Will Schutz nous le rappelle : « La joie est ce que l'on ressent lorsque l'on permet à son potentiel de se réaliser. »

Pourtant c'est parfois difficile de se réjouir du bonheur des autres. Quand un autre réussit là où nous échouons, il arrive que l'envie prenne la place de la joie partagée. C'est cela la jalousie. La jalousie est cet espace par lequel nous vivons notre vie à travers la vie des autres sans vivre la nôtre.

La jalousie, ou complexe de Caïn, qui pensait que son frère Abel était le préféré et qui ne pouvait le supporter, est un poison qui empêche de vivre sa vie. La transformation permet de décider de ne plus se comparer pour agir et surtout de se réjouir du talent de l'autre, posture qui permettra peut être de semer la graine du même talent à l'intérieur de soi et de développer son intelligence sociale pour trouver sa juste place. Cela sera possible car en effet la jalousie contient le germe de l'imitation et donc de l'empathie.

La jalousie se rapproche du désir mimétique défini par René Girard : l'objet du désir, l'objectif est oublié, la seule chose qui envahit l'esprit est de détruire l'autre.

Lorsque le conflit mimétique envahit le collectif, il produit un phénomène de bipolarisation qui caractérise la dérive victimaire et l'émergence du bouc émissaire, c'est la mise en acte du jeu « battez-vous ».

Le chemin du dharma est un chemin d'incertitude qui permet d'apprendre. Les émotions sont un système de défense, partant d'un faux postulat que nous sommes séparés des autres.

Dans le dharma, nous faisons le pari que la sagesse est meilleure protectrice que les émotions. La méditation introspective consiste dans le fait de digérer l'information que nous obtenons sur notre propre fonctionnement pour nous améliorer, sans nous juger…

La jalousie est un invité encombrant qui demande toujours plus que ce que nous voudrions lui donner. Il s'agit, comme pour toutes les émotions perturbatrices, de poser des limites claires à cet invité encombrant. Petit à petit, l'émotion s'atténuera et cet invité encombrant partira sur la pointe des pieds…

Chapitre 9

Les chemins du développement spirituel

> « En nous efforçant d'atteindre l'inaccessible, nous rendons impossible ce qui était réalisable » (Watzlawick)

Les antidotes aux émotions perturbatrices

Les chemins vers le développement spirituel

Cinq chemins nous mènent au développement spirituel. Les deux premiers sont des chemins d'expérimentation :
- le premier est l'accumulation d'instructions et de moments de justesse pour créer la condition de la fertilité ;
- le deuxième est la jonction, de nouvelles ornières y prennent forme pour pacifier l'esprit. Mais on est encore dans le samsara, dans l'illusion de la permanence de l'ego.

Les trois suivants sont des chemins de réalisation :
- vision qui veut dire pacification ;
- méditation ;
- éveil.

Quand nous n'arrivons pas à être dans un état d'esprit positif, il faut reprendre les trois stades de l'enseignement bouddhiste : écoute, réflexion, entraînement.

Il est aussi important de rester vigilant, de ne pas remplir d'espoir une expérience d'un moment car le désespoir suivra, de continuer à rester dans la voie du milieu, de continuer à s'ouvrir à soi et aux autres, de rester dans l'incertitude pour ouvrir des possibles.

Des êtres d'esprit

Dès que nous nous éveillons, nous sommes obligés de connaître, obligés de faire travailler notre esprit. L'esprit, c'est cette succession d'instants de connaissance par nos cinq sens, à laquelle s'ajoutent des événements mentaux perturbés, positifs ou neutres.

Chaque émotion perturbatrice possède un antidote à développer :
– ignorance ou peur, antidote curiosité ;
– désir, antidote générosité ;
– colère, antidote patience et négociation ;
– orgueil, antidote écoute, interdépendance et humour ;
– jalousie, antidote réjouissance du talent de l'autre.

Avons-nous confiance dans le fait que l'esprit, l'éveil, la conscience sont possibles ? Sommes-nous suffisamment vigilants pour regarder en face notre fonctionnement et acceptons-nous de ne pas nous juger pour avancer ?

Être présent, c'est s'entraîner à ne pas nuire pour s'accomplir. Il faut pour cela une extrême douceur et une infinie exigence avec soi-même. C'est cela l'éthique du chemin spirituel.

Au début il y a une ignorance de l'interdépendance, ensuite une saisie égocentrée par l'orgueil, puis un espoir et une peur par le désir, puis une jalousie de ne pas avoir ce qu'a l'autre, puis une colère que cela n'arrive pas assez vite, ce qui entraîne quatre-vingt-quatre mille perturbations possibles…

Un jour, nous pourrons rire de nos fascinations, nous serons dans l'esprit d'éveil, de conscience, qui est aussi un esprit de soutien pour l'autre, car nous serons capables, devant une perturbation que l'autre nous inflige, de créer pour lui un espace d'apprentissage.

Nous avons tous un mode de fonctionnement semblable, même si nous avons une histoire différente.

Dans le bouddhisme, il est important de formaliser son engagement afin de ne pas s'arrêter sur le chemin du renoncement à la confusion. Cela se fait à travers la cérémonie du refuge qui permet de cesser de partir de soi pour s'orienter vers soi.

Les six sagesses menant à l'éveil

L'enseignement du développement social, « mahayana » consiste à développer six sagesses (*paramitas*) qui mènent à l'éveil :

- la méditation, éveillant la curiosité, antidote de l'ignorance, permet de poser largement et clairement un regard de justesse ;
- la sagesse de générosité, antidote du désir, amène à s'ouvrir à soi et aux autres ;
- la sagesse discriminante de la patience, antidote de la colère, favorise la négociation avec soi-même et avec l'autre ;
- la sagesse éthique, la discipline, antidote de l'orgueil, cherche à développer les fiertés mutuelles ;
- la sagesse vigoureuse de la gratitude, antidote de la jalousie, permet de se réjouir du talent de l'autre ;
- la sagesse de connaissance ou intelligence des situations favorise une présence totale à ce qui est ici et maintenant.

Les quatre rappels

Pour cela, il faut garder en mémoire ces quatre rappels :

- le temps est précieux : tout peut s'arrêter si soudainement ;
- la vérité est l'impermanence : la durée de la vie est imprévisible. Vivre toujours comme si c'était sa dernière journée de vie éloigne des certitudes qui nous figent ;
- la loi de la vie est le *karma* : toute action a une conséquence, il nous appartient de décider ce que nous voulons faire de notre vie ;

– il est vain de continuer à errer et à nous agiter dans le samsara : il ne tient qu'à nous de cesser à reproduire nos schémas négatifs de comportement.

L'objectif du développement de la personne du dirigeant est de resituer les problèmes à l'échelle de la vie en donnant du sens, de capitaliser sur les forces de ses équipiers, et d'apprécier le chemin en se dotant d'un regard extérieur, en étant persuadé que chacun est utile et a un rôle à jouer, en expliquant quand l'équipe se sent perdue, en surprenant et en se surprenant…

La juste présence à soi et à l'autre

On ne peut parler de présence sans parler de motivation puisque la motivation va colorer notre esprit et donner un sens à notre action.

Dans une relation chacun a une idée de ce qu'il veut vivre. Nous ne comprenons chez l'autre que ce que nous investissons et nous prenons cela pour le réel. C'est un piège, un manque de présence.

Cela vaut la peine de clarifier sa motivation, de séparer l'intention de l'action, c'est un entraînement à la présence à soi. Pourquoi est-ce que nous agissons comme cela avec lui ? Qu'est-ce que nous projetons ou qu'est-ce que nous introjectons ? C'est en cela que la relation à l'autre est un moyen d'éveil.

Pour la psychologie bouddhiste, il y a un désir fondamental, une soif pour confirmer notre existence dans la tension que nous vivons avec le monde environnant.

À tout instant, nous vivons un mélange de clarté, de générosité mais aussi de perturbation, de jugement. Le jugement brouille le discernement et entraîne la souffrance.

Cette souffrance nous met sur le chemin du progrès. Le bonheur est il possible ? Oui ! Il l'est par la présence, la capacité à rencontrer l'esprit de découverte pour dissiper la douleur et nous ouvrir à l'autre avec bienveillance. En tenant notre place, nous faisons de la place à l'autre.

Développer notre présence

Trois attitudes

- Capacité de se souvenir que la colère génère de la souffrance par exemple, c'est « smirti » en sanscrit, afin d'identifier les signes annonciateurs de l'émotion.
- Capacité d'attention pour expérimenter l'action juste, c'est « sanprajnia » en sanscrit, pour en comprendre les causes et les conséquences.
- Vigilance, ou absence de négligence pour prendre soin de soi, de l'autre et de l'environnement au niveau tête, cœur, corps afin de se mobiliser dans l'action.

Ces trois attitudes ne sont pas de l'introspection inutile, elles évitent bien des erreurs dans l'action.

En nous orientant vers nous-mêmes, nous sommes moins dommageables pour l'objet. Si nous étions moins confus, nous pourrions nous entraîner pour nous libérer de nos défauts. Or nous nous culpabilisons, et cette culpabilité nous enferme et entrave notre présence à nous-mêmes. Au contraire de la culpabilité, le regret aiguillonne la présence, nous invite à la réparation.

Trois entraînements

- L'entraînement à l'éthique, faite de générosité, qui consiste à donner ce que demande la situation, chaleur ou fermeté, de discipline qui consiste à arrêter de nuire en déployant sa gratitude et de patience qui consiste à comprendre et à trouver l'action juste.
- L'entraînement à la méditation qui permet d'arrêter le fil de ses préoccupations dans un espace d'ouverture où nous ne sommes plus pris par ce qui s'élève dans notre esprit.

– L'entraînement à la sagesse qui permet de percevoir une connaissance subtile : Bouddha nous dit que nous n'existons pas, puisque nous changeons tout le temps, que notre sentiment d'exister est une croyance. Quand nous nous posons en méditation sur cette certitude, immédiatement, nous découvrons une vision moins égocentrée, nous permettant de développer notre nature de Bouddha.

Transformer ses émotions

Qui sommes-nous ? Nous sommes un esprit, dans un corps, dans un environnement. Comment développer cet esprit ? Par la capacité de se souvenir, de s'entraîner et d'agir avec soin.

Chaque émotion a une cause liée à la rencontre avec l'autre car nous sommes tous interdépendants. Pour avoir une juste présence à l'autre, il convient de transformer ses émotions suivant les quatre étapes suivantes :
– prendre conscience de ses émotions ;
– puis en discerner la cause ;
– prendre ensuite conscience des émotions de l'autre ;
– afin d'être capable d'interagir.

L'intelligence émotionnelle permet tout d'abord d'ouvrir son esprit et son cœur en donnant – ou en demandant – des signes de reconnaissance. Elle permet ensuite d'assumer ses responsabilités en acceptant de réparer – ou en refusant une réparation inadéquate.

• Il est important d'apprendre à dire les faits en Adulte sans accusation ni jugement, puis dire son ressenti, puis son besoin et enfin formuler une demande en Adulte.
• Il est important de pratiquer l'enquête positive : « Dis-moi ce que je fais de bien, car cela me motivera », ou l'enquête négative : « Je sens que cela ne va pas, dis-moi ce qui te trouble car je peux m'améliorer ».
• Il est important ensuite d'accepter le ressenti de l'autre, d'écouter, de comprendre sans se défendre en développant son intuition et

son empathie. Admettre que l'on a commis une erreur et exprimer des regrets sincères, c'est assumer ses responsabilités et c'est éviter de rentrer dans le triangle dramatique des jeux de pouvoir, qui se déclinent suivant trois rôles : Persécuteur, Sauveur, Victime.

Nos jeux, nos scénarios

Pourquoi jouons-nous des jeux de pouvoir ? Pour tenter d'obtenir des signes de reconnaissance, même négatifs, dont le bénéfice est de confirmer notre vision du monde. Ces jeux que nous jouons dépendent de notre scénario et s'expriment à travers des schémas répétitifs de comportement. C'est ainsi que le Sauveur jouera régulièrement : « Mais je voulais seulement t'aider », le Persécuteur : « Je te tiens mon salaud », et la Victime : « Donnez-moi un coup de pied ».

Ce scénario dépend d'une décision enfantine, qui était judicieuse compte tenu des moyens dont nous disposions à l'époque, mais qui s'avère inadéquate aujourd'hui. C'est pourquoi nous ne sommes pas obligés de la garder pour toujours. Et c'est ainsi que nous pouvons assumer nos responsabilités en Adulte.

Chacun possède ses filtres pour donner et recevoir pour s'enrichir, demander et refuser pour se différencier liés à notre Parent intérieur critique. La voie la plus simple pour obtenir ce que l'on veut est d'aider les autres à recevoir ce qu'ils souhaitent.

> « Quand le sang ne circule plus, il coagule. Décider de donner ce que nous voulons recevoir permet à l'abondance de l'univers de circuler à travers nos vies » nous dit Rabintrana Tagore.

Être généreux ensemble

La générosité est un défi

La générosité est liée à l'éveil qui est un état de « buddha » (« bud » signifie qui se dévoile et « dha » qui amène la qualité à maturité). La générosité est un défi, celui de la différence à intégrer qui permet de s'approcher sans fusionner ou sans attaquer. Pour cela, il faut s'entraîner à aller au-delà de soi, à lâcher prise, à atteindre la vacuité, le chemin du milieu qui nous fait sortir de la dualité.

C'est difficile car nous sommes en perpétuelle contradiction avec nous-même. Il nous est impossible de penser à une chose sans qu'émerge son contraire. Par exemple quand nous désirons ardemment l'harmonie, nous sommes consternés de voir trop souvent le conflit. La confrontation est inévitable. Nous rencontrons notre destinée par le chemin que nous empruntons pour l'éviter.

La générosité, c'est donc la justesse de comportement, c'est abandonner ce qui est nuisible, accomplir ce qui est bénéfique et apprivoiser son esprit. Être généreux, c'est reconnaître chez l'autre cette dimension de sagesse, de compassion et de clarté.

La générosité devient une nécessité : en nous traitant mieux et en traitant mieux notre planète nous augmentons nos chances de survie.

Les comportements à développer

La vie en entreprise est bien souvent à l'image de celle qui a été initiée dans les familles : davantage dans la confrontation que dans la collaboration. Dès lors, comment être généreux en entreprise sans paraître naïf ou faible ?

L'attention, l'écoute pour dépasser le jugement, l'autorité – au sens étymologique, qui signifie faire grandir –, la patience, la lucidité sur les jeux d'acteurs, l'éthique, l'esprit de réjouissance, le sens de l'abondance dans la qualité du temps donné traduisent cette générosité si nécessaire à l'engagement et à la performance.

Dans la voie bouddhiste, il s'agit de développer quatre qualités :
– la compassion qui aide à libérer des causes de la souffrance ;
– l'amour qui aide à posséder les causes du bonheur ;
– la joie qui libère la capacité de réjouissance ;
– l'équanimité qui permet de diffuser compassion, amour et joie de façon universelle.

« Je développe la générosité en faisant pour mes salariés ce que je souhaite qu'ils fassent pour mes clients. » (Luc Michaud, Itecom)

« Je pratique les 3S : simplicité, solidarité, synergie. » (Nonce Paolini, TF1)

« L'éthique est inséparable de l'efficacité sur le long terme, sur le marché du travail pour attirer les meilleurs, sur le marché des biens et des services pour fidéliser les clients. Or les marchés financiers mettent une pression sur le court terme. Il faut donc faire appel à l'intelligence de chacun des acteurs. Il faut instaurer le bonheur au travail qui encourage, rend loyal et interdit le dénigrement de son collègue. Le manager doit conduire avec sens politique et motivation d'être bénéfique aux hommes. » (Louis Schweitzer, Renault).

« En créant Danone Communities avec Mohammad Yunus, prix Nobel de la paix, nous orientons une partie des profits de Danone vers une entreprise sociale, c'est-à-dire une entreprise dont la finalité première n'est pas de maximiser la valeur pour les actionnaires, mais de maximiser la valeur sociale et de la partager avec l'ensemble des parties prenantes en faisant émerger des solutions durables qui contribuent à réduire les carences alimentaires. Il ne s'agit pas de convertir toute l'entreprise Danone, mais, de façon pragmatique d'en convertir une partie afin de favoriser le développement économique des pays pauvres. » (Franck Riboud, Danone).

« Mes cinq travaux citoyens : développer le Web sur les mobiles, développer la bibliothèque numérique mondiale, développer le moteur de recensement des gènes, développer la production d'électricité propre, c'est-à-dire avoir de quoi alimenter San Francisco à un prix inférieur au charbon, développer la conquête de l'espace avec la Nasa… Bref, avoir une saine désinvolture vis-à-vis de l'impossible. Google est une entreprise qui favorise le bien-être condition de l'efficacité. Chez nous, chaque collaborateur a droit à 10 % de son temps rémunéré pour développer un projet personnel innovant afin de développer la créativité de chacun. » (Larry Page, fondateur de Google)

Manager sans perdre son esprit

La sensibilité en entreprise

Le leadership, contrairement au management qui a pour but d'organiser, s'ouvre à une dimension d'intuition, de sensibilité, de gestion des émotions.

Qu'est ce que la sensibilité en entreprise ? Fuir la souffrance et trouver le plaisir, pour écouter, dynamiser et fixer des règles du jeu explicites et équitables afin d'obtenir un résultat performant. C'est un travail sur les hommes et avec les hommes. Cela suppose de développer une absence de préjugés, une aptitude à communiquer dans une ambiance partenariale, tout en restant centré sur les objectifs.

Un leader est d'abord conscient de lui-même, de sa relation au pouvoir, à l'argent, à l'amour et ensuite conscient du niveau de développement de ses équipiers pour les amener à grandir. Pour Will Schutz, un leader au lieu de diriger, guide, reconnaît le droit à l'erreur. Au lieu de coordonner, il facilite, gère les conflits, en faisant grandir en autonomie. Au lieu d'informer, il communique, puis agit en trouvant les ressources. Au lieu de produire, il innove et gère le changement, en développant la créativité pour s'adapter à un environnement toujours changeant.

Un leader sublime ses blessures, rebondit, sait apprivoiser ses peurs, est intuitif car présent à lui même, est sensible à la beauté, vit le présent avec intensité. Un leader est pionnier, donne sens aux moments difficiles, a une parole qui met en mouvement, est capable de se remettre en cause.

Pour moi, un leader sait donc gérer les émotions de peur, de désir, de colère, d'orgueil et de jalousie qui interagissent en permanence. Il apporte des réponses comportementales adaptées en adoptant simultanément des postures de soutien, de reconnaissance, de négociation, de valorisation et sait faire la fête quand le projet est réalisé. Il innove et fait travailler ensemble pour apporter bien être et performance.

Madeleine Allbright disait : « Les collaborateurs vous le rendent au centuple lorsque vous les valorisez au lieu de vous valoriser. »

Le défi est donc de manager sans perdre son esprit, de progresser sans tuer, de communiquer sans mentir, de mobiliser sans harceler, pour « reprendre ses esprits et ouvrir son cœur ».

Progresser sans tuer

Réussir sans écraser implique de dépasser ses peurs afin de trouver ses ressources et d'accepter d'aller vers soi avec ses forces et ses limites, avec modestie et ainsi se permettre d'être en apprentissage permanent. Réussir, c'est alors mettre en place une attention quotidienne et une vision partagée. Il s'agit de satisfaire ses clients et de favoriser l'épanouissement de ses collaborateurs. Mais parfois, tout le monde ne s'investit pas de la même façon, alors il faut accepter de ne pas réussir tout le temps.

Dès lors comment mener un plan social humainement sans prendre les hommes pour des numéros ? Pour un dirigeant, la démarche bouddhiste permet de comprendre les émotions et de les intégrer pour prendre soin, pour accompagner dans un moment difficile.

C'est certainement plus facile dans les petites entreprises d'être dans cette attitude de proximité. Dans les grandes entreprises, le management intermédiaire pourrait jouer ce rôle, s'il n'était pas si souvent pris en étau entre la direction et les employés.

> « Ce qui limite la taille d'une entreprise, ce ne sont ni les finances, ni les machines, ni les bâtiments, mais l'impossibilité de communiquer puisque nous savons que l'efficacité dépend de la responsabilisation des individus. Aujourd'hui le vrai talent, c'est la gestion des talents. Le gigantisme s'arrête là ou commence l'impossibilité de communiquer et d'animer. L'entreprise mondiale de demain sera sans doute un réseau d'entreprises moyennes, reliées par l'information en temps réel, assez grandes pour être fortes, et assez petites pour rester indépendantes. Cela leur permettra d'éviter la glaciale hiérarchie pyramidale qui transformerait chaque palier en étage numéroté, comme dans l'ascenseur d'un grand magasin. » (Yvon Gattaz, président de ASMEP)

Communiquer sans mentir

Il est important de dire sans tout dire. Il s'agit tout d'abord d'appréhender les différences de perception. Il s'agit ensuite de faire passer des messages précis, positifs avec des objectifs ambitieux mais possibles. Il s'agit enfin d'affronter sans déni, en toute clarté et en toute objectivité une réprimande, sans peur de ne plus être aimé, un compliment sans jalousie en se réjouissant sincèrement du succès de son collaborateur.

Rappelons-nous que « dans une bonne équipe, le chef permet à chacun de dire ses peurs et ses besoins ».

Mobiliser sans harceler

Il s'agit d'abord de découvrir les clés de la motivation en comprenant les besoins de sécurité, d'appartenance, de réalisation de chacun. Il s'agit ensuite d'entretenir un climat de coopération en fixant des règles pour limiter les jeux de pouvoir. Il s'agit enfin de faire circuler l'information et la reconnaissance avec abondance.

Il s'agit donc d'insuffler un élan, de définir des objectifs précis, positifs et possibles tant en étant ambitieux, de définir des points de contrôle puis de déléguer en confiance.

Tout « bon commerce » passe par une communication positive. Un client revient quand il sait que l'entreprise prend soin de lui. Un collaborateur devient un bon coéquipier lorsque son dirigeant lui offre son attention. L'important est donc de dédicacer ce que nous faisons en vue d'une évolution bénéfique du trépied des clients, des actionnaires et des collaborateurs.

Chapitre 10

Entretien
avec le Dr Christophe André

« Le bien-être dépend de la qualité de la relation » (Maslow)

Dans le monde de la complexité où il s'agit de jouer avec les paradoxes, l'accompagnement thérapeutique ou le coaching, qui travaille sur les cognitions, les émotions et le décentrage des perceptions, favorise le développement de nouveaux comportements mieux adaptés.

C'est un défi d'être dirigeant, d'accompagner un dirigeant, c'est pourquoi l'ouverture aux différentes traditions de pensée est précieuse. La psychologie bouddhiste, comme le coaching, est une invitation à une prise de conscience vers davantage de lucidité et d'entraînement pour développer son potentiel. La réussite dans la vie personnelle comme dans la vie professionnelle est liée à l'accomplissement intérieur. Réussir sa vie c'est gérer ses émotions. Comment ?

Il y a deux sortes de personnes : les parfaites qui camouflent leurs limites et les non parfaites, les sages, qui peuvent évoluer et s'humaniser ! C'est ce que souligne le travail de Christophe André dont vous trouverez les réponses à mes questions ci dessous. Christophe André est psychiatre, il pratique des thérapies comportementalistes et cognitivistes, et il est par ailleurs attiré par la philosophie bouddhiste.

Bonjour Christophe, qu'est-ce qui vous a conduit à la relation d'aide et à la psychiatrie ?

Bonjour Martine, la lecture de Freud en classe de terminale m'a passionné, et je me suis dit : « je ferai comme lui, je deviendrai psychiatre ! » Les découvertes de Freud m'ont en effet apporté un complément nécessaire car je viens d'une famille d'actifs, peu tournés vers l'introspection, mon père était orphelin et marin, ma mère institutrice. J'ai pourtant bien failli abandonner, car à l'époque de mes études se pratiquait une psychanalyse lacanienne basée sur l'intellectualisation et prônant une distance avec le patient. Cela était à l'encontre de mes valeurs et me mettait mal à l'aise. Mais j'ai persévéré…

Comment définissez-vous vos valeurs ?

Des valeurs de soignant ! Jeune interne, je voyais arriver des personnes souffrantes, ayant besoin d'être accueillies, rassurées, avec des mots de gentillesse. Je sentais que les explications et l'affection rendraient les soins plus efficaces.

Quelle est votre spécialité en psychiatrie ?

À l'hôpital Sainte-Anne, je m'attache à soigner les troubles émotionnels, anxieux et dépressifs. J'ai notamment beaucoup travaillé à souligner le caractère destructeur des phobies sociales, et à former mes collègues à mieux les diagnostiquer et les prendre en charge. Je m'intéresse aussi à la psychologie positive, qui consiste à s'appuyer sur les ressources de chaque personne, et pas seulement à corriger ses faiblesses.

Ces thérapies du bien-être se donnent pour objectif, entre autres, d'aider la personne à mieux vivre ses émotions, à cultiver une bonne estime de soi, une relation bienveillante à soi-même. Ce sont des approches très concrètes, basées sur des exercices dans la vie quotidienne, des mises en situation. La psychanalyse nous a fait découvrir les causes de nos comportements, les thérapies actuelles nous permettent de changer nos actions.

Depuis les stoïciens, nous savons que le travail sur soi et sur ses émotions favorise le bien-être de la société. Ce travail retrouve toute son urgence aujourd'hui car nous sommes dans une société de choix. La conséquence en est que plus nous avons de choix possibles, plus nous vivons dans le stress.

Pouvez-vous me parler de votre rencontre avec la philosophie bouddhiste ?

Adolescent, dans le contexte post-68, la mode était à l'Orient, et cela m'attirait. Plus tard, j'ai lu le Livre tibétain de la vie et de la mort, de Sogyal Rinpoché, qui m'a passionné. Et puis, plus tard encore, j'ai rencontré Mathieu Ricard sur un plateau de télévision et nous sommes devenus amis : nous partageons les mêmes vues sur le fonctionnement de l'esprit humain et la relation d'aide. À son invitation, j'ai pu participer, en avril 2007, aux rencontres entre scientifiques et bouddhistes organisées par le Dalaï Lama à Dharamsala. La fondation *Mind and Life*, fondée il y a quinze ans par des chercheurs en neurosciences, facilite ces échanges pour éclairer le fonctionnement cérébral à la lumière de la tradition bouddhiste « d'entraînement de l'esprit ».

Le matin, un chercheur présente ses travaux et le Dalaï Lama le questionne. C'est le seul chef religieux que j'ai entendu dire : « Si la science infirme l'une de nos croyances, le bouddhisme devra l'abandonner ». J'ai senti en lui une véritable curiosité scientifique. L'après midi les moines présents questionnent à leur tour. Le sujet traité était la psychologie des émotions et l'empathie. Depuis les années 1960, la science confirme aujourd'hui des intuitions bouddhistes, vieilles de 2 000 ans, montrant que l'exercice régulier de la méditation permet de maîtriser ses émotions, de rendre sa pensée plus lucide et son action plus compatissante. La neuro-imagerie souligne que la méditation favorise la production d'ondes gamma, apaise la rumination dépressive et stimule l'immunité, entre autres bénéfices.

Comment intégrez-vous la philosophie bouddhiste dans votre pratique psychiatrique ?

Le bouddhisme est facile à intégrer au cognitivisme, les deux approches sont basées sur la pédagogie et l'apprentissage, sur une pratique régulière. Nous partons d'une situation pour analyser, de façon introspective, les émotions et les pensées qui lui sont associées.

À la suite de Jon Kabat-Zin, psychiatre américain qui fut un pionnier et un fondateur de ce courant, Zindel Segal, professeur de psychiatrie à Toronto et grand méditant, qui m'a formé à ces approches, a mis au point un protocole mêlant thérapies cognitives et méditation de pleine conscience : nous l'utilisons à Sainte-Anne pour la prévention des rechutes anxieuses et dépressives. Les études montrent que la méditation est un outil de maintien du bien-être, utile pour la prévention de la rechute. En revanche en période de crise, il vaut mieux utiliser des médicaments.

Avec des groupes ou des individus, à raison de huit séances de deux heures, nous apprenons à poser notre esprit ici et maintenant, en étant attentifs à notre respiration, en contrôlant nos pensées sans les suivre. Notre cerveau n'arrête pas d'anticiper et cela nous fait passer à côté de notre vie. Au lieu d'être heureux, nous ressassons ou nous sommes dans la lune, mais rarement totalement présents.

Concrètement nous faisons pratiquer à nos patients des exercices de méditation dits de « pleine conscience », puis nous les aidons à réfléchir sur leurs difficultés, et nous proposons des exercices quotidiens à pratiquer entre les séances. C'est une démarche qui demande une discipline quotidienne exactement comme pour rester en forme physique ou se nourrir de façon saine. Vivre au présent, sans se laisser

trop envahir par ses anticipations, ruminations, ou jugements subjectifs, devient ensuite une philosophie de vie !

Par exemple, lorsqu'ils arrivent dans une salle d'attente, ne
pas se saisir de revues sans guère d'intérêt « pour passer le
temps », mais au contraire, bien s'installer, se sentir exister,
respirer, se demander comment ils vont et où ils en sont dans
leur vie. Profiter de petits instants de ce type pour se sentir
vivants, être au lieu de faire, de se distraire, de s'éloigner
d'eux-mêmes.

C'est une démarche qui demande une discipline quotidienne, exactement comme pour rester en forme physique
ou se nourrir de façon saine. Vivre au présent, sans se laisser
trop envahir par ses anticipations, ruminations, ou jugements subjectifs, devient ensuite une philosophie de vie !

Comment définissez-vous l'intelligence émotionnelle ?

C'est une capacité de lucidité sur ses émotions qui nous permet de comprendre d'où elles viennent et comment elles
fonctionnent pour les utiliser comme on utilise le vent sur
un voilier.

Les émotions sont des forces vivantes qui doivent être
domptées comme un cheval qui s'emballe et qu'il faut pacifier.

Qu'avez-vous appris sur vous ?

Comme tous les psys, je me suis soigné moi-même avec les
techniques que je propose à mes patients ! Je les ai intégrées
à ma façon d'être, je suis en règle avec les principes que
j'enseigne, puisque je les ai testés sur moi ! Je n'aspire pas
seulement à la sérénité mais aussi à la justesse, j'aspire à me
corriger. J'ai progressé mais évidemment, cela ne s'arrêtera
jamais !

Quelle est l'émotion la plus difficile à gérer pour vous ?

Elles le sont toutes : la tristesse, l'inquiétude. Mais celle qui
me déconcerte le plus, qui me laisse le plus sans défense,

celle que j'aime le moins affronter, c'est la colère ! Cela m'arrive rarement, une ou deux fois par an, mais c'est difficile, je me sens étranger à moi-même, envahi par le ressentiment ou des pensées de punition, opposées à mes valeurs. Je suis né dans une famille de colériques, certaines scènes restent dans ma mémoire, et la colère me donnera sans doute du fil à retordre jusqu'à la fin de mes jours ! Un bon moyen de rester humble sur mes progrès, sans doute…

Les émotions sont de bons serviteurs mais de mauvais maîtres. Les prémices sont bonnes pour créer une alerte, mais nous ne devons pas être guidés par elles. Je n'ai pas de souvenir de colère que je ne regrette pas. Je suis plus efficace quand j'écoute et quand je questionne pour agir que quand je suis agi par ma colère.

Quelles sont vos observations sur les différences entre les hommes et les femmes, en matière de troubles émotionnels ?

C'est un fait que l'on observe par exemple deux fois plus de peurs et de phobies sociales chez les femmes que chez les hommes. Cependant les différences biologiques me semblent moins importantes que le poids de la pression sociale. Il y a certainement une réactivité à l'origine, puis l'action des règles sociales entraînant une sélection naturelle. C'est ainsi que les femmes sont plus attentives à leur monde interne et les hommes à l'action.

Quels sont les conseils que vous aimeriez donner pour développer l'estime de soi en entreprise ?

Il me semble important de se méfier de la fausse estime de soi qui survalorise la performance et l'orgueil, c'est insécurisant de se mettre toujours au-dessus des autres, cela développe une estime de soi instable.

Cela entraîne une violence envers soi-même, on pratique la double peine en rajoutant à l'échec la punition.

Je dirais qu'il y a un temps pour tout, un temps pour la compétition et un temps pour la réflexion sereine.

Il est par ailleurs essentiel de se poser la question de la qualité de vie en entreprise pour éviter le turnover excessif et la fuite des compétences : se poser la question du bien-être au sein de l'entreprise ne me paraît pas relever seulement de la philanthropie mais aussi d'une conduite bien pensée du management.

Quels sont les conseils que vous aimeriez donner pour une entreprise plus efficace et plus sereine ?

Je n'ai jamais managé qui que ce soit, à part moi-même. Je suis donc très embarrassé à l'idée de donner des conseils à des dirigeants ou des managers ! Mais si j'étais chef d'entreprise, j'accorderais de l'importance, en recrutement et tout au long de la carrière, au développement de la gentillesse (indispensable pour qu'un groupe respire et donne le meilleur de lui-même sur la durée), de la générosité (donner sans attente de retour) et du respect (comment sont traitées par exemple les personnes en bas de la hiérarchie ?) pour créer des liens de qualité. Comme Bruno Rousset, je pense que la qualité du lien social est compatible avec la performance.

Merci Christophe pour ce témoignage sincère et profond.

3 ■ Coacher avec la psychologie bouddhiste des émotions

Management, leadership, coaching : la réussite de ce nouveau mode d'action

« La clé pour avoir une vie passionnante c'est de faire confiance à l'énergie qui nous habite. » (M. Gwain)

Chapitre 11

Identifier les émotions : deux coachings de dirigeants en devenir

> « Aucun problème ne peut se résoudre sans changer l'état d'esprit qui l'a engendré. » (Albert Einstein)

A., une « évoluance » vers la confiance en soi

Voici un cas de coaching de transition et de performance, pour une jeune femme se préparant à un assessment de future dirigeante.

- A., ingénieur des Mines de trente-trois ans, est à un tournant de sa carrière, elle est chargée d'affaires en fusions et acquisitions et doit se préparer à un assessment de future dirigeante. Elle est femme et asiatique, deux éléments culturels entravant sa capacité à s'exprimer et à asseoir son autorité.
- Les objectifs sont le développement du leadership.
- Le travail proposé par le coach est le développement personnel du dirigeant à travers trois axes : identitaire, stratégique et postural.
- Les résultats attendus sont l'apaisement de l'autocensure et le développement de la capacité à prendre sa place avec confiance,

une meilleure affirmation de soi, un développement de la capacité à convaincre, une meilleure aisance dans la communication.

Photo-langage

MB propose le photo-langage pour chercher des métaphores qualifiant la situation et le souhait.

État désiré : une jeune fille sautant.

« Je ressens une difficulté à m'élever, pourtant j'ai surmonté des obstacles, dans mes études d'ingénieur, puis dans une filiale anglaise de trading au style dynamique de start-up, mais c'était des obstacles techniques. Aujourd'hui mes obstacles sont comportementaux, je suis timide, je suis toujours en lutte contre moi, je regrette d'être ce que je suis : peu confiante, hyper-perfectionniste, craintive… J'ai une amie qui a de l'audace, une voix forte, elle ose demander. Moi, je ressens toujours de l'appréhension avant une rencontre, même avec un ami, j'ai peur de ne pas être assez cultivée, je ne fais plus travailler ma mémoire depuis quinze ans, car j'ai dû arrêter le piano par manque de temps. Il y a un seul domaine où j'ai osé : depuis un an je me suis inscrite, comme mon père ingénieur centralien, à des cours d'estampe à l'encre de Chine. Lorsque j'étais enfant, répondre à ses parents était considéré comme une remise en cause de l'autorité parentale. Aujourd'hui ma pensée n'est pas fluide et je n'ai pas d'aisance verbale. »

Le coach entend pourtant une voix mélodieuse, un vocabulaire très juste et précis et partage ce constat avec la coachée.

A. repart consciente du fait qu'elle se critique, qu'elle cherche à être quelqu'un d'autre au lieu d'exploiter ses ressources.

Les héros qui m'habitent

« Marie Curie pour sa rigueur scientifique, sa capacité à créer une dynastie brillante, à concilier recherche personnelle acharnée et éducation de ses enfants.

Un de mes anciens patrons Mike : intelligent, humain, à l'écoute, généreux, positif, courageux, soutenant ses équipes dans les moments difficiles.

Christine Lagarde : une pionnière, capable de trouver des mentors soutenants, vivant une vie équilibrée entre une ambition assumée et une famille sereine.

Barbara Hendrix : noble, généreuse, lumineuse, simple et douce. »

A. découvre que ces qualités sont aussi les siennes : douce, généreuse, pionnière, courageuse. Elle réalise qu'il n'y a pas de courage sans crainte !

Le blason

Le rapport à l'autorité : « Il est double, lorsque l'autorité est acceptée : un soleil brillant partout avec équité. Lorsque l'autorité est contestée : une barricade rouge ! Enfant, je voulais changer ma mère, la sauver de sa haine, elle détestait sa sœur à qui elle trouvait que je ressemblais ! Je n'ai jamais parlé à personne de cela ! »

Le rapport à la parité : « Une balance, symbole de partage. Avec mon frère, ingénieur centralien travaillant dans le même groupe, nous avons un rapport de complicité et d'estime. »

Le rapport à la vie extraprofessionnelle : une alliance. « Je ne voulais pas de famille, j'avais peur de répéter le comportement de ma mère, depuis peu je veux créer une famille. »

Le rapport à moi-même : « Un voile : Je ne suis pas assez vive, mais je suis loyale, rigoureuse et pionnière. »

Mon projet : « Un lac pur, symbole d'harmonie et de plénitude. Ma devise : oser ! Je décide d'oser s'il n'y a pas trop de danger, de développer ma flexibilité pour accepter mes erreurs, d'aller au-devant des autres. »

Les obstacles sont liés à son exigence interne, à sa peur du risque et aux traces laissées par son enfance non aimée par sa mère.

Le plan d'action pour dépasser les obstacles se décline, dès à présent, autour de trois axes : oser quand il n'y a pas trop de danger, accepter souplement ses petites erreurs sans conséquences, aller au devant des autres. Sa devise : « Ose ! »

A. découvre que parler du passé sans rancœur l'apaise, qu'exprimer des obstacles futurs rend le but atteignable. Elle se remet en route !

- Feedback d'arrivée : A. arrive épuisée par les luttes de pouvoir, saturée par le développement de l'énergie négative, elle a mal au ventre et des difficultés d'endormissement. Deux adjoints de son n + 1 ont pris ombrage de son travail jugé trop approfondi et peu communiquant. « Cela m'est déjà arrivé, je génère la jalousie en m'isolant. Enfant j'étais gênée d'être première tout en le souhaitant. »

MB explique la Communication Non Violente en quatre étapes : dire les faits, dire son ressenti, élaborer son besoin et formuler une demande. Puis le coach propose d'analyser les quatre étapes de la boucle de la réussite : concevoir, mettre en œuvre, réaliser et fêter ses succès en équipe.

- Feedback de départ : A. repart avec la résolution de laisser exprimer sa malice, de questionner, d'assumer son ambition avec gaieté.

Le dialogue de polarités

« Je serais : une biche, un dauphin, non une licorne : sereine malgré les prédateurs, généreuse et ambitieuse. Je ne voudrais pas être un serpent : sinueux, perfide, insensible, cynique »

Des reproches : « Ta vie est facile, moi je dois ramper. Je te plains d'être si envieux. Ta naïveté t'aveugle, tu as été trahi par le renard. Je vais aller voir directement le renard. »

Des complémentarités : « Je suis généreuse et toi vigilant, allions-nous pour pacifier la forêt, tu feras l'état des lieux des conflits existants, je les analyserai et ensemble nous trouverons des solutions avec un double regard critique et humain. »

Application au style de management : « Je suis juste, tenace, enthousiaste, professionnelle : je risque parfois intransigeance et obstination. Je ne suis pas sans jugement, légère, modérée, amateur : les avantages sont la souplesse et l'indulgence. »

A. insiste sur le chemin d'acceptation de soi qu'elle a fait depuis le début du coaching, savoure le plaisir de s'accepter. Elle en a parlé à son père ! Elle se sentait écartelée par son ambivalence, coupable de devoir contourner, elle décide de ne moraliser que ce qui est nécessaire !

Un conflit

* Feedback d'arrivée : A. arrive en expliquant que la quinzaine a été marquée par un rude combat et que le dialogue des polarités a été très aidant pour l'aider à la fois à se défendre et à s'exprimer.

MB lui demande de rédiger ce conflit en quelques mots en lui donnant un titre.

Solitude et non respect : Patrick, un supérieur hiérarchique d'un autre service, pour se protéger a trouvé seul une solution et a persisté à la défendre en dépit de nos alertes et explications. A. a été épuisée d'expliquer sans être entendue et d'être contrée de façon non directe. Son chef n'a pas voulu qu'elle recadre en rappelant les règles de l'organisation.

MB rappelle qu'Enfant rêve, Adulte abandonne les voies sans issue et Parent protège.

– Quel serait le rêve ? Avoir plus de temps pour détecter le problème, convaincre mon chef de mon désir d'être adjointe, retrouver ma forme.
– Quelles seraient les voies sans issue ? Dire à Patrick : « chacun son travail ».
– Comment prendre soin de soi ? En manageant son chef, en prenant de la distance par rapport à ses représentations, en affirmant ses petits défauts pour désamorcer l'agressivité.

- Feedback de départ : A. décide de pratiquer l'enquête positive et l'enquête négative pour introduire de la légèreté.

- Feedback d'arrivée : « Je ressens un vif ressentiment contre mon chef. Quel a été l'apprentissage : j'aurais dû formuler ma demande de façon plus explicite. »

MB propose de travailler sur la PCM : base Travaillomane, puis Persévérante, puis Promoteur, puis Empathique, donc sérieuse, tenace, énergique et sensible en haut de son immeuble Rebelle et de ce fait une difficulté pour se détendre, et Rêveur, ainsi qu'une difficulté à imaginer.

- Feedback de départ : A. trouve intéressant de décortiquer sa personnalité, de s'appuyer sur son côté organisé, loyal et pionnier, de développer sa capacité à se détendre et à se projeter.

En fin de coaching

- Feedback d'arrivée au sortir de l'EAP, entretien annuel de performance : « Mon chef a commencé par du négatif, mon perfectionnisme l'irrite, alors je me suis souvenue de l'enquête positive que vous m'aviez apprise et je lui ai demandé ce qu'il trouvait de bien dans mon comportement pour me remotiver. L'entretien s'est déroulé beaucoup plus positivement que celui de l'an dernier. Tous mes proches ont constaté un changement chez moi, je suis plus confiante, plus ouverte et plus assurée, ce n'est pas une métamorphose, c'est une acceptation de soi, sous stress je doute encore mais je m'exprime davantage en réunion et quand cela ne va pas. »

- Feedback de départ : « La métaphore de ce coaching pourrait être un bouton de rose blanc qui s'ouvre et découvre du rouge dans son cœur. Je dois encore travailler sur le contrôle de mes émotions, ne pas sur-réagir ou me consumer avec passion, ne pas me sous-évaluer et mieux équilibrer ma vie personnelle et professionnelle. C'est enthousiasmant de progresser, c'est un plaisir de voir le chemin parcouru. »

C., un coaching de développement sur la colère et l'orgueil, l'apaisement et le développement de la sérénité

C. est autodidacte, il vient d'être nommé directeur commercial d'une PME. Son n+1, le patron de l'entreprise, lui offre un coaching pour se préparer à développer du recul, à contrôler ses émotions. C. pense que dans une meute, il y a toujours un dominant et que si on ne l'est pas, on risque de mourir ! Il veut calmer le feu sans l'éteindre, apprendre à avoir confiance, développer un esprit positif pour optimiser l'équipe.

Cadre du coaching et gestion des émotions

Le métier de manager consiste à faire le ménage dans l'organisation des résultats, tandis que le leader fait le ménage dans le fonctionnement des émotions, pour mettre une équipe en dynamique de réussite.

En effet, tout part des émotions qui conduisent vers la motivation, la démotivation, le stress, la dispersion, le repli ou l'absence de communication…

L'émotion s'élève à la rencontre de deux êtres suivant leurs habitudes de réagir, leurs stratégies personnelles. C'est ainsi, suivant leur dominante comportementale, que certaines personnes se mettent dans l'insécurité et que la peur les habite de façon dominante. D'autres personnes se situent dans l'envie, et c'est le désir qui les hante. D'autres encore se posent en opposition systématique et vivent l'émotion de colère de manière répétitive. Certaines personnes se mettent naturellement en comparaison avec l'autre qui se trouve sur leur chemin et c'est la jalousie qui les anime. Certaines enfin se mettent systématiquement au dessus et c'est l'orgueil qui les motive.

Le coaching se propose d'aider un manager à devenir leader en développant son influence sur cinq critères en dépassant les cinq émotions perturbatrices majeures afin de savoir comment s'auto-motiver et motiver ses équipes :

– clarté des messages : dépasser la confusion et la peur ;
– capacité d'adaptation : pacifier son désir et ses frustrations ;
– négociation et force de conviction : gérer sa colère ;
– écoute : développer un orgueil positif ;
– capacité à valoriser les autres : résoudre sa jalousie.

La vie est alternance de détente et de tension, l'origine de la tension c'est le blocage de nos esprits, la tension peut cesser si l'on dépasse nos fixations. Le chemin pour que la tension cesse est d'entrer dans une voie médiane qui intègre les deux points de vue.

C. souligne que la colère qui l'habite – et qui était un moteur autrefois – se retourne contre lui maintenant.

Il considère sa vie professionnelle comme une jungle. C'était déjà ainsi dans son enfance où il était le préféré d'une mère dominante qu'il écrase depuis son départ de la maison à 16 ans. Il considère qu'il a été manipulé par sa mère, qu'il s'est laissé entraîner contre son intérêt qui aurait été d'étudier, qu'il tient par-dessus tout maintenant à ne donner son âme à personne, à garder sa liberté. Il soutient son fils dans ses études avec une incroyable énergie.

Photo-langage

MB propose le photo-langage pour décrire son état présent et son état désiré.

État présent : un homme sur une main dans un ciel : cette image traduit son besoin de se sentir au dessus. L'avantage est de contrôler ce qu'il fait, de se rendre visible pour être reconnu ; l'inconvénient est qu'en période de croissance, la réorganisation est permanente et qu'une attitude de contrôle ferme la vision des opportunités.

État désiré : un masque. Il veut conserver son moteur, mais montrer un autre visage plus souriant, plus fédérateur, plus objectif, plus positif. Avec beaucoup de franchise, il avoue qu'il a peur, qu'il remet à plat vingt ans de sa vie, et il se demande si c'est son intérêt.

- Feedback de départ : C. admet qu'il a beaucoup de chance d'avoir un coaching et qu'un changement réaliste consisterait dans le fait de développer une attitude d'ouverture aux opportunités sans perdre son dynamisme.

Un conflit

- Feedback d'arrivée : C. a beaucoup pensé à notre premier entretien, il a travaillé sur son calme en écoutant davantage ses interlocuteurs. Il s'est rendu compte que l'écoute lui donnait un meilleur contrôle de lui-même, qu'avant il se concentrait sur son texte et que maintenant il modère sa vitesse pour observer les réactions de son interlocuteur. Il a essayé de ne pas juger les non-performances et d'être plus positif. Il se voit comme un « meneur terrien et martien » car trop de réalisme fermerait les portes du rêve.

Cette semaine il a eu un conflit avec un client qu'il aimerait analyser. « Un de nos clients, qui n'a pas de bons résultats de vente de nos produits, ne comprend pas que nous installions un autre centre de profit à 10 km de chez lui. C'est son orgueil qui lui dicte son comportement, il aurait voulu être associé à notre décision, mais nous n'avons pas confiance en lui. »

Il se rend compte qu'il manage par la peur, qu'il fait des coups de poker. Son chef, qu'il admire pour ses qualités de contact mais qu'il ne trouve pas assez rapide, n'aime pas agir comme lui : il analyse les risques, il entre en contact et prend son temps.

C. pense que les résultats doivent être au top et que la relation peut améliorer le résultat. Il pense que dans son métier, on est obligé de nuire car la concurrence est forte. Il est aussi angoissé à l'idée de partager ce qui lui appartient. Il ne peut vivre en paix que s'il n'a pas de concurrent.

Il admet qu'il a pu faire peur, car lui-même avait peur, et qu'en étant plus calme il aurait pu ramener le client sans créer de tension.

Nous avons travaillé sur son objectif : « Apporter de la croissance en démultipliant les zones de profit, l'idéal serait de garder les deux mais cela ne nous semble pas réaliste compte tenu de son comportement. »

Puis sur ses représentations de l'autre : il se pose en victime, il manque de dynamisme et a peur qu'on lui capte sa clientèle, alors il prêche le faux pour savoir le vrai.

Et enfin sur son propre comportement : « Je souffle le chaud et le froid pour mettre la pression, un jour je lui mens en lui disant qu'on le soutiendra, un jour je souligne froidement ses mauvais résultats.

- Feedback de départ : « Dans ma vision des gens, il y a un peu de mon orgueil, frustrer l'autre n'est pas une bonne stratégie, en écrasant l'autre je ferme la porte. Je n'ai pas compris son besoin d'être rassuré ni ses hésitations permanentes, j'ai pensé qu'il me cherchait et je suis rentré dedans ! Je retiens cela d'important : je suis en combat permanent et même si je gagne, j'affaiblis ma puissance, je dois mieux analyser mon ressenti pour être plus serein. »

L'état d'esprit du stratège

- Feedback d'arrivée : « Je commence à être plus calme dans l'action, mais je dois aussi apprendre à être plus calme au-delà de l'action. »

Devant la « résistance du réel », le stratège délimite les frontières du système :
- il élabore une pluralité de plans avec les arguments minoritaires ;
- il identifie le positionnement de chaque acteur et le sien ;
- il muscle ses décisions en développant son intuition et ses capteurs d'informations ;
- il manage son manager, fait le deuil du manager idéal ;

– il se focalise sur la phase amont en nouant des alliances ;
– il témoigne de discrétion, pour accroître ses marges de manœuvre et de courage pour résister aux pressions ;
– il dispose d'une capacité de lâcher prise, de distanciation, qui lui permet de ne plus être victime de ses émotions parasites et de ses croyances limitantes pour s'adapter au réel ;
– il peut imaginer le pire, n'est pas dépourvu dans l'adversité.

Et sur le plan d'action du stratège :
– il prévoit les conséquences : en imaginant les rétroactions ;
– il explore les ressources, les mécanismes de coopération pour échanger des compétences ;
– il optimise le lancement : en communiquant aux seuls intéressés avec prudence.

• Feedback de départ : C. retient deux choses : poser des limites et ne pas diffuser toute l'information. « Je n'ai pas besoin de l'affrontement, si j'analyse bien la situation, je dois être clair et positif pour aider l'autre à choisir de façon responsable. »

L'entreprise intérieure

C. se voit dirigeant d'une start-up, en charge de la stratégie, des RH et du marketing pour rester dominant. Cette start-up, qui vend sur Internet, est réactive, innovante, produit beaucoup d'argent. Elle est située dans une grande ville avec un fort potentiel logistique et une facilité d'accès, comme La Défense.

Elle comprend un chef des ventes qui intègre sa logique de développement, un directeur financier qui oriente les choix de façon réaliste, un personnel terrain qui constitue un second cercle pour équilibrer le premier et consolider les choix.

Tout va bien, tout est bien organisé de façon collégiale, mais il reste dominant et il prend les coups. Si une crise survient, de l'extérieur nécessairement – par exemple la perte d'un client –, il interroge ses deux cercles et prend une décision de repositionnement.

C. compte sur deux aides majeures : sa capacité de vision personnelle, « quand on n'est pas dupe, il n'y a pas d'échec » et sur les compétences de ses collaborateurs, sélectionnés suivant des critères d'engagement et de résultats rigoureux.

Sa plus grande peur est l'isolement : à 16 ans il se sentait seul et rêvait d'avoir une maison, de faire des voyages. Son obsession est de créer des réseaux pour avoir de l'information.

La confiance de sa famille est son moteur, la seule chose qui pourrait le faire renoncer serait liée à la perte de confiance de sa famille.

Le chemin qu'il parcourt est un chemin de création de lien, de consolidation d'alliance pour générer de la croissance.

Son plan d'action est de positiver, de promouvoir l'idéal, de contrôler sa colère, de cesser de jouer la politique de la terre brûlée.

Sa devise : « Viens chez moi, tu seras bien accueilli si tu as de l'argent. » Son entreprise s'appelle La maison de tout le monde.

Les réactions des clients : surpris par l'innovation, des actionnaires : satisfaits du rendement, des collaborateurs : ils donnent beaucoup et ils reçoivent beaucoup.

- Feedback de départ : « J'ai joué le jeu et compris que mon chemin était de construire des alliances. »

PCM

C. est Travaillomane, puis Persévérant, puis Promoteur, il est donc organisé, tenace et indépendant, mais il manque de Rebelle, de Rêveur et d'Empathique, il a donc des difficultés dans l'improvisation, l'analyse approfondie et l'expression de ses sentiments.

Sa famille voulait l'orienter vers la restauration, il a toujours voulu faire de la vente.

- Feedback de départ : « Je comprends mes forces et je comprends aussi que sous stress je projette mes propres difficultés. »

MB raconte l'histoire du compagnon de Bouddha, Angoulimala, qui au début de sa vie a tué 999 personnes par peur et qui en analysant sa peur l'a calmée et est devenu le plus pacifiste des hommes.

Travail sur les recommandations pour passer du manager au leader

C. a un challenge : à partir du mois prochain, il change de niveau hiérarchique et doit communiquer sa motivation à ses collaborateurs qui sont d'anciens pairs. Il se rend compte qu'il ne part pas de ses qualités, mais de ses peurs du jugement des autres, de perdre le contrôle, de manquer d'informations…

Il décide de s'appuyer sur son dynamisme et sur son sens de l'analyse pour remotiver un collaborateur aigri et risquant de profiter de ses risques d'impulsivité.

Il se rend compte que dans une situation où il n'est pas irréprochable, il ment avec aplomb.

Il décide de garder sa fermeté pour reconnaître ses torts sur des points mineurs et rebondir en valorisant ses actions positives.

Il trouve contradictoire d'imaginer des scénarios catastrophe. MB rappelle qu'un leader doit savoir surprendre et changer de registre managérial.

Il réalise qu'il est très dépendant de son image. Il décide de comprendre comment elle se construit pour la gérer et ne pas en dépendre.

- Feedback d'arrivée : « J'ai eu une réunion importante, je savais mon texte et je pouvais regarder ce qui se passait pour réorienter mon discours, j'étais calme, je faisais des silences, je vivais une sensation nouvelle, j'ai surmonté mon stress de manquer de temps pour apprendre mon texte, je n'ai cherché à imiter personne, j'étais en contact avec moi et avec les autres, mon chef m'a félicité pour mon adaptabilité aux différents publics qui composaient la salle ».

MB : Quelle est l'image que ta future équipe a de toi ?

C. : Efficace, tenace, mais multipliant trop les points de contrôle. Je sais que jusqu'à maintenant, j'ai réussi par ma vigilance, mais qu'à l'avenir je réussirai avec la confiance de mon équipe.

Qu'est ce que tu crains ?

Hier, j'ai joué à « battez-vous ». Avec ce jeu de pouvoir, j'ai gagné la confiance de deux personnes mais sur le court terme. Mais je ne crois pas aux promesses, chacun fait passer soi avant l'autre. Je dois prendre du recul sur ces stratégies de pouvoir qui peuvent se retourner contre moi. Je dois aussi manager mon manager… Mon chef est déstabilisé et frustré par le nouvel organigramme qui lui retire du pouvoir pour le donner à un opportuniste orgueilleux qui sera le nouveau directeur du développement. Je l'ai écouté. Je sais que cet orgueilleux ne va pas réussir par manque de sens concret, et je souhaite dans deux ans, quand j'aurais fait mes preuves à la direction commerciale régionale, reprendre son poste. Je sais que mon chef n'a pas peur de moi et qu'il peut m'aider à construire. »

Comment réussir sans écraser ?

C'est possible, en gardant sa force de frappe, en anticipant, en disant sans tout dire pour contrôler et faire avancer en s'adaptant à son interlocuteur.

- Feedback de départ : « Je retiens que pour développer la confiance, il faut écouter, provoquer le dialogue pour calmer les peurs et que c'est cette confiance qui favorisera l'efficacité de l'équipe. »
- Travail sur la confiance en soi
- Feedback d'arrivée : « Ma prise de poste a lieu dans quinze jours, j'ai le nez dans le guidon, j'ai peur, quand j'aurai encore plus de travail de ne pas pouvoir tout contrôler, peur que cela aille trop vite et que je sois déstabilisé, peur de décevoir les attentes, de perdre la confiance de mes équipes. »

Qu'est ce qui te mettrait dans une posture de confort ?

> Être à l'aise pour moi c'est produire. Si je n'arrive pas à produire assez vite, j'ai peur d'en prendre une, je préfère me mettre à distance, narguer de loin.

Comment mettre des règles claires en étant gentil ?

> Parfois avec mon fils, je fais comme ma mère, je souligne le négatif, ce n'est pas encourageant, j'ai peur qu'il échoue dans ses études.

Comment réagit-il ?

> Il proteste, il est déçu. Je devrais lui dire que je vois qu'il est déçu, lui proposer de faire cela ensemble, ce serait dix minutes de bonheur !

- Feedback de départ : « Je retiens que je suis capable de traverser mes peurs, que je vais organiser le travail de façon positive pour chacun de mes équipiers afin de déléguer en confiance. »

Quel est le point le plus important que tu dois préparer ?

- Feedback d'arrivée : « J'ai été présenté hier à la convention nationale pour mon nouveau poste mais je ne prendrai mes fonctions qu'en septembre afin de me préparer. »

> Apprendre trois nouveaux métiers que je devrais contrôler pour ne pas me faire balader. Et surtout continuer à apprendre à négocier. J'ai commencé, je perçois mieux l'objectif de l'autre, je prends du recul, je souris intérieurement pour rassurer, je fais le premier pas et l'autre continue.

Avec qui as-tu le plus de mal ?

> Avec le directeur marketing, il est abstrait, je veux rester terrain pas seulement stratège pour être un moteur pour mon équipe.

Que vas-tu faire avec ce pair pour huiler les interfaces ?

> Je vais penser à l'intérêt à long terme au lieu de vouloir me mettre en compétition !

- Feedback de départ : « Avec ce coaching, j'ai découvert comment travailler sur moi, je suis plus ouvert, mes enfants se rap-
prochent de moi, ma femme est surprise de ma détente dans
cette prise de poste. Je retiens que je dois expliquer le sens, le
qualitatif pour avoir des résultats, du quantitatif. Je retiens aussi
que je dois bosser sur mon réflexe de créer une baronnie avec
mon équipe pour aider à gérer les interfaces. »

Chapitre 12

Traverser les émotions : deux coachings de dirigeants confirmés

« La vie imite l'art. » (Oscar Wilde)

B., un travail sur la colère, la lucidité et le développement de l'empathie

Le DRH souhaite accompagner B. pour « assouplir sa communication dans un sens plus politique. C'est une collaboratrice qu'il apprécie beaucoup pour son engagement, sa créativité et sa générosité mais dont le comportement peut être mal perçu. Il s'agit donc de lisser un décalage d'image entre ce que B. est en profondeur et ce qu'elle manifeste, à l'occasion d'un passage vers de nouvelles responsabilités, dans un contexte politique complexe. »

B. convient également qu'elle doit « travailler sur son approche interpersonnelle, se montrer plus empathique, plus stratège, moins réactive. Elle n'est pas consciente de l'impact de son énergie qu'elle déploie sans intention négative. Elle ressent le besoin de prendre une dimension supérieure à l'occasion de sa prise de poste de DRH à l'étranger, dans un contexte inédit, puisqu'elle ne connaît ni la langue ni le directeur. Elle voit cette situation comme une opportunité pour agir de façon moins réflexe et avec une posture plus en recul. »

MB propose un accompagnement sur le savoir être, l'identification de ses forces et de ses axes d'amélioration, sur les schémas cognitifs limitants, sur la gestion du temps et du stress, sur la fixation d'objectif, sur l'assertivité, sur le positionnement systémique, sur la pédagogie d'un dirigeant, sur le plan d'intelligence politique, sur la négociation avec soi et sur la modification du comportement pour passer de la conviction à la contextualisation.

MB expose le cadre, les valeurs et la pédagogie, les cinq excellences d'une communication de qualité pour une évoluance mutuelle, cinq protections de nos peurs pour sortir de la confusion d'esprit, de la sécheresse de cœur, de la baisse d'énergie du corps :

– excellence de l'espace pour s'émerveiller et prendre toute sa place ;
– excellence du temps où chacun fait le cadeau de sa présence ;
– excellence de la relation où chacun possède sa lampe d'Aladin, faisant de la rencontre une œuvre de transformation en sortant de la confrontation (quelle attente, quel manque à combler, quel apport ?) ;
– excellence de la question posée et de sa pertinence : à quoi tu tiens, qu'est-ce qui te prend, qu'est-ce que tu entreprends, qu'est-ce que tu entretiens pour s'approcher, écouter, valoriser, accomplir ?
– excellence des valeurs pour agrandir sa vie, se responsabiliser, devenir maître de soi en ne jugeant pas, en acceptant sans subir, en donnant pour recevoir, en se détachant de ce qui n'est pas important.

B. dit son étonnement que le DRH ait choisi pour elle une femme coach, compte tenu d'une mauvaise expérience précédente lors d'une prise de poste il y a dix ans, où elle attendait des recettes, mais n'a rien trouvé d'utile. B. est plus à l'aise dans un milieu masculin, plus direct et plus clair.

Le DRH lui a dit : « MB est très douce extérieurement et très forte intérieurement, c'est ce dont tu as besoin ! » MB demande quels apprentissages tirer de cette première expérience : « Poser le cadre, ne pas tester le coach, ne pas entrer en rivalité », répond B.

MB l'interroge sur sa fratrie. B. dit qu'elle est fille unique, petite fille unique, élevée par une grand-mère la comparant aux autres enfants et les valorisant, avec une mère travaillant beaucoup. B. a 40 ans.

Le photo-langage

MB propose le photo-langage pour trouver une métaphore éclairant l'état présent et l'état désiré.

État présent : un saut avec effort. Une métaphore pour passer un cap, pas facile mais possible, j'ai besoin d'un coaching entraînement. B. pratique le handball en compétition.

Les rumeurs du groupe la disent énergique mais peu politique, elle le revendique comme une valeur, ce n'est pas possible d'être bien avec tout le monde ! « Je déjeune avec des amis, pas avec un réseau, ici on déjeune pour « réseauter ». Les gens qui m'énervent infantilisent, manipulent pour avoir des informations, ne tiennent pas leur parole, sont opportunistes. »

MB propose de les remercier, de voir quand elle peut être ainsi et d'envisager quels en seraient les avantages. MB demande ce qui pourrait la faire renoncer à ce saut. B. affirme que rien ne pourrait l'arrêter, même une grave maladie, – elle a eu un cancer à 30 ans –, ni un grave accident – à 25 ans, elle conduisait et a été polyfracturée ; l'un de ses passagers est mort.

Elle a déjà passé des caps, mais là il faut aller plus loin dans les conditions physiques, il faut moins faire d'impasse dans l'examen. MB propose d'analyser les obstacles.

« Le regard des autres, dit-elle, mais ils ne me disent pas quoi travailler, je ne sais pas comment les faire changer de perception. On me dit que je dois être plus posée, que tout doit bien se passer, mon hyperactivité déstabilise. C'est impossible d'avoir des résultats en étant gentille, un DRH n'est pas une assistante sociale, on n'est pas dans le monde des Bisounours, on n'est pas là pour faire plaisir ! J'ai fait une formation au coaching sur 6 jours, avec

6 heures de supervision, j'ai vu qu'un collaborateur a ressenti un vif écho de mon exigence à partir de son éducation, je lui disais qu'il pouvait y arriver, lui a senti que la barre était trop haute et qu'il était nul. Maintenant je me dis que je n'aurais pas dû le recruter, qu'il manquait de maturité à cause de son éducation trop protégée. »

État désiré : sauter au-dessus de la barre avec un skate. Une métaphore de la facilité, du naturel.

– Trois avantages : fluidité, souplesse pour revenir au bon moment, capitaliser pour aller plus loin, acceptation de l'environnement sans affrontement.
– Trois obstacles : perception des autres, technique d'assouplissement, manque de temps il faut aller vite.
– Trois actions pour surmonter les obstacles : « Faire des actions marquantes en présentation, lors d'événement en changeant de couleur, déployer une stratégie de contournement dans le contexte miné du nouveau pays où je suis nommée, dans lequel l'ancien DRH a été complice de malversation par négligence, tout doit être prêt en mars. Mon époux – DRH également – fera une pause professionnelle, je vais devoir le supporter. Mon n+1 peut me soutenir, mon n+2 est ambigu, il a bloqué mon évolution tout en la promouvant. »

• Feedback de départ : « Je mesure l'étendue des dégâts et les trucs à faire, je veux passer de là à là, vite. Comment ? Je ne sais pas ! »

MB propose de prendre son temps, de travailler sur des situations concrètes pour passer de la posture d'effort à la posture de souplesse. B. pense qu'il est difficile pour elle de détacher des moments de vie.

B., à la demande de feedback de MB répond : « Je ne me sens pas mal, ce qui est un bon début, à peu près en confiance ce qui est normal, mais avec une sensation de tourner en rond, de ne pas voir de résultat assez rapide. »

MB explique que le coaché est responsable du résultat, que B. doit être plus douce avec elle pour ne pas saboter son coaching ni la relation. MB prend le parti de la douceur, affirme sa confiance dans les possibilités de réussite. B. semble touchée.

MB souligne le débit accéléré de B. et lui propose de parler plus lentement, lui demande d'imaginer ce que l'autre peut ressentir face à une pensée et une élocution rapide, CP dit qu'elle n'est pas la plus rapide dans son organisation, MB affirme que nos difficultés proviennent de notre habitude à faire des comparaisons, à se situer au-dessus ou au-dessous. B. prend précieusement l'information et décide de l'expérimenter.

Supervision de MB

MB s'est sentie épuisée. Lors de sa supervision, elle se propose de travailler :

– sur le processus parallèle ;
– sur les positions de vie, la position où chacun serait gagnant ;
– sur toujours plus loin, plus haut, pour accepter le réel et lâcher prise ;
– sur la différence entre performance et perfection : une performance est une atteinte d'objectif avec le minimum de souffrance et le maximum de plaisir. Dans la performance il existe toujours des axes d'amélioration. La performance demande de la vigilance, de la présence à l'instant, de la conscience des axes d'amélioration, de la détente ;
– sur comment construire une situation de rivalité, de parité ;
– sur comment échouer dans la relation, au Portugal ;
– sur les avantages et les inconvénients de la dureté ;
– sur une gestalt avec un patron ou un collaborateur imaginaire en situation de conflictualité ;
– sur la peur d'échouer liée à l'identification au résultat. Le secret de la réussite est la voie médiane, l'engagement sans dépendance ;

— sur l'agrandissement de l'espace intérieur en développant un état d'esprit positif.

Pour le coach : être ferme et douce, entraîner, ne pas donner de recettes.

• Feedback d'arrivée : « Je ne me souviens de rien, je l'ai vécue comme une bulle flottante qui m'a accompagnée pendant quelque temps, je suis incapable de me souvenir de ma décision de fin de l'entretien précédent. »

MB propose à B. de lire son compte rendu et lui demande de réagir.

Quelles sont vos craintes ? « J'ai peur du challenge du Portugal, mais la peur ne me paralyse pas, j'ai une capacité à encaisser, à rebondir devant les difficultés. »

Quel est le rôle d'un RH ? « Pour moi un RH recadre, guide, met en adéquation stratégie organisationnelle et individuelle, développe les collaborateurs, il ne prend pas en charge, il ne fait pas à leur place. »

Que faut-il faire pour que cela se passe bien ? « Il faut prendre le temps de faire passer son message en douceur, parler calmement, oublier ce qui attend sur le feu. Je me sentirai mieux car j'aurai une relation de qualité et moins bien car le reste s'entassera. Comment trouver cet équilibre et surtout éviter une chose que je déteste : ne pas prendre mon temps quand cela ne m'est pas utile. »

MB souligne que « seul l'homme libre a le pouvoir de dire non, l'esclave dit toujours oui ». Malraux

Quels seraient les comportements d'une prise de poste ratée à l'étranger ? « M'enfermer dans mon bureau, construire la stratégie en alliance avec le patron seulement, être transparente et peu habile envers les patrons mouillés dans la malversation précédente, ne pas apprendre la langue, ne pas consacrer de temps à la parole des collaborateurs pour évacuer le ressenti, récréer le projet et le sens. »

Les positions de vie

MB propose le modèle des positions de vie, clé de la communication, pour ne pas se surévaluer ou se sous-évaluer.

B. pense que son n+1 ne pense pas à lui, travaille jusqu'à minuit, construit une relation de qualité mais que les gens en abusent. Elle se demande comment faire avec les « peaux de banane ».

MB propose la pratique de la CNV, communication non violente : dire les faits, dire le ressenti, dire le besoin, formuler une demande.

B. se dit qu'elle va garder cela en mémoire.

Les tops et flops

Top, en 1998 : binôme sympa avec le directeur commercial, ça roule, on construit l'organisation cible, les profils de personnalité des collaborateurs, on décrit le chemin de A à B, notre communication est régulière et confiante.

B. se rend compte que pour elle, construire la confiance demande du temps et que l'attitude qui consiste à ne pas prendre de temps peut être un autosabotage.

Flop, en 2000 : sa n+2, lui dit qu'elle n'agit pas dans le sens souhaité, B. n'a toujours pas compris tous les doubles jeux qui se sont tramés.

Top, en 2002 : un patron à qui on peut dire les choses, qui aide à décoder les processus interactionnels culturels.

Flop en 2004 : conception d'un produit de formation qui a eu un grand succès, mais sa n+1 était une chef rivale déstabilisante, qui l'a traitée de « sous-merde ».

- Feedback de départ : « Je garde que je dois bosser dans un monde méchant, que c'est la réalité et que je dois garder ma stabilité intérieure. Je garde également que le temps n'est pas extensible, que je peux construire un temps de qualité et que je ne dois pas accepter que l'on me rajoute des objectifs. »

Le dialogue des polarités

• Feedback de d'arrivée : B. arrive très contrariée par la situation présente : deux DRH hiérarchiques pour elle s'arrachent un jeune cadre à coup de courriels d'influence. B. se trouve entre les deux pour soutenir le jeune cadre et l'aider à prendre la bonne option sans craindre de déplaire. En fait, B. a peur de déplaire à son futur boss fonctionnel. Elle cherche comment lui dire non en élaborant des solutions alternatives, malgré le flux tendu sur les recrutements internes. Elle s'interroge : comment être honnête et choisir ses batailles ?

MB propose de travailler sur un dialogue de polarités pour réconcilier des tendances contraires.

Quel serait l'animal que vous aimeriez mettre sur votre blason pour vous représenter ? Une chimère qui serait un mélange de chat et d'aigle, à la fois agile et vivant en hauteur, dans une maison et dans un nid, dehors et dedans, indépendant et social dans des limites personnelles, ayant un territoire de repli si nécessaire.

Quel serait l'animal qui serait son contraire ? Un poisson vivant dans l'eau avec d'autres poissons, limité dans son champ d'action.

Que se reprochent-ils ? Le chat-aigle : « Comment peux-tu vivre dans l'eau glacée, viens avec moi. » Le poisson : « Je ne peux pas quitter la mer. »

Comment pourraient-ils unir leurs forces ? Ils peuvent partager leur connaissance de leurs univers respectifs pour connaître le monde et jouer…

B. ne voit pas l'intérêt de ce jeu, elle ne se sent pas imaginative.

• Feedback de départ : B. se sent comme une pelote de laine emmêlée. Elle pense cependant pouvoir dire non tranquillement à son DRH en décodant les jeux d'acteurs et en clarifiant les enjeux.

PCM

* Feedback d'arrivée : B. souffre de son dos. MB lui propose d'écouter les signaux de son corps et d'accepter sans subir. Le sport lui manque pour se détendre et se défouler.

MB propose de travailler sur ses enjeux de communication avec la PCM, pour accepter sans subir.

B. est en base Rebelle, puis Persévérante et Promoteur : cela crée une complexité, le haut de son immeuble est Empathique, Travaillomane, Rêveuse.

Elle se sent en effet créative, tenace et capable de rebondir. Elle a moins d'énergie pour :

– écouter car cela fait perdre du temps !
– pour organiser, c'est ennuyeux !
– pour faire de la métaphysique, dans sa famille d'immigrés, on doit gagner sa vie pour survivre !

Elle se sent efficace quand cela bouge, quand elle est en interaction et en cohérence avec ce qui est important pour elle.

Elle est motivée par ce nouveau départ, ce changement de poste, de pays, de langue…

Elle se sent piégée dans un consensus mou qui ménage les susceptibilités.

Elle est démotivée, quand, comme ce matin, une directrice d'usine bloque une super opportunité pour un jeune cadre par une stupide gestion des effectifs et du développement des collaborateurs.

* Feedback de départ : B. retient de trouver une énergie de remplacement en dehors du sport. Elle décide de diminuer l'éner-

gie de l'Enfant Rebelle en elle en montant celle de L'Enfant Soumis, en peaufinant ses dossiers.

TPOV

• Feedback d'arrivée : B. souffre de son dos, elle est épuisée, elle a de multiples charges, gérer son poste, sa famille, son déménagement.

MB lui propose de prioriser : elle choisit quatre heures par semaine, en dehors des cours pour l'apprentissage de la langue étrangère, quatre heures pour faire une analyse chiffrée de la situation du pays, un jour pour rencontrer les personnes clés du Codir après avoir appelé le DRH pour clarifier sa propre situation.

MB propose TPOV pour prendre du recul par rapport à l'opérationnel et développer une pédagogie de dirigeant.

En reliant top et flop, dialogue de polarités, PCM, énoncez vos idées, valeurs et type d'énergie pour aborder votre prise de poste :

Idées stratégiques : leviers de réussite. Créer une ambition commune qui mobilisera une énergie positive pour la réussite du business et des hommes qui le créent, en restaurant la confiance envers la direction. Créer un univers dynamique, où l'on a l'impression de progresser, avec des bulles d'écoute dans lesquelles on se ressource. Une alternance de rythmes rapides et de balade tranquille, une piste noire et un chocolat chaud !

Valeurs : leçons d'expérience. Humilité d'abord, être certaine que je ne sais rien, mettre mes sens en éveil pour décoder. Et ensuite éthique, dire et agir dans un but écologique, de respect. Boire le chocolat chaud sans jeter le gobelet en plastique derrière son dos !

Énergie : mode de fonctionnement pour mettre en œuvre ses valeurs. Pragmatisme : ne pas se disperser sur des enjeux mineurs, déboucher sur des actions concrètes et efficaces (*straight to the point*). Donner une vision du but à atteindre, du pourquoi et vers où on navigue ! Prendre les premières décisions justes qui rétabliront l'énergie, en donnant confiance dans le fait que les choses peuvent changer, évoluer.

Être un équipage où chacun est interdépendant, sécurisant pour les autres et mobilisant une énergie commune.

* Feedback de départ : B. retient de faire une *to do list* pour son déménagement et d'élaborer une ligne de conduite pour agir avec détachement grâce à TPOV. Elle se sent sereine en partant.

PIP et gestion de la colère

MB propose de travailler sur son PIP puis sur la gestion de la colère.

* Feedback d'arrivée : B. arrive épuisée, avec une tension très faible, elle se blottit dans son châle en parlant, son déménagement et sa rencontre avec les différents acteurs de son nouvel environnement la troublent.

Elle doit arriver sereine pour avoir l'esprit clair, mais elle se prépare à faire l'inverse. Elle a l'impression d'avoir tout sur le dos, préparer les dossiers de son successeur qu'elle ne connaît toujours pas, gérer ses urgences opérationnelles, et motiver son mari qui ne la soutient pas pour son déménagement et qui semble se réfugier dans son imaginaire par crainte du réel.

Dans son nouveau poste à l'étranger, une personne lui pose problème, un directeur de branche, nommé M., qui ambitionnait de devenir directeur pays et qui semble avoir été impliqué dans le scandale passé de détournement de fonds. B. se demande comment l'emmener avec elle alors que, venant du siège, elle sera nécessairement perçue par lui comme une ennemie. Elle se prépare à lui dire qu'elle est là pour rendre le pays visible et faire réussir tout le monde. Le nouveau directeur pays, nommé G., réfléchit vite et a une bonne sensibilité RH, il peut être un allié. Le directeur de la branche luxe, nommé L., était là avant, mais son influence est faible. Elle doit rencontrer au siège, à Paris, différents directeurs pour glaner des informations sur son nouveau poste et créer une relation de confiance afin d'apporter le meilleur service possible.

Son esprit est confus.

MB lui rappelle que dans son esprit elle est seule avec elle même, que personne ne peut la déranger, qu'elle peut y mettre la couleur du verre à moitié rempli ou celle du verre à moitié vide, que certainement les pressions extérieures existent, mais que cela n'est pas nécessaire d'en rajouter ! Elle lui raconte l'histoire d'Archimède, le champion de la couleur d'esprit du verre à moitié rempli : le roi pense que son joaillier l'a trompé sur le poids d'or de sa couronne et somme Archimède, son fidèle savant, de le vérifier avant vingt-quatre heures sous peine de mort. Archimède dit à son serviteur : « Fais-moi couler un bain, afin que je profite des derniers instants de ma vie. » C'est dans cet état d'esprit de détente qu'Archimède découvre son fameux théorème des corps immergés qui lui permettra d'évaluer le poids d'or de la couronne du roi.

MB lui propose alors de travailler sur sa colère, sur sa relation à l'autorité, et sur la posture d'accepter sans subir. Elle rassemble les causes et les circonstances de son agitation pour négocier avec le réel, puis se calme.

- Feedback de départ : « Je dois calmer le jeu, je vais voir si j'y arrive avec mon mari, mon enfant, mon assistante, mes collègues, mes chefs… »

La dernière séance

C'est la dernière séance, le n+1 ne peut être présent, étant à l'autre bout du monde, MB s'attend à des risques de retour en arrière. B. parle lentement et doucement, contrairement à son habitude, elle est souriante et reconnaissante.

MB lui propose de découper son temps en étapes à court terme, en petits pas précis pour éviter l'obsession, pour retrouver son énergie d'action et son désir de réussir, de travailler sur la construction de ses alliances et sur la visualisation de sa journée de

lundi : l'arrivée en taxi pour ne pas se perdre, les entretiens individuels le matin avec chacun des membres de son équipe, une jeune
femme est d'après ses informations celle sur laquelle elle pourra
s'appuyer, la réunion de budget l'après-midi pour passer en revue
tous les projets devant les directeurs de zones et sentir la température, un dîner le soir avec l'équipe et le directeur pays en utilisant
les trois langues, français, anglais et la langue du pays, qu'elle ne
maîtrise pas encore.

- Feedback d'arrivée : « Mon mari est toujours aussi passif...
  Notre appartement n'est pas prêt, nous serons à l'hôtel pendant
  quinze jours, c'est cela l'interculturel m'a dit mon patron !
  J'arrête vendredi à Paris, je reprends lundi à l'étranger, je n'ai
  pas eu de temps de préparation, j'ai essayé de le demander, je
  n'ai pas été assez ferme ! Je n'ai pas de successeur, cela me préoccupe d'avoir construit et que cela tombe, car après je serais
  gérée par ces gens-là ! Je n'ai jamais été aussi épuisée... »

B. a la sensation d'aller vers l'inconnu, sans rien sur quoi se raccro-
cher, la sensation de ne pas être prête.

MB lui montre qu'elle a accepté ce poste, que rien ne pouvait
l'arrêter, que c'est un poste qui représente un signe fort de reconnaissance et que le chemin se construit en marchant quand on
possède son courage.

- Feedback de départ : « Je me dis d'abord que je n'ai pas tout fait,
  que donc je n'ai rien fait. Ensuite je me dis que je ne peux
  compter que sur moi. Je retiens que je dois être ferme, me protéger et construire mes alliances. Je pars sur ce chemin, merci ».

E., dépasser son besoin de reconnaissance et débloquer ses émotions

Un cas de coaching de transition de dirigeant devant travailler sa
communication et son sens politique à l'occasion de sa prise de
poste pour dépasser son besoin de reconnaissance et le blocage de

ses émotions. Le DRH souhaite accompagner E. pour « développer une communication plus enthousiaste et concrète mais aussi plus politique ».

E. convient également qu'il doit « prendre du recul pour gagner en efficacité en acceptant les règles de communication, qu'il doit aussi moins s'épuiser, moins prendre sur son temps personnel ».

MB propose un accompagnement sur le savoir être, l'identification de ses forces et de ses axes d'amélioration, sur les schémas cognitifs limitants, sur la gestion du temps et du stress, sur la fixation d'objectifs, sur l'assertivité, sur le positionnement systémique, sur le plan d'intelligence politique qui représente une intelligence sensible et non une incitation aux jeux de pouvoir, sur la négociation avec soi et sur la modification du comportement pour passer de la conviction à la contextualisation.

MB lui explique le cadre, la pédagogie, et les basiques de l'analyse transactionnelle. L'analyse transactionnelle nous a appris qu'à l'intérieur de nous-même, nous avions trois états de notre conscience : un Parent qui juge à partir de messages contraignants, un Adulte qui réagit au présent et un Enfant qui ressent et crée. Dans cette investigation des émotions, c'est donc à l'Enfant Libre en nous que nous nous adressons pour comprendre ce qui nous anime et ce qui anime l'autre, c'est ainsi que nous pourrons développer notre » intelligence émotionnelle ». Car la puissance personnelle est bien davantage en lien avec l'émotion qu'avec le contrôle.

Pour cela il est nécessaire et essentiel de calmer notre Parent critique interne, qui attaque notre estime de soi et celle de notre entourage afin d'être davantage en contact avec nos souhaits plus qu'avec nos obligations qui nous conduisent vers des jeux de pouvoir.

Un second concept important en analyse transactionnelle et en développement de l'Intelligence émotionnelle est celui de signes de reconnaissance (ou strokes) qui peuvent être positifs : je t'apprécie ou j'apprécie ton travail ou encore négatif : ton travail est mauvais, ou pire, tu es nul !

Conviction d'arrivée de E. : « Je ne veux pas m'inscrire dans la culture d'entreprise que je qualifie de brutale, j'ai un management consensuel. »

À l'occasion de l'entretien annuel d'évaluation, son hiérarchique lui dit : « J'attends de toi que tu tapes du poing sur la table avec tes collaborateurs et que tu mettes en copie ta hiérarchie. »

Il convient : « Je dois progresser, je plafonne, mais je ne crois pas à l'humiliation, les cadres dirigeants sont cyniques. Pourquoi est-ce que je n'agis pas ainsi ? J'ai peur si je mets en copie de me fragiliser. Ma vie affective prend le dessus, les grands patrons mettent leurs affects à distance. »

Le photo-langage

MB propose le photo-langage pour qualifier l'État Présent et l'État Désiré :

E. choisit en État Présent la manifestation : « Je n'accepte pas les règles » et en État Désiré « le groupe de danse avec son coach noir, je veux affirmer ma différence. »

Il poursuit : « Je ne suis pas en difficulté mais je reçois des reproches que je ne joue pas la hiérarchie, que je suis un baroudeur, que je me mets à dos mes supérieurs, cela m'amuse, c'est comme avec mes parents. Mais je me dis aussi que je suis idiot, que je prends des risques, que j'atteins mes limites dans mon groupe, que je dois me discipliner, que je dois gagner en efficacité en acceptant les règles de communication de base, que j'ai vécu dangereusement, que je dois faire des compromis et jouer le réseau. Je me dis aussi que je dois moins m'épuiser, moins prendre sur le temps de ma famille et de mes loisirs. L'avantage de la rébellion est l'amusement, l'inconvénient le peu de gain. Quand je suis en difficulté, je ne veux pas mettre en copie, je demande du temps. Mon prochain poste n'existe pas encore, il s'agira de moderniser les structures, je dépendrai du vice-président chargé des finances, il est jovial. »

MB propose de travailler sur la connaissance de soi et de ses besoins, la PCM, la gestion du temps, le plan d'intelligence politique (PIP).

En sortant de la première séance, son plan d'action est de donner davantage de feedback à sa hiérarchie.

MB souligne qu'en voyant un second coach, comme le groupe le demande, il a une occasion de respecter ses valeurs en respectant la culture.

- Feedback de départ : « Je me sens bien, c'est difficile de parler de soi mais c'est intéressant, je suis content. »
- Feedback d'arrivée : E. arrive en disant qu'il a rencontré le second coach comme le demandait le groupe, il a été étonné de son message : « Si vous êtes bien avec le premier coach, faites attention ! C'est que vous n'êtes pas prêt à vous dévoiler. » Cela l'a fait réfléchir.

E. considère que ce coaching est une chance pour prendre du recul, la première séance lui a permis de mesurer le décalage entre sa perception de lui et l'image qu'avait de lui la DRH.

Il a donc posé la question à des collègues : « Quelle a été ta première perception de moi ? » Consultant, donneur de leçons, faisant de beaux discours, superficiel et arrogant. « Quelle a été ta perception ensuite ? » Opérationnel, actif et responsable.

« En sortant de la première séance mon plan d'action était de donner davantage de feedback à ma hiérarchie. Il y a deux jours, j'ai donc présenté les points de difficulté pays par pays, mon chef a envoyé un mail incendiaire et les collaborateurs se sont mobilisés. J'étais conscient de cela, mais je ne le faisais pas pour protéger mes équipes et pour me protéger. On est fragile quand on n'a pas encore atteint son objectif, on est plus solide quand on est plus mature dans l'avancée du projet. La concurrence en Asie dans le monde de la beauté est brutale et féroce : les produits européens, américains et asiatiques. Pourtant j'aime l'Asie, leur confucianisme, leur sens éthique, leur sérénité. Mais les consommateurs sont très exigeants ».

Le cycle de Hudson

E. pense qu'il est en étape 7, de changement = 1. Il dit qu'il rebondit facilement dans les situations difficiles.

Il se souvient d'une situation, jeune consultant, à 29 ans, en Afrique : seul, son associé l'ayant abandonné, devant un dilemme : présenter une communication imparfaite devant le ministre de l'Industrie, ou quitter pour toujours le pays. Il s'en est très bien sorti.

Ou encore à 38 ans, dans le groupe, en Chine, il a fait le choix éthique d'annoncer au président le trou financier caché par son n + 1. Son président lui a confié la tâche de redressement de la situation.

Il dit aussi qu'en prenant de tels risques, on se met les gens à dos, car tout le monde se tient. Il convient qu'il manque de sens politique, qu'il doit construire son réseau pour se protéger, qu'il aurait dû aller voir la DRH avant.

Les tops et les flops

MB propose les tops et les flops puis demande à E sa définition de la réussite. Il évoque l'atteinte des objectifs matériels, de développement d'équipe et de reconnaissance du n + 1.

Il se souvient d'un flop retentissant en 1999 : il est allé trop vite, il a brutalisé ses équipes, la vision était bonne mais la démarche catastrophique, il fonctionnait bien avec son patron, mais celui-ci était dangereux. « Par manque d'écoute, on a eu des grèves, je me suis dit qu'il fallait tenir dans la tempête, j'ai ressenti de la culpabilité, je me suis comporté en assumant. J'ai appris l'erreur de la vitesse, de la non-explication et de la non-vérification jusqu'au bout. J'ai eu une traversée du désert pendant deux ans, après cela j'ai été en Chine avec le sentiment d'être au fond de la cave ! »

MB souligne que c'est cela une étape 8.

« En 2006, j'ai eu le même flop de marasme, de non-maîtrise, de non-aboutissement de projet, je savais que j'allais rater. J'ai rencontré un sage chinois en juillet 2007 qui m'a dit que j'allais dans tous les sens, que je déroutais tout le monde. Il m'a conseillé chaque matin de me fixer un seul objectif et aller jusqu'au bout. Un formateur en communication m'avait dit la même chose : prenez le temps d'une pause, de poser votre regard. »

MB explique le schéma d'identité et le message contraignant qui l'habite : « Fais effort. » Il convient que sa sœur était brillante et que ses parents se disaient : il va rater !

• Feedback de départ : « Pour la première fois, je pose mes valises d'homme pressé, je me sens serein maintenant pour analyser mes erreurs, je suis preneur d'axe d'amélioration, je me dévalorise. »

Si j'étais une entreprise...

• Feedback d'arrivée de retour d'Asie : « Je me sens fier devant l'éloge de mes patrons, fier d'avoir su faire travailler ensemble des Japonais, des Coréens et des Chinois qui se croient les meilleurs avec une recette, le respect et la confiance, avec un esprit réseau qui consiste à accepter de donner et de recevoir si sa solution n'est pas retenue. Acheter n'est pas négocier, c'est analyser une demande, c'est un travail en amont avec les fournisseurs, j'ai appris la fermeté dans un style consensuel. La fermeté paye, donner l'info sans agressivité, sans peur de ne pas être aimé. Mon problème est de m'engager sans m'identifier, je suis piégé par moi-même, par la crainte de recevoir des critiques. Je suis comme mon fils, j'ai peur de l'échec. J'ai eu un problème de dépression hypothyroïdienne, c'est de plus en plus fréquent chez les cadres pressés. »

E. : « Je fabriquerais de belles choses, des meubles demandant du temps. Je serais une entreprise familiale de seconde génération appelée Rouletabille, une entreprise artisanale avec des anciens, des compagnons et des jeunes plus rapides. Ils partagent le même goût du beau mais pas à la même vitesse. Les anciens tiennent la boutique, les jeunes se font engueuler. Un jeune émerge, crée du nouveau, attend la réaction, catastrophe, les anciens ne sont pas prêts à remettre en cause la tradition. Le patron est clairvoyant, accepte le risque, il convainc son Codir du fait que le monde bouge, il demande au jeune de progresser en compétence technique pour asseoir sa bonne idée. Le patron crée une nouvelle gamme de produits plus sobres, japonisants et cherche une autre forme de distribution en dehors des magasins traditionnels, par exemple les hôtels. L'entreprise change de nom, Zen… et reprend un second souffle. Cette histoire parle de moi, de mon envie de ne pas être arrogant, mon groupe s'est amélioré sur l'éthique, avec des actes de solidarité. »

- Feedback de départ : « Je me sens de plus en plus positif, je ne dois pas me dévaloriser, mes parents avaient si peur que je ne réussisse pas ! Mon nouveau chef rattaché au VP Logistique me demande d'identifier des priorités pour des questions qu'il n'a pas résolues depuis 4 ans ! »

Teachable point of vue (TPOV)

- Feedback d'arrivée de prise de poste depuis 3 jours : « Les choses changent, les gens me trouvent génial, quelque chose change dans le groupe, il y a départ à la retraite des politicards, les jeunes sont plus dans une logique d'action positive. Le modèle de valorisation du précédent patron montre ses limites, on a sacrifié les investissements, ma nouvelle fonction Achat devient stratégique. Le groupe s'est construit sur la concurrence interne de nombreuses marques pour être réactif, l'innovation permettant l'augmentation des prix. Le patron a besoin des gains des achats pour réaliser ses objectifs. »

Mon idée stratégique : « Je veux créer du nouveau à l'image de la page blanche. Simplifier à l'image du jardin zen avec persévérance, courage et sens pédagogique. Achats : 4 milliards d'euros, gain de 5 à 10 %, 2 points de marge. Mon changement stratégique est de partager pour éviter les surcoûts, d'utiliser l'innovation des fournisseurs comme les concurrents. »

Mes valeurs : « Je recherche l'harmonie dans la diversité, comme dans le jardin japonais où s'accordent les pierres, les arbres, les perspectives et la ligne d'horizon. Mon changement culturel s'exprime à travers le respect des fournisseurs, le travail collaboratif pour utiliser le meilleur de chacun, l'humilité, le travail en essai, les erreurs. »

Mon type d'énergie : « Je suis motivé par les surprises et démotivé par la routine, je mets en place un cadre de surcommunication avec tous afin que les règles du jeu soient claires. Si un problème se manifeste, j'ai une règle qui consiste à ne pas agir à chaud. Mon comportement se caractérise par l'étonnement pour démêler la complexité et contourner les obstacles afin de construire quelque chose de durable et de beau. Paysan et poète depuis 15 ans : esprit d'étonnement, d'optimisme, de réactivité. »

Feedback de départ : « Comment communiquer sans s'enliser dans un discours technique. PIP est un outil utile, concret, précis, lié à soi, qui prend sens au fur et à mesure de la progression, je dois communiquer avec plus d'exemples et de cœur pour ne pas apparaître ennuyeux, retrouver mon âme d'enfant et enlever ma barrière protectrice de technocrate. »

PCM

Feedback d'arrivée : « C'est énorme ce que j'ai à faire, cela a été mal géré, cela part dans tous les sens et je réagis à tout, c'est intéressant mais je suis fatigué : faire un diagnostic organisationnel, faire un budget financier, monter une équipe de 300 personnes, faire un plan de communication pour rendre les objectifs explicables... Les achats représentent 70 % du prix de revient. Avant on achetait en commun, dans une culture décentralisée, c'est très coûteux, il faut recentraliser. Le Comex a annoncé aux actionnaires mais n'a pas communiqué en interne le triplement des achats et la création de quatre plates-formes par zone géographique pour coordonner les marques, cela a créé un électrochoc, on a essayé d'abattre les achats, il fallait calmer la peur. Le groupe change avec le départ à la retraite des "entrepreneurs fous du travail", on a besoin de structure et de transversalité, de mutualiser les fonctions support, de casser les pouvoirs, de mettre fin à ce régime de terreur sans RH où les patrons se piquent les ressources. Le modèle ne tient plus avec les changements de mentalités, l'accroissement de la vitesse et du stress. Mon rôle pour ne pas se faire tuer : factualiser et développer l'art de la gentillesse. »

E. est Persévérant tenace, puis Rebelle malicieux et ayant du mal avec la hiérarchie, puis Promoteur, souhaitant construire du nouveau. Cela génère un conflit interne, source à la fois de charme et de tensions.

Le haut de son immeuble est Empathique, il a une difficulté à exprimer son ressenti, à sa mère d'abord ! Travaillomane, il a une difficulté avec la routine et enfin Rêveur, il a une horreur de ce qui ne débouche pas.

* Feedback de départ : « Je vais réduire la dispersion d'énergie et la sécheresse d'expression des mails. »

En fin de coaching

E. est passé de la conviction à la contextualisation : « Dans ma prise de poste au service achats, je suis en phase avec ma manière de travailler, je ne me censure pas et ma hiérarchie achète. Mon idée de toujours est la transversalité, "le travailler ensemble".

À mes ingénieurs, qui ont peur de perdre leur pouvoir mais qui sont hyper logiques, je propose une méthode : qualifier les relations inter et extra-services sur une échelle de 1 à 5 suivant la fréquence des contacts et enjeux communs et décider quand les relations sont fortes de davantage travailler ensemble pour la réussite collective.

Aux achats, j'ai remis en place une communication claire et "jusqu'au bout". J'ai également créé des groupes de travail pour définir les parcours d'évolution des métiers en lien avec les performances individuelles et collectives.

Nous vivons un changement majeur dans les métiers, les process et la culture, les jeunes ne sont pas prêts comme les anciens à travailler dans ce déséquilibre des temps de vie et dans cette relation à l'autorité.

Mon hiérarchique attend ce changement qui rendrait toute la chaîne hiérarchique plus opérationnelle, en cessant de tout saucissonner pour tout contrôler.

Mes collègues sont surpris de mon arrivée, c'est amusant, il y a dix ans d'écart entre eux et moi !

Mon objectif est d'être un révolutionnaire constructif, j'ai compris qu'il fallait construire une histoire pour que le message passe. Mon image c'est un jardin zen, une grande complexité sous une apparence de simplicité.

En arrivant en coaching, je vivais dans l'inconfort d'un changement, j'ai pris le temps de la réflexion.

J'ai appris deux choses : je n'ai pas besoin de courir derrière la reconnaissance, je dois dépasser ma tendance à bloquer mes émotions. Je m'autorise à être plus proche et plus ludique.

Mon étoile avant présentait une atrophie du cœur et une hypertrophie tête et corps sous forme d'hyper activité.

Je suis plus serein et plus efficace, mon chef apprécie ma résistance au stress, mon apport d'idées nouvelles, je suis moins pressé ! »

MB lui propose d'écrire une lettre à soi-même qu'elle postera dans six mois.

« Merci pour cette belle rencontre sur le chemin de la vie ! »

Chapitre 13

Découvrir le chemin du milieu

> « Les commencements sont des moments
> d'une extrême délicatesse. » (Schiller)

Un cas de communication et de performance améliorée

D. est directeur des achats du groupe, son n+1 est DRH du groupe, membre du Comex. Lors des entretiens annuels, il lui a proposé d'être plus synthétique dans sa communication. Il est en train de changer de n+1 : l'entretien de fin de parcours se fera avec le nouveau qui est le secrétaire exécutif. « Je peux m'améliorer, j'adore la complexité, je veux détailler, or pour mon n+1 le temps est précieux ! »

D., ancien élève de Saint-Cyr, issu d'un milieu ouvrier, aîné de quatre garçons, marié avec trois enfants, 40 ans, apparaît comme un homme concentré.

Son objectif est d'être plus direct dans ses analyses et restitutions, d'augmenter sa confiance en lui et de gérer son stress.

Ses indicateurs de réussite seraient le développement de son écoute et l'adaptation de son message à son interlocuteur.

MB lui souhaite la bienvenue sur l'océan de nos perceptions pour atteindre l'horizon de soi et rester un référent dans un contexte changeant, se présente en s'ouvrant puis expose le cadre, les valeurs et la pédagogie. Elle présente les cinq excellences d'une communication ici et maintenant efficace :

– excellence de l'espace pour s'émerveiller et prendre toute sa place ;
– excellence du temps où chacun fait le cadeau de sa présence ;
– excellence de la relation où chacun possède sa lampe d'Aladin, faisant de la rencontre une œuvre de transformation en sortant de la confrontation ;
– excellence de la question posée et de sa pertinence : à quoi tu tiens, qu'est-ce que tu entreprends, pour s'approcher, écouter, valoriser, accomplir ?
– excellence des valeurs pour agrandir sa vie, se responsabiliser, devenir maître de soi en ne jugeant pas, en acceptant sans subir, en donnant pour recevoir, en se détachant de ce qui n'est pas important.

Le photo-langage

État désiré : un saut, représentant le goût de l'effort, du dépassement de soi, de tester ses limites. D. aime la boxe, le parachutisme.

Travail sur la préparation de l'entretien

D. découvre qu'il se visualise très bien mais qu'il visualise très peu le comportement de l'autre.

Les tops et les flops

• Top : le moment magique de son entrée à Saint-Cyr, entièrement consacré à l'objectif, pas de fête, la préparation de l'oral omniprésente, un sentiment d'excitation, d'une multitude de possibles. Un mot : plénitude ; une image : une étendue d'eau calme.

• Flop : un point mort, un sentiment de promesse non tenue. Le jour de mes trente ans – et de la naissance de mon second enfant –, j'ai envoyé ma lettre de démission, sans autres signaux. Si je pouvais corriger, je serais moins tranchant.

Relaxation sur une situation difficile affrontée en confiance

Je vous propose de choisir une situation difficile de la vie professionnelle : visualisez, imaginez-vous calme, comme dans un cocon… Votre respiration devient régulière, vous maîtrisez parfaitement la situation…

Voyez ce que vous faites, ce que vous dites, le ton sur lequel vous le dites, les silences qui ponctuent vos paroles… Voyez ce que votre interlocuteur vous répond…

Revenez à votre respiration, à votre contact avec le siège… Et décidez, au lieu de vous crisper d'avoir ce réflexe respiratoire. Des images vous aideront à maintenir cette décision, par exemple : je suis dans une bulle d'air qui me protège, je vois les événements de loin, je ne colle plus à la paroi !

Gardez ce sourire intérieur. Soyez le spectateur amusé de vous-même !… Dès que nous sommes dans cette attitude, notre respiration devient calme, notre posture tonique, notre comportement invulnérable à nos affects négatifs !

Tout en restant vigilant à votre respiration, étirez-vous sur une grande inspiration, relâchez, ouvrez un œil, puis deux.

Vous voici maintenant relaxé, capable de vous concentrer à la fois sur l'ensemble et sur le détail.

* Feedback de départ : « Je fais part de mon ressenti, j'écoute, je quitte en meilleurs termes. Je garde dans la pédagogie l'attention et l'intention, je vois moins bien Tête Cœur Corps, je garde aussi l'ancrage. Je me sens à l'aise avec la méthode. Je suis impressionné que le coaching soit si concret et que je reparte avec des clés simplement utilisables. »

TCC et l'étoile de la motivation

Pour représenter la complexité intra-psychique, le coaché identifie comment son étoile brille.

- Tête : les deux cerveaux de la logique et de l'intuition, les savoirs, la créativité, la réflexion sur les choix.
- Valeurs : la spiritualité, le sens de la vie, la place de l'homme.
- Cœur : l'appui sur les émotions, l'écoute des sentiments, la confiance en soi et en l'autre.
- Social : la relation à l'autre, à la famille, au couple, à l'environnement social.
- Corps : la sensorialité, la motricité, la santé, la capacité à se ressourcer.
- Leadership et responsabilité : le pouvoir de conviction, l'influence et l'impact, la volonté, le sens politique.

Entre la tête et le cœur se situent les valeurs, ce qui donne sens à nos choix. Entre le cœur et le corps se situe le social, ce qui permet à nos sentiments de s'ancrer dans un réseau relationnel. Entre le corps et la tête se situe le leadership, ce qui nous permet d'asseoir notre force de conviction pour exprimer notre vision à travers un champ d'influence.

Comment votre étoile brille-t-elle ? Qu'est-ce qui vous motive le plus ? Quelles sont les atrophies ou hypertrophies risquant de déséquilibrer votre énergie, votre efficacité et votre bien-être ?

« Une hypertrophie de la logique et une décision de ne plus censurer son imaginaire en regardant le monde de façon ludique avec son âme d'enfant, en apprenant à perdre du temps en se dégageant des urgences. Une atrophie dans l'expression des émotions et une décision de repérer les occasions ou cela ne coûte pas de se dévoiler, de tomber le masque pour toucher dans son discours. Un bon équilibre de santé physique : trois séances de jogging par semaine. Des valeurs claires de loyauté, de sens de l'honneur et de partage. Une vie sociale un peu trop concentrée sur la famille et les jeunes enfants. Un leadership en atrophie dans sa capacité à influencer ses n+1.Une décision d'apprendre à exprimer une position ferme sans autocensure malgré les résistances. »

- Feedback de départ : « Mon plan d'action consiste dans le fait d'exprimer une position claire et sans détour avec son cœur. Cette approche de la complexité est robuste car les mêmes forces ou limites se manifestent sous différentes formes dans les six zones. Le coaching dans un cadre de confiance représente un gain de temps pour tomber le masque et me permet de récupérer mon énergie donnée au management. »

Le dialogue de polarités

- Feedback d'arrivée : « Je rentre de vacances où mon plan d'action consistant à moins m'autocensurer, à regarder la situation de façon plus ludique, avec mon âme d'enfant, n'a pas été difficile à mettre en application. »

« Un jaguar : il doit chasser pour survivre et hors période de chasse, il profite de son environnement naturel où il est bien inséré dans un clan qui représente une communauté réduite. Sans hésitation, le contraire de ce que je veux être est le gnou : réputé pour son incapacité à se défendre, il vit en large troupeau, il erre sans but et semble ne pas profiter de la vie. Le jaguar lui dirait : secoue-toi, tu es la risée de tous, tu ne fais rien pour t'en sortir, je ne comprends pas que tu ne sois pas capable d'élaborer une stratégie de contournement pour résister à tes prédateurs. Et le gnou répondrait : ce n'est qu'une image extérieure, en fait je suis serein face à mon destin, car j'ai dépassé le stade des plaisirs terrestres, je me réalise sur un mode contemplatif. Le jaguar pense que cela n'est pas antinomique, qu'il est possible de conserver une part méditative et d'évoluer pour survivre. Le gnou affirme que c'est par loyauté envers ses ancêtres qu'il reproduit ce mode de vie. Le jaguar propose alors de lui donner quelque savoir-faire pour être une proie moins facile, en échange d'apprendre de lui la capacité à retrouver un peu de sérénité, mais le gnou refuse tout net. Le jaguar se dit qu'il faut laisser un peu de temps au temps puis revient vers le gnou, celui-ci n'oppose plus un refus brutal, il est prêt à essayer pour voir. »

« Mon management se caractérise par la franchise, l'équité, la performance, l'écoute. Les avantages des contraires m'apporteraient de la diplomatie pour identifier ce qu'attend l'autre, un soutien au plus faible en acceptant le fait qu'il y a des règles pour tous mais aussi des cas particuliers, une capacité à faire des pauses car en mettant trop la pression on déséquilibre sa vie, une capacité à décider de façon démocratique avant la prise de décision, et dictatoriale dans l'application pour demander moins avant et être plus ferme dans l'exécution. »

- Feedback de départ : « Mon coaching me donne des idées pour mieux m'utiliser, j'ai quarante ans, j'ai fait mes preuves, je peux prendre du temps pour développer plus de souplesse. Il met l'accent sur les ressorts profonds de la subjectivité, sans psychanalyse, de façon opérationnelle. »

Le blason

- Feedback d'arrivée : « Je retiens l'intérêt des polarités : quel est l'axe sur lequel je tiens, sans occulter l'antagoniste, c'est une lumière rouge dans ma vie quand je me sens dans l'excès.

Rapport à l'autorité subie : un sphinx décidé et placide bleu, une envie de bien faire comme à Saint-Cyr, comme avec mes parents, fermes et sans discussion possible.

Rapport à l'autorité exercée : image du professeur à l'élève ouvert et ferme, importance du dialogue.

Rapport à la parité : un bateau avec des rameurs rouge, une image d'échange où l'on s'épaule, où l'on peut tomber le masque. Dans ma fratrie de quatre garçons, on est différents et complémentaires.

Rapport à la vie extraprofessionnelle : une rivière verte qui coule, je choisis la pente, les bifurcations, une image de détente, je ne fais pas mes comptes, en revanche avec les enfants la discipline est importante.

Rapport à moi-même : une balance noire, une image d'équilibre et de dépouillement.

Mon projet : un soleil jaune qui donne une direction et un objectif : créer mon entreprise.

Trois avantages : cohérent avec moi-même, satisfaisant mon goût du risque et de l'échange.

Trois obstacles : pas encore l'idée précise (conseil en stratégie et projet complexe), un seul salaire, encore un peu de manque de confiance en soi.

Trois actions : un temps de réflexion de six mois pour activer mes réseaux et appliquer mon sens organisationnel sur mon projet. Sécuriser le cercle familial en mettant de l'argent de côté et en tranchant sur les loisirs, en trouvant un business model sans investissement. Me dire que je suis armé en savoir être et savoir-faire.

En 2012 : je suis dans le poste qui me prépare à mon projet, je fais attention à ma formation, j'active mes réseaux.

En 2009 : je fais le point des acquis en termes de savoir être et savoir-faire.

En 2008 : je change de poste, je vais dans la stratégie, dans un environnement international.

• Feedback de départ : « Je suis content, je ne suis pas dissonant ! »

Le voyage du héros

• Feedback d'arrivée : « J'ai changé de n+1, ce n'est plus le DRH groupe, mais la dircom. »

La motivation : qu'est-ce qui vous appelle ? Ne pas m'ennuyer, me lancer des défis. Qu'est-ce qui vous a décidé à commencer le voyage ? Saint-Cyr !

Les obstacles : qu'est-ce qui vous barre la route ? Quel seuil vous faut-il franchir ? L'avez-vous franchi ? Quel nouvel espace s'ouvre à vous ? Qu'est-ce qui a radicalement changé ? Rien, mes ambitions sont mesurées, je sais plus clairement ce que j'attends, je veux rester étonné pour ne pas me sentir mort !

Les opportunités : qui vous aide ou pourrait vous aider dans ce nouvel espace ? À qui pourriez-vous faire appel ? Quelles sont les nouvelles compétences utiles pour progresser sur ce nouveau territoire ? Ma capacité à entraîner et ma capacité à tirer les leçons des apprentissages. Ma cellule familiale stable me donne mon énergie, mes amis proches me parlent franchement. Je dois apprendre la souplesse

Les peurs : qu'est-ce qui vous fait peur ? Contre quoi devez-vous vous battre ? Qu'est-ce qui pourrait vous faire renoncer ? Ma peur de l'avenir, je peux renoncer pour la sécurité de mes enfants et de mes parents, je peux douter, ai-je bien anticipé ?

La découverte du chemin : quel est le chemin qui s'ouvre devant vous ? Où mène-t-il ? Je n'ai pas à lutter contre moi, je dois être plus stable en alliant les contraires, et puis y croire et le faire.

Le plan d'action : qu'est-ce qui se dégage de vos réponses aux questions précédentes ? Quelles actions concrètes allez-vous entreprendre ? Mon sphinx n'est pas un frein.

L'entreprise intérieure

- Thème : la recherche.
- Personnages : un capitaine, une équipe.
- Décor : une usine style Microsoft avec des terrains de sport et des salles de réunions de haute technologie.
- Ambiance : plaisir.

- Moment critique : une tempête où tous les collaborateurs et salariés se mobilisent.
- Titre : la quête.
- Réactions du public : différentes, c'est nouveau ! Est-ce que cela va marcher ?

- Feedback de départ : « Un sentiment de cohérence entre le court et le long terme, un sentiment d'être conforté pour la suite. Mon chef a un management anglo-saxon par les objectifs et le sens dans un langage donnant-donnant responsabilisant et favorisant l'engagement. »

Travail sur la gestion du temps

La loi de Parkinson

Combien de temps vous faut-il pour qu'une réunion soit efficace ? Maximum 1 heure, ordre du jour minuté

Travaille huit heures par jour, ne rattrape pas les séminaires, délègue.

Efficacité : résultat le meilleur dans le moins de temps possible.

Satisfaction : résultat conforme à l'objectif.

Journée réussie : journée dirigée par moi, toute la famille part le cœur léger, café et *to do list* pour chaque membre de l'équipe, je fais dans l'ordre, musique en voiture et dîner en famille.

La grille d'Eisenhower

Il n'y a pas de nU/nI (non Urgent, non Important) en organisation, sauf les temps de respiration.

Mes gros cailloux : ils sont à l'unité trimestrielle, organiser l'équipe en fonction des objectifs, ne pas rapporter de travail en week-end.

La loi de Pareto

Le plaisir conduit à la motivation et à la performance. Quel est « le peu d'activité qui produit le beaucoup d'efficacité » ?

Ce que j'aime : la négociation, comme aux échecs, cela me donne un sentiment d'intensité.

Ce qui me préoccupe : avoir laissé passer une clause qui aura des répercussions financières.

Un projet réussi : la direction des achats à l'international, en janvier je regarde la mobilité et j'annonce mon intention.

- Feedback de départ : « J'apprends à choisir, à revoir mes priorités pour privilégier un projet à long terme qui donne sens au quotidien… Je sous-estime la fête dans la boucle de la réussite. »

PCM

Base Travaillomane, puis Persévérant, puis Rêveur, donc scrupuleux, exigeant, développant un esprit de recherche en haut de son immeuble Rebelle, Empathique, et enfin Promoteur, donc peu spontané, n'exprimant pas ses émotions et peu adaptable.

Environnement motivant : « le management de la complexité ».

Environnement démotivant : « Cela part dans tous les sens, les gens se plaignent ».

Plan d'action : « Accepter plus de chaos management, ne pas se figer pour se développer, notre président analyse, prévoit et accepte les risques. »

Identifier les partenaires à problème Empathique et Promoteur :

« Je suis manager, pas assistante sociale, quelle est l'information utile pour moi ? Faut-il accompagner, recadrer pour être efficace ? »

Après un jeu de rôle : « Je valorise les comportements Adulte, je dois davantage écouter l'Enfant en moi. J'ai évolué, je garde le contrôle, en m'économisant. »

* Feedback de départ : « Je ressens l'intérêt de connaître ma motivation, de prendre en compte les contraires et les permissions pour obtenir un chemin médian et un résultat efficace et serein. »

Plan d'intelligence politique

* Feedback d'arrivée : « le rendez-vous de clôture de coaching est fixé, je suis satisfait de l'aspect concret du coaching, ma communication est plus simple, je ne tourne pas en rond. PAE (Parent, Adulte, Enfant) cohabitent : mes valeurs, mes envies et ma capacité à prendre des décisions efficaces et sans stress. »

Situation

D. dirige le service Achats. Le CA total est de 60 millions euros, dont 20 millions pour les prestations intellectuelles et 15 millions pour l'informatique, bastion historique qui choisit ses fournisseurs.

En 2001, D. prend en main le contrôle de gestion, en 2004 les achats, en 2006 l'ensemble et constate : on n'est pas efficace, notre fonctionnement ne correspond pas aux normes du groupe.

En juillet 2007, le Comex change de DSI. Ce dernier a une meilleure alliance avec D. mais protège son territoire et ses équipes.

Demain une réunion se tiendra.

Objectif : changer

Diminuer le nombre de fournisseurs et augmenter le nombre de contrats pour développer une meilleure sécurité contractuelle, trouver des leviers de négociation financière, économiser les processus.

Acteurs	Enjeux personnels	Enjeux professionnels	Influence	Pour	Capacité à changer d'influence moyenne	Relations
D., directeur du service achats	Travaillomane mettant en cause sa crédibilité	Ce poste représente la plus grosse partie du CA du département achats	5, car la prudence s'impose, les marges de manœuvre sont étroites, il ne faut pas casser ce qui fonctionne, le projet est du jamais vu	8	La barre est haute et tout mouvement d'avancée est bon à prendre, D. est flexible	Bonnes relations avec tous
SW, acheteur de prestations intellectuelles	Persévérant, perturbé dans sa vie de couple et surinvestissant son travail sans distanciation	C'est son objectif principal de l'année	3, car jeune dans l'entreprise et dans la fonction	10	Faible	Relations très mauvaises avec KB
KB : directeur du pôle Achats Planification	Promoteur sûre d'elle et ayant le sens de la répartie	C'est son fonds de commerce par sa fonction de centralisation transversale achats, contrôle de gestion	5, car jeune dans l'entreprise et dans la fonction	0	Faible	Relations très mauvaises avec SW et avec AD
AD, directeur informatique	Promoteur et Travaillomane, fin politique	Vient d'être nommé, veut améliorer sans casser le système	10, décideur	3 intéressé pour montrer que cela change sans perturber ses équipes.	Moyenne, en fonction de son intérêt	Relations mauvaises avec KD, bonnes avec tout le monde. N+1 de BA et N+2 de KB
BA : directeur des études informatique	Travaillomane, n'aime pas le conflit	mener le projet à son terme en modifiant les défauts criants	7, car elle est l'oreille du président et vient d'être nommée	3 : ne veut pas de conflit	Forte : car ne veut pas de conflit	

Bilan et plan d'action

AD prendra la décision, il faut faire valider les principes généraux et les faire décliner par BA et KB.

D. a fait l'ordre du jour et doit prendre l'initiative avec SW : D. ne veut pas revenir au point de départ et SW veut percer, D. doit la calmer et construire des compromis avec KB qui doit avoir des assurances pour son fond de commerce.

KB est défensif et ne sera pas source de proposition.

Tout tourne autour de KB et SW : les préparer.

Ne pas surestimer l'opposition, il y a davantage de pour.

Plan A

Déployer la démarche tout en étant serein avec KB dont on a besoin pour travailler.

Acter le principe de l'appel d'offres.

Mettre en place des grilles tarifaires.

Plan B

Appel d'offres décalé dans le temps.

Mettre en place des grilles tarifaires.

Scénario catastrophe :

− clash entre SW et KB ;
− opposition de AD.

Actions pour éviter ces deux obstacles : avant : briefer SW, pendant : avoir un code de communication.

AD ne présente pas de risque s'il n'y a pas de clash.

* Feedback de départ : « PIP force à la préparation pour mettre son énergie sur ce qui est important afin de préparer l'année et même au-delà. Je pars plus conscient de mes forces et faiblesses

pour éviter un compromis mou et trouver un changement acceptable pour tous. »

Final et entretien tripartite avec le nouveau n+1

MB pose le cadre défini par l'ancien n+1, devenu DRH d'un autre groupe : travailler sur la communication pour acquérir plus de fluidité, de simplicité, de clarté, de rapidité, à travers l'analyse des schémas mentaux, la gestion du temps et du stress pour obtenir efficacité et sérénité, grâce à un rythme régulier instaurant une dynamique d'évolution et permettant d'utiliser concrètement les postures découvertes, signe d'un coaching qui arrive au bon moment.

D. parle simplement de ses découvertes : « Tester ses limites en matière de communication en alignant ses états du moi, en intégrant les contraires, en se mettant à la place de l'autre, en prenant conscience que célébrer la réussite est aussi important que la concevoir, en créant du bien être chez ses collaborateurs en adaptant sa communication, en gardant sa singularité, en créant un temps vivant, en ne surestimant pas les opposants, en analysant le système dans son entier et en identifiant les enjeux de chacun pour trouver un chemin médian. »

Le nouveau n+1, la directrice de la communication et secrétaire exécutif, donne son feedback : « Tout d'abord merci au coaché et au coach pour le chemin parcouru, l'apprentissage courageux d'éclairer ses faiblesses pour les transformer en forces. Le coaching ne marche pas à tous les coups, parfois malgré le respect, la transformation ne se fait pas. Je me sens rassurée pour le service Achats grâce à la communication transparente, honnête, respectueuse de la hiérarchie et du temps que met en place D. »

Chapitre 14

Apports de la psychologie bouddhiste au coaching d'équipe : le cas RSG

> « Parler vrai ne consiste pas à se jeter ses quatre vérités à la figure mais à dire ses peurs et ses besoins. » (W. Schutz)

Pourquoi ce séminaire ?

Un audit précédent le séminaire a révélé un état sinistré de l'équipe, un management défaillant ayant entraîné une démotivation des personnes et la résurgence de peurs irrationnelles.

Les participants entrent dans une salle lumineuse, ouverte sur la nature. Des sièges confortables sont disposés en cercle afin que chacun puisse se voir, dans une ambiance de musique du monde favorisant le calme et la convivialité. Des citations sont affichées sur les murs :

> « Quoi que ce soit que tu te dises capable de faire, ou que tes rêves te disent capables de faire, entreprends-le. L'audace porte en elle génie, pouvoir et magie. » (Goethe)

> « Le changement est inévitable, prépare-toi, anticipe, adapte-toi, profite du changement, sois toujours prêt à repartir pour profiter pleinement de la vie. » (Spencer Johnson)

« Le seul vrai voyage est de changer de regard. » (Proust)

Le nouveau directeur et le nouvel adjoint du domaine introduisent le séminaire, ce qui est un signe fort de reconnaissance pour le management intermédiaire. Au préalable, les participants ont trouvé dans leur chambre un mot d'accueil du directeur, déposé par l'hôte du centre de séminaire : « Que ce séminaire nous permette de mieux nous connaître et nous apprécier afin de construire ensemble une nouvelle unité performante au service de ses clients. Vous avez toute ma confiance. »

Nous ressentons que le discours prononcé par le directeur et son adjoint est difficilement accueilli par les participants présents. Le terme « confiance » semble avoir été mis à rude épreuve les mois précédant ce séminaire… Le climat émotionnel est à la défiance.

Le coach introduit en invitant au voyage, métaphore du changement à accomplir à travers un séminaire formé de trois espaces :

— transformer sa perception ;

— transformer sa propre volonté ;

— transformer son action.

Ensuite le coach présente rapidement le ton du séminaire : tout séminaire est une énigme, elle prendra la forme de ce que nous y mettrons chacun. Elle prend la forme d'une question : comment mieux travailler ensemble femmes et hommes ? Comment construire un lieu d'épanouissement et de performance ? Quoi faire durer et quoi abandonner ?

« Le moment est venu d'améliorer l'ordinaire pour créer de l'extraordinaire. » Je vous remercie d'être présents, le temps est précieux, je nous propose de vivre un temps précieux. Je suis heureuse de vous accompagner et de créer pour vous un cadre de voyage à la rencontre de soi et de l'autre. Peut être vous êtes vous rendu compte que la vie nous transforme en crapaud à force de nous faire subir des frustrations, et moi je vous assure que derrière les Crapauds il y a des Princes, c'est pourquoi je suis heureuse de vous accueillir dans ce château dédié à la formation. Ce cadre vous permettra de :

- prendre du recul par rapport à des croyances, certes respectables, mais peut-être mal adaptées ;
- vous mobiliser sur ce qui vous tient à cœur, sur un projet important pour vous ;
- pour aller à la découverte de vos talents, dire ce que vous faites de bien ;
- pour apprendre à écouter en profondeur et à vous affirmer sans culpabilité ;
- pour partager les mêmes problèmes.

> *Un habitant de Bagdad se trouve dans le dénuement après avoir gaspillé son héritage. Il fait un rêve lui disant qu'il y a un trésor au Caire. Il se met en route, mendie à la nuit tombée, pour ne pas se faire reconnaître et se fait arrêter par la police qui le prend pour un voleur.*
>
> *Il raconte son rêve. « Je vois que tu es un brave homme, comment peux-tu croire à un rêve, moi j'ai rêvé d'un trésor à Bagdad, dans la maison de x et je ne me suis pas mis en route pour cela, je ne suis pas stupide », lui dit le policier. La maison mentionnée était la sienne...*

Le trésor se trouve en soi, mais pour le découvrir il faut faire un long voyage...

Il faut faire un grand voyage pour comprendre qu'il est plus économique et écologique de mettre du cuir sous ses plantes de pied que sur toute la surface de la terre pour ne pas se blesser...

Comment ? Les règles de protection du séminaire

Les pièges majeurs du manager sont l'isolement et la toute puissance. La meilleure façon de cultiver le détachement est de se doter des services d'un regard extérieur pour affiner sa perception, sa force de caractère et sa capacité d'action.

Ce voyage est un voyage d'expérimentation pour développer un état d'esprit humaniste, pour ouvrir le champ des perceptions, pour s'enrichir de la diversité des approches, pour s'affirmer et changer dans le plaisir.

Ce trésor dépend de trois lois, sur le plan individuel comme sur le plan collectif. Ces trois lois du développement personnel d'un manager sont :

- accepter ses limites d'imperfection, condition de la progression et gage d'excellence ;
- accepter d'être différent, mais pas seul, sans attachement pathogène tout en percevant les interdépendances ;
- accepter d'être créatif et de choisir la vie.

Ce que ce séminaire n'est pas : un lieu de formation avec un animateur « sachant ». Ce qu'il est : un lieu d'expérimentation avec un animateur « réceptacle » pour synthétiser des expériences d'autres managers, un lieu de visualisation et de préparation à l'action, de transformation de ses perceptions et de ses actions.

Ce séminaire sera une cocréation avec une confidentialité totale, garante de la protection et permission des participants. Les règles sont efficaces quand elles sont en accord avec les valeurs et le sens qui est, ici, l'ouverture du groupe et son efficacité.

Quel est mon engagement ? Vivre ce que je vous propose :

- le plaisir : « j'adore », je ressens une profonde satisfaction, je suis à ma place. En latin, *placere,* signifie plaisir et place.
- la liberté : « j'ose », je rends mon esprit spacieux.
- le respect : « j'écoute », je reconnais, j'accepte le cadre, je suspends mes jugements pour observer, je vis une coresponsabilité, je pratique une confrontation positive, condition de la confiance. En latin *respectere* signifie regarder avec un regard neuf.

OUTIL

Les cinq excellences

Quelles sont les cinq excellences pour réussir à vivre un moment de qualité et trouver une nouvelle issue, cinq protections de nos peurs pour sortir de la confusion d'esprit, de la sécheresse de cœur, de la baisse d'énergie du corps ?

- excellence de l'espace pour s'émerveiller et prendre toute sa place ;
- excellence du temps où chacun fait le cadeau de sa présence en respectant les temps de respiration de chacun ;
- excellence de la relation où chacun possède sa lampe d'Aladin créative pour écouter et se stabiliser émotionnellement, faisant de la rencontre une œuvre de transformation ;
- excellence de la question posée et de sa pertinence : à quoi tu tiens, qu'est-ce qui te prend, qu'est ce que tu entreprends, qu'est-ce que tu entretiens pour s'approcher, écouter, valoriser, accomplir.
- excellence des valeurs pour agrandir sa vie, se responsabiliser, devenir maître de soi. Devenir maître de soi, c'est observer sans juger, donner pour recevoir, accepter ce qui est sans subir, se détacher de ce qui n'est pas important.

C'est avec qui ce séminaire ? Avec vous, sans votre hiérarchie, pour être libre de vous exprimer et de choisir ce que vous allez faire de votre équipe...

Leadership et intelligence politique

Le coach présente sa conviction sur le management en lien avec l'intelligence politique. J'entends ici intelligence politique au sens étymologique d'intelligence sensible pour mieux vivre ensemble et non d'intelligence des jeux de pouvoir pour mieux écraser l'autre.

Le management n'est pas une science exacte... « Un art d'organiser avec soin », disait Fayol. Pourtant les relations humaines sont complexes... Le manager est en effet écartelé entre deux intérêts contradictoires : les hommes et les syndicats, le corps chaud des émotions et les actionnaires, le corps froid des résultats chiffrés...

Le manager ne doit pas mettre l'entreprise au service de sa pathologie, mais mettre sa pathologie au service de l'entreprise, en travaillant sur soi pour développer une relation vivante et énergétisante, avec une éthique managériale en alignant le rêve, les valeurs, les comportements et les résultats.

Le pouvoir personnel rétrécit l'esprit. Entre paradoxe et incertitude, sur quoi s'appuyer pour ouvrir son esprit ? La première clé est de se centrer sur la personne pour la motiver, la responsabiliser, la faire grandir et la faire coopérer.

Un orchestre n'est pas fait de solistes… C'est en investissant sur la relation individuelle que l'on peut donner une énergie de coopération au groupe et l'éloigner de la compétition qui sélectionne des solistes. Comment ?

– En sachant changer de registre managérial, du directif au délégatif.
– En manageant des réseaux d'influence et d'échanges.
– En construisant des compromis, en gardant son idéal tout en perdant ses illusions, construisant des coopérations ou chaque acteur est reconnu compétent et peut s'ouvrir en confiance.

Le tout dans un contexte souvent :
– inédit : où il faut avancer à petits pas ;
– incertain : où il est important de multiplier les capteurs ;
– conflictuel : où il faut rappeler le cadre et clarifier les relations.

Manager dans la complexité

Pour manager dans la complexité, je vous propose quelques conseils, quelques règles simples de systémique, quelques dispositions d'esprit à respecter.

– Remonter à la source de vos représentations et regarder si elles sont en adéquation avec votre projet.
– Piloter par les finalités : pourquoi, où, comment y aller ?
– Créer des réseaux d'intelligence.
– Intégrer l'incertitude dans les systèmes de pilotage.

– Développer l'autonomie et l'inventivité.
– Dépasser les antagonismes en vous référant à des logiques d'ordre supérieur.
– Donner du sens.
– Placer l'homme au centre.
– Renoncer à l'optimum.

Le leadership touche à la sensibilité, à la gestion des émotions. Qu'est-ce que la sensibilité en entreprise ? Fuir la souffrance et trouver le plaisir, pour écouter, dynamiser et fixer des règles du jeu explicites et équitables afin d'obtenir un résultat performant. C'est un travail sur les hommes et avec les hommes. Cela suppose de développer une absence de préjugés, une aptitude à communiquer dans une ambiance partenariale tout en restant centré sur les objectifs.

D'après Will Schutz, un leader, au lieu de diriger, guide, reconnaît le droit à l'erreur. Au lieu de coordonner il facilite, gère les conflits, en faisant grandir en autonomie. Au lieu d'informer il communique, puis agit en trouvant les ressources. Au lieu de produire, il innove et gère le changement, en développant la créativité pour s'adapter.

Un leader sublime ses blessures, rebondit, sait apprivoiser ses peurs, est intuitif car présent à lui même, est sensible à la beauté, vit le présent avec intensité.

Un leader est pionnier, donne sens aux moments difficiles, a une parole qui met en mouvement, est capable de se remettre en cause.

Pour moi, un leader sait donc gérer les émotions de peur, de désir, de colère, d'orgueil et de jalousie qui interagissent en permanence. Il apporte des réponses comportementales adaptées en adoptant simultanément des postures de soutien, de reconnaissance, de négociation, de valorisation, et sait faire la fête quand le projet est réalisé. Il innove et fait travailler ensemble pour apporter bien-être et performance.

Il s'agit donc de manager sans perdre son âme, de progresser sans tuer, de communiquer sans mentir, de mobiliser sans harceler, pour « reprendre ses esprits et ouvrir son cœur ».

Principes et philosophie du séminaire

Quels sont les principes pédagogiques et la philosophie d'entreprise, qui nous guideront pendant ce séminaire ?

Le coach interroge les participants et écoute leurs avis sur les quatre points suivants. Les participants sont de mauvaise humeur, repliés sur eux-mêmes. Le défi est alors de les détendre en leur demandant à la fois dans la présence et dans le détachement d'être force de proposition.

Différencier apprentissage et échec

Nous sommes d'abord inconsciemment incompétents (nous ne savons pas que nous ne savons pas), puis consciemment incompétents (nous savons que nous sommes dans l'ignorance), puis consciemment compétents (nous avons acquis une compétence), et enfin inconsciemment compétents (cette compétence est intégrée à notre fonctionnement).

Comment devenir inconsciemment compétent ? En tirant les leçons de ses erreurs comme des informations précieuses, en acceptant l'aventure de la vie ! En identifiant l'écart entre la situation désirée et la situation atteinte, en le mesurant et en agissant. C'est ce que développe le coaching.

Différencier perception et réalité

La perception est une interprétation qui s'accroche sur une histoire à partir d'une sensibilité. La conscience, c'est la capacité à créer son monde. La pacification, c'est l'analyser pour apprendre à assouplir programmes et filtres.

Les perceptions se font au travers de lunettes émotionnelles. Il s'agit de se détacher de soi pour identifier ses perceptions, puis travailler sur son image pour restituer ses représentations. Nos difficultés sont dues à nos perceptions, nous pouvons les modifier, cette modification peut avoir des effets positifs sur nos pensées, ressentis et comportements. En changeant de lunettes, nous pouvons voir avec les yeux de l'autre.

APPORT THÉORIQUE

Les cinq dimensions de la conscience et de l'imaginaire

Nous avons un corps.

Qui entraîne des sensations.

Qui entraîne des perceptions : j'aime ou je n'aime pas ou je m'en moque !

Qui entraîne des représentations mentales : je suis nul ou il est nul !

C'est comme cela que se construit notre conscience : c'est cela moi !

APPORT THÉORIQUE

Tête, cœur, corps

Garder à l'esprit que le fonctionnement d'un humain et d'une équipe, c'est « Tête, cœur, corps », par analogie avec :

- les trois cerveaux reptilien, limbique, cortical ;
- les trois motivations de base : besoin de sécurité, besoin de reconnaissance, besoin de se réaliser ;
- les trois registres du langage : factuel, émotionnel, conceptuel ;
- les trois dimensions du leader : action, attaque, fuite, immobilisation ; spontanéité, affect, image de soi, méfiance ; confiance, réflexion confusion ou clarté sur les valeurs.

APPORT THÉORIQUE

Intention + attention = obtention

Ce principe traduit l'alliance du yin et yang, la dimension féminine d'écoute et masculine d'assertivité du dirigeant. Suivant la situation, comment être au maximum dans l'affirmation de soi ou au maximum dans l'écoute de l'autre ?

Quel est mon objectif ? Quel est celui de l'autre ? Comment dépasser le problème ensemble ?

Le cœur du séminaire

Voici notre programme avec objectifs et résultats attendus :

– jour 1 : outils : la banquise, objectif : une équipe solidaire et performante, résultats : quelques pistes. Présentations croisées et règles du charisme. Gestion d'un projet complexe en équipe avec le jeu de la corde. Enfin, échange de perceptions de nos opportunités et obstacles.
– jour 2 : outils : lois de Pareto, objectif : gestion du temps, résultat : meilleure priorisation pour assurer la pérennité de la performance. Final avec les signes de reconnaissance (strokes) pour vivre la première règle de la coopération : l'abondance.

La banquise

Après ces préliminaires pour nous décentrer de nos ego, nous enchaînons avec notre premier exercice d'inclusion : la banquise.

EXERCICE D'ENTRAÎNEMENT
LA BANQUISE

Je pose une feuille de paperboard sur le sol : c'est la banquise, votre bateau a coulé, je demande huit volontaires et les salue, je nomme un arbitre. Votre objectif : survivre. ACTION.

L'aventure ne fait que commencer… que fait un morceau de banquise qui dérive vers le sud ?

Je plie la feuille de paperboard en deux…ACTION.

Nous tirons les enseignements de la banquise et du management en situation de crise et de complexité. Les participants insistent sur la nécessité d'échange, de solidarité, de réflexion commune, de confiance, d'adhésion et d'obéissance pour réussir. Le coach fait un apport sur l'obéissance et la rébellion, à partir des instances de l'analyse transactionnelle :

– le Parent peut être normatif ou bienveillant s'il est positif, ou persécuteur et sauveur s'il est négatif ;
– l'Enfant peut être adapté soumis ou rebelle si positif, non adapté soumis ou rebelle si négatif, quand est-il juste de dire oui ? Quand est-il juste de dire non ?

Le développement des équipes

* *Objectif :* comprendre comment notre équipe se développe.
* *Résultat :* fédérer et développer un collectif.
* *Citation :* « Une équipe c'est une bande de guerriers avec un code d'honneur et un but sacré » (Yannick Noah)

Le coach laisse s'exprimer la diversité des réactions pour s'écouter et écouter l'autre. « Dans le monde de l'entreprise, le mot "guerrier" n'existe pas. Le coach précise la définition de ce terme : être au service. Les participants souhaitent malgré tout l'enlever, sans trouver de mot de remplacement ! »

Le coach propose « combattant ». « On ne vient pas au travail pour se battre », dit Thierry.

Le coach : « Que proposez-vous ? » «Volonté de construire. Je n'aime pas le mot bande non plus », Patrick. « On peut remplacer bande par groupe de bâtisseurs », Jean-Michel. « Je ne suis pas d'accord avec les anciens ! Ils pensent qu'au sein d'une équipe il y a une harmonie, mais on finira tous par se battre les uns contre les autres », Guillaume. « On ne se bat pas, on rend service aux clients ! », Éric. « Il faut anticiper demain en construisant une armée au cas où la concurrence arrive », Thierry. « Je ne me sens pas du tout guerrier, ce n'est pas du tout ma conception ! », Philippe. « Je ne suis pas sûr que nos dirigeants savent où ils nous emmènent ! », Philippe.

Le coach sent une pression générale monter et dit : « Et si vous faisiez le pari de la confiance envers vos dirigeants, même s'ils avancent dans l'incertitude ? ». Le mot clé, qui blesse les participants, a été prononcé volontairement par le coach : confiance…

Les esprits s'échauffent. « Ils ne savent pas reconnaître leurs erreurs, le nouveau logiciel informatique, c'est une grosse merde ! », Éric. « Non, c'est un outil dont l'objectif est de faire des gains de productivité », Philippe. « Revenons sur le code d'honneur, aujourd'hui il n'y en a pas. » Patrick.

Le coach, face à cette agitation, dit calmement : « Je vous propose de laisser une chance à vos dirigeants et de définir les limites de votre pouvoir ». « Nous sommes méfiants, nous sommes des enfants rebelles ! », Jean-Michel. « Échangez-nous contre des jeunes de 30 ans ! »Gérard. « Un vieux ce n'est pas malléable ! » Jean-Michel. « Les parents sont de leur côté et les enfants du leur, la confiance est perdue… Cela fait trois mois qu'il nous avait promis une prime ! », Vincent. « Un autre exemple, les véhicules des agents non réparés et quand j'insiste, je passe pour un emmerdeur ! ». L'équipe entière acquiesce.

Le coach leur rappelle avec sérénité : « N'oublions pas que notre perception n'est pas toute la réalité… Je vous propose donc de tenter de percevoir la visite des dirigeants comme un signe de reconnaissance pour vous. »

À ce moment précis, elle a mis le doigt sur le deuxième terme clé de cette matinée : reconnaissance… L'effet ne se fait pas attendre… Les participants se rebellent, chacun déverse tout ce qu'il a sur le cœur.

Le coach écoute puis demande : « J'aimerais à présent que vous réfléchissiez et que vous me donniez votre définition de l'équipe. »

L'équipe entière des participants se met d'accord sur une définition commune :

– un groupe de bâtisseurs, motivés et complémentaires ;
– un but commun auquel tout le monde adhère ;
– l'amour du métier où chacun est reconnu ;
– une volonté de construire.

Les trois clés du développement d'équipe

Dedans/dehors (inclusion) : que faisons-nous ensemble ? Quel est le sens ? Quel est l'équilibre entre présence et absence ? Comment j'inclus, comment je suis inclus ? Comment dépasser la peur d'être non important. Qu'est-ce que je veux changer dans ma participation pour développer l'appartenance ? Pourquoi ? Comment ?

Dessus/dessous (influence) : Qui fait quoi ? Quelles sont nos règles ? Comment se répartit le pouvoir ? quel est l'équilibre entre compétition et coopération ? Quel est l'équilibre entre initiative et apathie ? Comment j'influence, comment je suis influencé ? Comment dépasser la peur d'être incompétent. Qu'est ce que je veux changer dans ma façon de contrôler pour développer l'énergie ? Pourquoi ? Comment ?

1. Faire adhérer à un objectif individuel intégré dans une mission collective qui ait un sens.

2. Fixer des règles du jeu claires par des procédures explicites. Créer l'événement permanent en décrétant chaque jour la mobilisation générale.

Ouvert/fermé (ouverture) : comment allons-nous être plus ouverts ? Comment allons-nous évoluer ? Quel est l'équilibre entre ouverture et confidentialité ? Comment je m'ouvre ? Comment les autres s'ouvrent à moi ? Comment dépasser la peur d'être non aimable ? Qu'est-ce que je veux changer dans ma façon d'échanger pour développer l'interdépendance ? Pourquoi ? Comment ?

3. Savoir gérer les signes de reconnaissance : en fonction des besoins de chacun, de signes conditionnels ou inconditionnels, émettre des signaux régulièrement, afin que chacun se sente apprécié.

La confiance et l'engagement

Le véritable leader n'est pas égotiste. Il n'est pas le plus important, le plus compétent, le plus appréciable. Il crée les conditions pour que chacun soit important, compétent, appréciable.

Il est essentiel de prendre le temps de l'inclusion pour que chacun s'implique et s'ouvre en confiance, afin d'éviter les phénomènes de bouc émissaire, symptôme du dysfonctionnement d'une équipe.

Nos comportements d'interaction, de prise de décision, de dialogue, dépendent de nos perceptions d'intérêt, de respect, d'affection et nos perceptions dépendent de notre estime de soi d'être important, compétent, aimable.

Une estime de soi faible donne des peurs d'être ignoré, humilié, rejeté. Il s'agit de travailler sur ses désirs, ses valeurs et ses ressources pour développer présence, contrôle, sincérité, sur l'intention positive de ses comportements et sur les permissions à se donner d'exister, de réussir, de se régénérer pour dépasser sa peur et sa dépendance vis-à-vis du regard de l'autre.

Le dépassement de nos trois peurs de base (peur de ne pas être important, de ne pas être compétent, de ne pas être « aimable ») est la condition essentielle de la mise en place de la confiance et de l'engagement.

Nous savons que l'engagement, l'envie de contribuer est facteur de rentabilité. Quels sont donc les facteurs favorisant l'engagement ?

- un projet professionnel défini et ayant un sens ;
- le sentiment de contrôler sa vie professionnelle ;
- une image positive de sa compétence ;
- un équilibre entre vie professionnelle et vie personnelle ;
- un réseau de relations fructueuses dans l'entreprise.

> « Dites oui ou partez, tous nos problèmes viennent du fait que l'on dit non à une situation, tout en vivant avec l'objet de notre refus. » (proverbe tibétain).

Les participants écoutent, sceptiques. L'équipe est silencieuse. Patrick et Jean-Michel reprennent la parole, convaincus que la hiérarchie se moque d'eux et qu'il n'y a plus ni confiance ni reconnaissance.

Le défi à présent pour le coach est de leur montrer que l'avenir est en eux, qu'ils peuvent changer leur regard, plutôt que d'être convaincu que c'est toujours de la faute des autres… qu'il est plus économique de mettre du cuir sous ses plantes de pied que sur toute la surface de la terre pour ne pas se blesser !

Présentations croisées des participants

- Objectif : écoute et affirmation pour développer la performance managériale de l'animation. Coaching : écoute, empathie, révélation de talents.
- Résultat : valoriser, créer du lien et de la connivence. Se présenter c'est faire le présent de sa présence. Faire un souhait pour partir avec une récolte.

EXERCICE D'ENTRAÎNEMENT
LES PRÉSENTATIONS CROISÉES

Le participant :
- choisit une image qui le représente : l'identité est un sentiment de différenciation, de continuité et de valeur ;
- dit son parcours rapidement ;
- dit ce qu'il attend, ce qu'il apporte ;
- dit son objectif de développement, en étant précis pour l'atteindre.

Le présentateur parle sans notes et en temps limité.

Le groupe lui donne un feedback sur ce qui passe bien.

Le coach note et affiche les perceptions.

Six groupes se forment et s'écoutent pendant trente minutes. Dans l'un des binômes, Patrick et son n-1 Vincent, la tension est trop grande et Vincent sort en colère de la salle, au bout de vingt minutes. Le coach, accompagné de Patrick, rejoint Vincent pour comprendre le problème. Ils reviennent tous les trois au bout de dix minutes, plutôt calmés, le coach a écouté le flot de ressentiment de Vincent et a incité Patrick à faire de même.

À midi, tout le monde se rassemble et les présentations croisées commencent, après la présentation par le coach de quelques messages sur le charisme.

OUTIL

Le charisme

Charisme vient d'un mot sanscrit : *caruna*, qui signifie caresse. Le charisme se traduit donc par un esprit d'attention et de générosité. Il se manifeste par une posture qui souligne le talent de l'autre.

Le mécanisme d'influence est un mécanisme de flux, de fluidification des rapports humains. L'énigme que le dirigeant doit résoudre est la suivante : comment autoriser le déploiement d'influences mutuelles pour atteindre un résultat dans un terrain de jeu donné ?

Sur le fond : utiliser son cerveau gauche pour la structure du discours et son cerveau droit pour la métaphore, en alternance pour le rythme du récit ; ne pas développer plus de trois idées, utiliser le langage du cœur, manier les exemples concrets ; répéter sur les canaux visuels, auditifs, kinesthésiques ; faire une introduction connexion avec une question et une conclusion panache avec un résumé métaphorique.

Sur la forme : Garder une juste distance sociale accompagnée de stabilité et d'ouverture et chercher avec ardeur le contact avec l'autre, en éliminant les mots parasites.

Jean-Michel présente Thierry : « Mon ami est une personne qui a besoin de construire quelque chose de durable, il aime être dans une bulle de sérénité, il aime oublier l'extérieur tout en étant entouré. Il a commencé comme jeune technicien, puis est devenu exploitant. Il a connu différentes méthodes de travail. Il est devenu volontairement chef de groupe. Il n'a aucun regret sur sa carrière, mais malgré toute son expérience, il a des difficultés à gérer les conflits. Son apport à son entreprise, il a la conviction qu'il peut être un plus dans ce monde de brutes. En échange, il attend de son entreprise, de la reconnaissance, de l'écoute et de la compréhension à tous les niveaux. Son objectif est de continuer ce métier qu'il aime, le plus important pour lui est le contact avec les gens. »

- Feedback du groupe sur la présentation de Jean-Michel : claire, structurée, beaucoup d'humanité, stable et habitée par l'humour.

Philippe présente Guillaume : « L'image choisie représente pour lui le calme, la sérénité et la nature. Ses loisirs sont le yoga et les sports nautiques. Ses attentes sont d'acquérir plus de compétences, de se développer personnellement au sein de son entreprise. »

- Feedback du groupe : bon débit de parole, calme, agréable à entendre.

Jacques présente Éric : « Son image est une toile d'araignée, c'est l'image qu'il a de l'entreprise, multifacettes, il respecte la bête, la ténacité. Son parcours, il a eu une enfance choyée. Aujourd'hui il dirige une équipe. Ses attentes : que la hiérarchie respecte ses promesses. Son apport : porter un message positif de l'entreprise. Ses objectifs : le contact humain. »

- Feedback du groupe : le groupe apprécie les tentatives de faire de l'humour dans l'intention de détendre l'atmosphère. Avec un bon sens du récit, il sait comment raconter et faire vivre la personne dont il parle, il a de l'humanité.

Thierry présente Jean-Michel : « Son image représente ce dont il a besoin aujourd'hui pour vivre : un but, la famille, l'amour. Son parcours a commencé dans les bureaux de conduite. Ses attentes sont une cohésion du groupe, briser la glace et retrouver la confiance, la reconnaissance professionnelle. Ses objectifs sont d'arriver à être à l'aise dans son métier. Et de poursuivre sa carrière en toute sérénité. »

- Feedback du groupe : il a une belle voix, il est passionné, sensible et intériorisé.

Gilles présente Philippe : « Il a choisi cette image car elle représente le calme, la sérénité, le crépuscule et aussi la fin d'une carrière. Il a aimé dans son parcours la variété et les opportunités de pouvoir pratiquer plusieurs métiers, d'avoir différents emplois au sein d'une même entreprise. Aujourd'hui il est encadrant. Ses attentes sont de pouvoir transmettre son savoir à son successeur, alors il partira en paix... »

- Feedback du groupe : belle voix, sens de l'humour, bonne préparation, pas d'appréhension. Le groupe connaît bien Philippe et trouve la présentation fidèle au personnage : calme, juste et avec une aisance certaine.

Gérard présente Jean-Michel : « Le choix de son image représente une personne calme, posée, ayant parfois un humour caustique. Son parcours professionnel s'étale sur trente ans, il aime transmettre son savoir à autrui et, plus que tout, il aime la vie. Ses attentes : la retraite, il souhaite profiter de sa femme et de la tranquillité. Son objectif : être capable de réussir ce qu'il entreprend. »

- Feedback du groupe : on sent l'affection qui relie des amis de trente ans, on perçoit de la tendresse.

Patrick présente Vincent : « Le choix de son image est un masque. Dans la situation actuelle, il est obligé de se cacher... Son parcours est identique à celui de toutes les personnes présentes, il a commencé au bas de l'échelle. Je le comprends, il est dommage à mon sens qu'on ne puisse pas répondre à ses attentes. Ses attentes : je suis désolé de ne pouvoir y répondre et de ne pouvoir le garder. »

- Feedback du groupe : « Un peu paternaliste, il est à l'aise, il a une bonne présence, une force de conviction, de sincérité. » Le coach : « Peut-être sentez-vous une projection de Patrick sur Vincent ? » Le groupe a l'impression que « Patrick se trouve sur le fil du rasoir entre l'affectif et le professionnel ».

Vincent présente Patrick : « Il a choisi l'image d'un athlète, il se voit comme une personne dynamique. Son parcours montre que, parti de la base, il est arrivé à son objectif. Ses attentes sont de passer le relais, de trouver un digne successeur. Ses objectifs : progresser dans son métier et dans sa bonne connaissance de l'entreprise. »

- Feedback du groupe : remarquable, à l'aise, lumineux avec un engagement évident.

Guillaume nous parle de Gilles : « Le choix de son image est un jeune enfant avec son grand-père, symbolisant pour lui la transmission de savoir. Son parcours : commencé en bas de l'échelle, avec une forte ambition, il est devenu chef de groupe. Ses attentes : transmettre son savoir à ses collaborateurs dans l'intention qu'ils deviennent autonomes. Ses objectifs : une amélioration constante en s'impliquant et en écoutant toujours plus. »

- Feedback du groupe : bonne présentation mais débit saccadé. Fidèle à l'exercice demandé, il peut améliorer l'impact de ses phrases en les raccourcissant.

Éric présente Jacques : « Le choix de son image est l'araignée. Pour lui, la toile représente le fragile et le solide à la fois, tout comme l'entreprise. Son parcours : comme les autres il est aujourd'hui chef de groupe. Ses attentes : être davantage entendu concernant les problèmes sur le terrain. Ses objectifs : apporter le maximum aux agents, c'est un bon professionnel. »

- Feedback du groupe : sa convivialité, son charme, qui ne l'empêche pas d'être structuré dans ses propos.

Jean-Michel présente Gérard : « Le choix de son image représente le calme, la sérénité, la connaissance de soi et des autres. Son parcours : commencé dans le privé, dans une TPE, puis rentré dans l'entreprise, il a exercé dans l'exploitation et la maintenance. Ses apports : une grande connaissance, une grande disponibilité. Ses attentes : une forte volonté d'être compris et entendu. »

- Feedback du groupe : pas d'hésitation, sérieux, il a fait le tour du personnage.

Albert présente Patrick : « Il a choisi une image qui représente pour lui la liberté, le repos, l'absence de limite. Son parcours est étonnant puisqu'à l'origine il était coiffeur, avant de suivre une formation d'électricien. Aujourd'hui, il est responsable intervention. Son objectif, partir à learetraite en ayant eu le temps de préparer sa succession. »

- Feedback du groupe : clair, concis, développant des messages positifs.

Durant cette présentation croisée, il était intéressant de noter la surprise de toutes les personnes présentes devant le nombre de points communs qu'ils partagent les uns avec les autres, que ce soit dans les parcours, les objectifs ou les attentes… Ils ne s'imaginaient pas être si proches. Cela sera fondamental pour la suite du chemin qu'ils doivent prendre ensemble. Grâce à cette fin de matinée, un respect et une solidarité s'installent…

Le jeu de la corde : travailler en équipe

Après le déjeuner, le programme des deux séquences avec jeu et application est proposé : « Le moment est venu d'améliorer l'ordinaire pour créer de l'extraordinaire. »

- Objectif : réussir un projet inédit, incertain, paradoxal et présentant des risques conflictuels.
- Résultat : construire des stratégies, des compromis, des coopérations, une organisation, manager des réseaux d'influence.
- Consigne :

EXERCICE D'ENTRAÎNEMENT
LE JEU DE LA CORDE

Former un carré parfait avec une corde de 15 mètres en respectant 3 règles :
- chaque acteur doit être raccordé physiquement à l'autre ;
- les acteurs ont les yeux bandés ;
- ils ne doivent pas parler, sous peine de disqualification.

Après avoir annoncé la consigne d'action, le coach constitue deux groupes égaux, un groupe d'acteurs (supervisé par l'assistante du coach) et un groupe d'observateurs (supervisé par le coach), à qui il donne la consigne de préparation dans deux salles de sous-commission.

Processus

Phase 1 : les acteurs, en salle de sous-commission, auront 30 minutes de préparation pour écrire sur le paperboard ce qui fait une équipe efficace, de façon générale, sur le plan de la stratégie, de la communication et de l'organisation.

Les observateurs, de leur côté, auront 40 minutes de préparation pour écrire sur le paperboard ce qui fait une équipe efficace et ce qui fait un coaching efficace. L'animateur-coach attribuera à chaque observateur un acteur à observer.

Phase 2 : les acteurs, en plénière, démarreront l'action les yeux ouverts, pendant 40 minutes. Sous l'impulsion de l'animateur-coach, trois fois, les observateurs donneront des conseils à leur acteur pendant une minute.

Phase 3 : les acteurs auront un temps d'action illimité pour réussir leur projet, les yeux bandés. Les observateurs observeront l'action des acteurs.

Sens

La consigne représente le terrain de jeu, et la corde la ligne de vie.

Les acteurs devront gérer le stress, la frustration, les conflits de leadership pour réussir un projet en équipe

Les observateurs devront synthétiser les enjeux de la dynamique d'un groupe et coacher un acteur.

Les missions sont différentes mais l'importance est la même, la préparation favorise l'action, l'observation aide à la réussite d'un projet.

Principe de debriefing

Quand l'objectif est réussi, chacun explique en plénière pendant 45 minutes, ce qui a marché et ce que l'on aurait pu améliorer sur le plan de la stratégie, de la communication, de l'organisation, au niveau collectif puis individuel, avec les concepts Tête, Cœur, Corps et Intention, Attention.

Phase 1 : comment gérer le processus de groupe ? Chacun s'exprime selon le principe de l'émergence.

– Qu'est-ce qui est efficace dans la manière de travailler de l'équipe ?
– Qu'est-ce qui est inefficace dans la manière de travailler de l'équipe ?
– Quels sont vos conseils concrets pour améliorer la performance de l'équipe ?

Phase 2 : comment gérer le processus relationnel ? Chaque observateur s'adresse à l'acteur observé.

– Comment il anime, motive, fait adhérer son équipe, comment il fait passer ses idées et se fait entendre par les autres ?
– Comment il écoute les idées et suggestions du groupe ?
– Quels sont vos conseils pour qu'il améliore son impact auprès de l'équipe ?

Pendant les trente premières minutes, le groupe d'acteurs se place dans l'action immédiatement, attrape la corde et tente de trouver une solution concrète. Nous pouvons lire sur leur paperboard :

– stratégie : une tête = Guillaume ;
– organisation : quatre acteurs actifs et deux passifs ;
– communication : un signal par tapement de pied.

Pendant ce temps, le groupe d'observateurs se positionne davantage dans l'analyse. Nous pouvons lire sur le paperboard :

– stratégie : avant : faire une analyse des données, des risques et des opportunités, faire un plan d'action par étape, faire un plan B. Pendant : réorienter l'objectif en fonction de l'environnement, diviser la corde en quatre, répartir les rôles et se positionner dans l'espace. Après : faire un bilan et préparer la fête.
– Organisation : avant : choisir un pilote de projet, définir les rôles, faire un rétroplanning et un business plan. Pendant : don-

ner une feuille de route et des points de contrôle, déléguer et lâcher prise, définir la place de chacun, l'ordre de départ et tendre la corde. Après : garder une attitude manager coach pour évaluer.

– Communication : avant : en externe, être discret sur l'avancement du projet, en interne, faire un brainstorming pour favoriser l'adhésion, fixer des codes et des règles de reporting. Pendant : siffler la mise en place, prévoir des modalités de communication de crise, simplifier, rester ouvert. Après : mettre en valeurs l'équipe.

Le groupe d'acteurs décide de choisir son environnement et de travailler sur l'un des angles du cours de tennis.

Le groupe d'observateurs aura trois arrêts de coaching pour stimuler l'acteur qu'il observe. Durant ces trente minutes, certains attendent et d'autres s'impliquent, que ce soit dans un groupe ou dans l'autre.

Puis le coach, après avoir demandé aux acteurs s'il leur manquait quelque chose pour réussir et devant leur réponse négative rappelle les consignes et donne le départ. Alors dans un profond silence, le miracle se produit puisqu'en moins de cinq minutes, les yeux bandés et sans se parler, le groupe d'acteur réalise le carré parfait… Tout le monde applaudit spontanément…

OUTIL

La boucle de la réussite

*   Concevoir
*   Mettre en œuvre
*   Réaliser
*   Fêter et célébrer

Bilan de l'action collective

Voici le bilan de l'action collective, partagé en plénière par tous les participants.

Forces : bonne exploitation de l'environnement, bonne discipline pour se tenir aux rôles définis. Bonne adhésion à un leader qui connaît la stratégie. Le leadership peut tourner. Les coachings intermédiaires ont apporté recul et soutien.

Axes de progression : le leader doit gérer la communication, déléguer, définir les points de contrôle, améliorer l'analyse des paramètres en amont, améliorer l'organisation en anticipant, améliorer la transmission des informations.

Voici les engagements de chacun, acteurs et observateurs confondus :

— Jean-Michel B. : respecter les règles, jouer le jeu ;
— Éric : insister sur la coordination ;
— Vincent : insister sur la réaction à l'imprévu ;
— Gérard : insister sur la préparation et la méthode ;
— Jacques : insister sur la réaction à l'imprévu ;
— Thierry : insister sur la préparation et sur l'écoute du leader ;
— Albert : insister sur la coordination ;
— Jean-Michel A. : insister sur la préparation et sur la cohésion ;
— Gilles : respecter les règles et favoriser la cohésion ;
— Patrick : insister sur l'atteinte de l'objectif atteint et sur la réaction à l'imprévu ;
— Philippe : insister sur la réaction à l'imprévu ;
— Guillaume : insister sur la coordination.

Partage en plénière autour de la notion de coopération

Quels sont les enjeux de la coopération ?

— La performance : un haut niveau d'atteinte de la mission en euros ou temps ou autre récolte.
— La créativité : la résolution de conflit, la motivation, l'implication.L'autonomie du groupe et des personnes appartenant au groupe : un esprit d'initiative.

Quelle est l'utilité de la coopération ? Obtenir un résultat par la coopération se distingue d'autres modes d'obtention de résultats, comme l'exercice du pouvoir, la coercition, l'attente magique, la bouderie et autres techniques d'usage fort répandu.

La coopération est loin d'être le mode d'obtention le plus facile, ni le plus rapide, mais elle a des avantages : des résultats de meilleure qualité, des résultats plus durables, et elle améliore la relation en même temps qu'elle apporte des solutions concrètes. Les autres modes donnent des résultats à court terme, mais endommagent la relation à long terme.

OUTIL

Les cinq règles de la coopération

Pas de pénurie, mais une abondance : les parties prenantes ne doivent pas être en manque d'information, de temps, de reconnaissance, ne doivent pas être en insécurité, au point d'élire l'objet de la coopération comme un moyen de satisfaire des besoins vitaux hors du champ prévu de la coopération.

Pas de secret, mais une communication claire et directe : il ne s'agit pas de « tout » dire, mais de ne pas induire, par une communication indirecte, implicite ou manifestement incomplète, le sentiment, chez l'autre, qu'il n'a pas toutes les données dont il a besoin, y compris les données stratégiques. Les difficultés techniques ou relationnelles sont également évoquées et traitées, sans tabou.

Pas de privilèges, mais des droits égaux : il s'agit d'équité plus que d'égalité, car les contributions et rétributions peuvent être différentes. Il faut alors équilibrer la contribution de ceux perçus comme moins productifs par de la reconnaissance pour leurs apports indirects.

Pas de jeux de pouvoir : qu'ils soient subtils ou plus grossiers, les jeux de pouvoir démobilisent et génèrent des conflits. Qui a envie de coopérer avec quelqu'un qui se met en relation de pouvoir ?

Pas de sauvetage : chacun est supposé demander ce dont il a besoin, personne n'est chargé de « deviner » les besoins de l'autre pour y répondre sans vérifier.

OUTIL

Les dix critères et bases de fonctionnement d'une équipe

Pour qu'une équipe soit cohérente, il est important qu'elle réunisse les conditions suivantes :

Des frontières identifiées : qui fait partie du système ?

Un leader puissant nommé par l'environnement dont le rôle d'expert et de médiation est perçu par tous.

Une mission collective fixée par l'environnement, des rôles définis et des objectifs individuels en cohérence avec le cahier des charges fixé par l'environnement.

Une vision de qui nous sommes et de ce que nous voulons devenir.

Des règles de fonctionnements : confidentialités, co-responsabilité, réactivité, confrontation positive.

Des modes de prise de décisions : comment le leader décide, sous quelle forme de consensus.

Une clarification de la circulation de l'information et de la communication.

Une instance de régulation des désaccords.

Des valeurs partagées portant sur les clients, les personnes, l'autonomie, le sens, le métier.

Une économie de signes de reconnaissance basée sur l'abondance et non sur la pénurie.

Une équipe a une durée de vie limitée dans le temps, sa construction et sa dissolution doivent faire l'objet d'une attention particulière.

Les perceptions du comité de management

Après la pause, nous travaillons sur l'application avec les perceptions du Comité de management, ses obstacles et opportunités prioritaires.

- Objectif : se centrer sur nos priorités.
- Résultat : dépasser des obstacles ensemble.

Trois groupes sont formés pour travailler en consensus, selon les consignes pédagogiques suivantes, sur les perceptions des opportunités et obstacles :

- identifier ensemble quelques points qui sont pour vous un atout ou une ressource ou une qualité ou une opportunité de votre « équipe » ;
- retenir du compte rendu d'audit les deux plus importants en expliquant la raison de votre choix et comment l'utiliser ;
- identifier ensemble quelques points qui sont pour vous, un frein, un obstacle ou une préoccupation ou une faiblesse de votre « équipe » ;
- retenir les deux plus importants en expliquant la raison de votre choix et comment le dépasser ;
- rappeler ce qui est important pour vous et comment rendre concret cet idéal.

Le consensus doit permettre de développer deux axes : l'intention et l'attention, l'impact et l'empathie de chacun des membres du groupe.

Processus : répartition en deux groupes dans deux salles différentes pour 30 minutes puis prolongations, avec gardien du temps et rapporteur. Puis partage en plénière d'une durée de 30 minutes : le rapporteur présente les travaux de groupe avec ses valeurs et ses préconisations.

Voici ce qui a émergé du débriefing…

	Atouts	**Obstacles**	**Remèdes**
Groupe 1	La motivation : on aime ce que l'on fait. La satisfaction. La reconnaissance.	Les moyens.	L'embauche. L'anticipation. L'adéquation entre les moyens et les actions. La gestion du temps.
Groupe 2	Notre maison est une entreprise reconnue. Notre système interne de formation continue est très au point.	L'évolution est trop rapide. Le manque de communication dans les hiérarchies. Les agents sont perdus avec le nouveau logiciel.	Que l'organisation soit mieux définie. Qu'il y ait un portail d'entrée à un niveau national. Qu'il y ait un accompagnement des nouveaux logiciels.

Puis nous procédons au final : un mot que je retiens de la journée que je viens de vivre : ce qui m'a intéressé, ce qui m'a touché, ce que j'ai envie d'appliquer.

– J.-M. 1 : la cohésion
– Thierry : l'écoute
– Gilles : l'écoute
– Vincent : la remise en question
– Albert : s'ouvrir, parler, expliquer
– Gérard : la communication
– Patrick : la cohésion, l'esprit d'équipe
– Jacques : la cohésion
– J.-M. 2 : nos points communs
– Éric : la cohésion
– Guillaume : les points communs
– Philippe : on a les mêmes préoccupations

Le lendemain, le coach proposera de changer de place et de regard et lit les messages affichés.

> « Voyageur, le chemin n'existe pas, c'est en marchant que se fait le chemin. » (A. Machado)

Les liens entre management, leadership et psychologie

Quelle est l'origine du désir d'échouer en se donnant bonne conscience ? Comment calmer la culpabilité ?

La culpabilité n'est pas le résultat de l'échec mais l'origine. Lorsque l'on a décidé de réussir, on plie la réalité à ses souhaits. Lorsque l'on ne croit pas à sa réussite, on met en place une stratégie d'échec.

L'insuccès prend sa source dans un blocage inconscient, dans une culpabilité à gagner, car la culpabilité est le moteur et non le fruit de nos actions inadéquates.

Pour valoriser les comportements de la chance, on travaille sur les émotions positives qui rendent la pensée plus ouverte et plus clairvoyante.

Les travaux de psychologie cognitive de Paula Niedenthal montrent que la formule du bonheur, de la réussite est d'avoir trois pensées positives pour une pensée négative.

Faisons le pari optimiste que nous allons réussir, imaginons le pire pour anticiper les obstacles, tirons la leçon de nos échecs, entraînons-nous avant d'agir, osons prendre des risques, ne mettons pas la barre trop haut, allons au bout de notre projet, et, toujours, gérons nos pensées négatives.

Le métier de manager consiste à faire le ménage dans l'organisation des résultats, tandis que le leader fait le ménage dans le fonctionnement des émotions, pour mettre une équipe en dynamique de réussite. En effet, tout part des émotions qui conduisent vers la motivation, la démotivation, le stress, la dispersion, le repli ou l'absence de communication…

L'émotion s'élève à la rencontre de deux êtres suivant leurs habitudes de réagir, leurs stratégies personnelles. C'est ainsi, suivant leur dominante comportementale, que certaines personnes se mettent dans l'insécurité et que la peur les habite de façon dominante. D'autres personnes se situent dans l'envie, et c'est le désir qui les hante. D'autres encore se posent en opposition systématique et vivent l'émotion de colère de manière répétitive. Certaines personnes se mettent naturellement en comparaison avec l'autre qui se trouve sur leur chemin et c'est la jalousie qui les anime. Certaines enfin se mettent systématiquement au dessus et c'est l'orgueil qui les motive.

Le coaching se propose d'aider un manager à devenir leader en développant son influence sur cinq critères en dépassant les cinq émotions perturbatrices majeures afin de savoir comment s'automotiver et motiver ses équipes :

– clarté des messages : dépasser la confusion et la peur ;
– capacité d'adaptation : pacifier son désir et ses frustrations ;

– négociation et force de conviction : gérer sa colère ;
– écoute : développer un orgueil positif ;
– capacité à valoriser les autres : résoudre sa jalousie.

OUTIL

Quatre nobles vérités

La vie est alternance de tension et de détente, de confusion et de clarté.

L'origine de la tension et de la confusion, c'est le blocage de nos esprits.

Cette tension et cette confusion peuvent cesser si l'on dépasse nos fixations.

Le chemin pour que la tension et la confusion cessent est d'entrer dans une voie médiane qui intègre les deux points de vue. Ainsi on passe de la confusion à la connivence et à la conscience en déployant une pensée juste, un cœur juste et une parole juste.

OUTIL

Quatre rappels

Le temps est précieux : tout peut s'arrêter si soudainement.

La vie est éphémère : la vérité, c'est l'impermanence. Vivons toujours comme si c'était notre dernière journée pour nous éloigner des certitudes qui nous figent.

La loi de la vie est le karma : toute action a une conséquence, il nous appartient de décider ce que nous voulons faire de notre vie.

Il est vain de continuer à errer et à nous agiter dans le samsara : il ne tient qu'à nous de cesser de reproduire nos schémas négatifs de comportement.

Un leader, en surmontant les perturbations de son caractère, développe son intuition, sa confiance en soi et en l'autre et son courage. Le travail sur les émotions décentre de son ego et permet de trouver une porte de sortie. Prendre soin de soi et de l'autre éloigne des jeux de pouvoir.

Un leader doit donc évaluer la qualité de sa présence d'esprit ou de son niveau de confusion : il sait gérer les émotions et développe des comportements de soutien, d'audace, de reconnaissance, de négociation, d'animation et sait faire la fête quand le projet est réalisé.

Restitution : météo du matin

Le coach rappelle l'importance du travail inconscient de la nuit.

- Gilles : content d'être avec mes collègues
- Gérard : bonne humeur, il ne faut pas se plaindre
- Patrick : détendu, à l'écoute
- Éric : bonne humeur
- J.-M. 1 : bonne humeur, joie
- Thierry : détendu, bonne humeur
- Albert : détendu
- Jacques : bien
- J.-M. 2 : détendu
- Guillaume : bien
- Vincent : content, heureux
- Philippe : calme, bien dormi

Le coach est soulagé, le travail de mise à plat des ressentis, la soirée de partage ont agi dans le sens de l'apaisement et de la remotivation.

Gestion du temps

Explicitement : pour assurer la pérennité de la performance. Implicitement : gestion des priorités pour trouver le sens, clarifier ses messages, développer son charisme, gérer son stress et son énergie, pour accorder aspirations personnelles et projet professionnel.

- Objectif : Prendre du recul pour structurer sa réflexion et identifier ses leviers d'action.
- Résultat : prioriser : ma responsabilité, mon profit

Ce sont les mêmes zones du cerveau qui sont activées lorsque vous imaginez et lorsque vous agissez…

Cela dépend de l'action des fameux neurones miroirs logés dans les zones motrices du cortex préfrontal, qui montrent qu'observer c'est exécuter. Il est alors important d'avoir cette discipline à chaque instant de se préparer en imaginant là où il serait bien pour nous d'aller.

Soyez précis sur les critères de l'objectif final : voir, entendre, sentir, financier, communication, production… Vous serez attiré par cela.

Même aujourd'hui, où les horizons se limitent en durée, l'important, c'est le chemin, un objectif clair inscrit un chemin inspirant pour devenir créateur de sa vie, plus acteur, moins victime, pour habiter son projet, pour voir le verre à moitié rempli.

Loi de Parkinson

EXERCICE D'ENTRAÎNEMENT
EXERCICE EN PLÉNIÈRE

- Combien de temps vous faut-il pour qu'une réunion soit efficace ?
- Êtes-vous moins efficace si vous travaillez moins ?
- Rattrapez-vous le temps d'absence en vacances, en séminaire ?
- Un regard nouveau ne vous permet-il pas de prioriser ?

Qu'est ce qui détermine la fin d'une activité ? Surtout pour un perfectionniste ! Les psychologues savent que l'information importante arrive dans les dernières minutes. En amoindrissant la durée on fait des choix, on va à l'essentiel, on s'organise, de façon individuelle comme de façon collective… L'efficacité n'est donc pas fonction de la durée…

Le groupe : concernant les réunions efficaces, cela dépend du message, de l'humeur. Plus d'une heure c'est limite, deux heures c'est trop, et une demi-heure c'est le maximum !

Le coach : engagez-vous à faire des réunions courtes. C'est la culpabilité qui nous invite à faire de longues réunions, non l'efficacité.

EXERCICE D'ENTRAÎNEMENT
EXERCICE EN SOLO

Je vous propose de prendre une feuille blanche pour écrire votre définition de l'efficacité, et celle de la satisfaction, source de motivation et donc de performance. Peut-on être efficace sur le long terme sans être satisfait ?
Décrivez une journée réussie.

Partage en plénière : qu'avez-vous découvert ?

- Patrick : « Réaliser mes projets, les faire partager. J'aime la convivialité, la quiétude, le positif, les restos, la sieste et la pêche, les choses qui avancent dans une bonne ambiance » ;
- JM1 : « Atteindre mes objectifs dans un délai raisonnable. Avoir un sentiment personnel de réussite. J'aime quand j'ai terminé avec succès et dominé la situation » ;
- Albert : « Avoir atteint mes objectifs, aller au bout dans les délais, avec le budget et les moyens éthiques. J'aime ce que je connais. »
- Éric : « Faire des réunions courtes et efficaces pour atteindre mon but. J'aime me détendre, laisser place à l'imagination. »
- Philippe : « Avoir un objectif clair, un délai raisonnable, sans générer d'autres problèmes. Avoir un sentiment plutôt personnel, pas forcément partagé. Une bonne journée est une journée qui se termine avec moins de problèmes qu'elle n'a commencé, j'ai fait face à l'imprévu et je suis resté disponible. »
- Thierry : « Atteindre mes résultats en temps, moyens et rendements. Être content quand le résultat est atteint. J'aime quand à la fin de la journée, je suis calme et serein tant professionnellement que personnellement. »

- J.-M. 2 : « Atteindre le but fixé. J'aime des journées où je suis tranquille et je ne suis pas dérangé. »
- Gilles : « Il faut concilier les réunions avec les urgences du quotidien. J'aime quand l'évolution est formidable, quand tout le monde se retrouve. Ce que j'aime, c'est d'avoir au moins une dominante positive, une satisfaction ».
- Gérard : « Avoir un objectif temps bien réparti. Trouver le plaisir de rencontrer des challenges. Ce que j'aime c'est d'être seul en mer dans le calme. »
- Jacques : « Faire en sorte de ne pas créer d'autres besoins. J'aime l'état de joie et de sérénité. »
- Vincent : « Apporter quelque chose de plus. J'aime réussir à allier travail et sport ».
- Guillaume : « Être sans soucis, libre, décidant de mon destin, trouvant de nouvelles idées qui font progresser ».

La grille d'Eisenhover, des urgents et des importants

Prioriser, c'est choisir ce qui correspond à ma responsabilité et à mon profit. Chaque participant s'emploie à faire ses quatre cases pour redécouvrir la notion de sens.

La loi de Pareto

Quel est le noyau dur de votre fonction, votre valeur ajoutée ? Identifier le peu qui produit le beaucoup. Attention de ne pas vous leurrer sur le plaisir qui conduit à la motivation et à la performance.

EXERCICE D'ENTRAÎNEMENT
GESTION DU TEMPS

- Qu'est-ce que j'aime dans ma fonction ?
- Qu'est-ce qui me manque et me préoccupe ?
- Qu'est-ce que j'aimais dans ma précédente fonction ?
- Quelle est mon exigence pour ma prochaine fonction ? À quelles conditions changer de fonction ?

À partir de lundi, qu'est-ce qui va donner sens à votre semaine ? Je vous propose d'identifier « les importants » pour la semaine prochaine. L'idée est de déterminer précisément ce qui va colorer votre semaine !

– Gérard : « La semaine prochaine, ce sont mes vacances. Donc ce qui est important c'est l'humeur de ma femme. Pour qu'elle soit heureuse, je m'appliquerai à faire ce qui lui fait plaisir et tout ira bien ! »
– Patrick : « Suivre mon contrat d'objectif. Être en forme au tennis. »
– Vincent : « La semaine prochaine, arriver à mes fins, réussir à réaliser mon projet. »
– Thierry : « Faire adorer, non je voulais dire adhérer, aux objectifs de l'entreprise. Discuter, faire comprendre, communiquer. »
– Jean-Michel 1 : « Rentrer le soir sans sentiment de malaise ou de mal-être. Être serein… donc je délègue. »
– Jacques : « La tête vide sans se poser de questions. Trouver un contact émotionnel quand on rentre chez soi… Donc, je me détache de temps en temps, je prends du recul. »
– Jean-Michel 2 : « Il n'y a pas que le boulot. Il y a la vie de famille, l'écoute de sa famille… donc quand je suis à la maison, je fais une réelle coupure avec le travail ».

Maintenant, identifiez le peu d'activité qui provoque beaucoup de résultats. Votre valeur ajoutée. Réaction du groupe : « Le vrai problème est que le pouvoir est décentralisé, nous n'avons pas suffisamment de pouvoir pour être efficace. » Le coach : « Qu'est-ce que vous aimez ? »

– Patrick : « chaque matin prendre la température de l'ambiance dans mon équipe. »
– Jacques : « les impondérables. »
– Thierry : « la diversité, la remise en question permanente. »
– Gérard : « la bonne humeur. »

Le coach : « Qu'est-ce qui vous manque ? »

– Vincent : « apprendre à dire non. »

– Patrick : « il faut recruter dans le top 10, alors que moi je cher-che quelqu'un qui a envie d'évoluer, qui aime son travail ! »

Le coach : « Demandez-vous quelle est votre exigence pour votre prochaine fonction. »

– Jean-Michel : « Nous sommes des cadres non diplômés, donc nous ne comptons pas. Nous trouvons des postes internes et nous espérons les décrocher, mais la différence est trop impor-tante entre les diplômés et nous. »

Le coach : « Comment pouvez vous gérer votre réseau d'influence ? »

– Patrick : « Dans les mentalités actuelles, nous gardons les agents deux ou trois ans puis ils s'en vont, il n'y a pas de retour sur investissement. »

Le coach : « Qu'est-ce que ce travail sur la gestion du temps vous a apporté ? »

- Patrick : prendre du temps libre.
- J.-M. 1 : plus de management.
- Gérard : plus de management.
- Gilles : je sème, je veux récolter.
- Thierry : demain on verra face aux urgences !
- J.-M. 2 : il faut trier par case.
- Patrick : prendre du recul, se tenir prêt.
- Jacques : prioriser.
- Vincent : trier par case.
- Gilles : ce n'est pas gagné !
- Gérard : prioriser les urgences.
- Guillaume : trier par case.

Exercice de gestion de conflit et de négociation

La situation

L'histoire se déroule dans une PME française de 365 personnes, Compucom. Une entreprise spécialisée dans la fabrication de pro-duits de communication de haute technologie pour des marchés sensibles tels que la défense. Compucom est dirigée par son fondateur, monsieur Soupaulait. Un homme actif, entreprenant, ayant un caractère difficile.

Deux personnes nous intéressent. Un manager A. et son collaborateur B. Ils sont tous les deux ingénieurs et ont pour fonction de vendre les produits de la maison à un ensemble de clients français et étrangers. Ils travaillent ensemble depuis cinq ans. Ils s'estiment sur le plan professionnel, ne se connaissent pas bien sur le plan personnel.

Avant-hier soir, vers dix-huit heures, B. a laissé chez un client un dossier contenant des processus de fabrication d'un produit stratégique pour l'entreprise.

Apparemment il l'aurait oublié… Pour des raisons qu'on ignore, le dossier serait aujourd'hui entre les mains de la concurrence !

Chez Compucom, on vient d'apprendre l'information. Elle suscite beaucoup d'émotion. A. convoque B. d'urgence pour un entretien qui aura lieu dans quarante-cinq minutes entre deux participants de ce groupe.

Fiche du manager A.

Vous êtes très préoccupé par cette affaire. Vous n'avez pas vu B. depuis avant-hier soir. Vous allez avoir dans quarante-cinq minutes un entretien avec lui (ou elle).

Le directeur souhaite son licenciement immédiat pour faute professionnelle. Vous souhaitez quant à vous le (la) garder mais lui donner une sanction.

Après avoir désigné parmi vous un volontaire qui jouera le rôle de A., discutez ensemble de comment vous allez mener cette négociation en tenant compte des trois points suivants :
— affirmation de la position de A. ;
— écoute de la position de B. ;
— dépassement du problème : comment chacun atteint son objectif, comment trouver une issue gagnant/gagnant.

Fiche du collaborateur B.

Votre position est difficile. Vous avez commis une faute en laissant ce dossier chez votre client. Vous ne comprenez pas bien comment il a pu ensuite passer à la concurrence. Vous êtes très préoccupé, mais de bonne foi : vous n'avez pas commis de malhonnêteté.

Vous hésitez entre le fait de « minimiser » la faute (c'est pas grave parce que…) et le fait de la reconnaître. Quel choix allez-vous faire et pourquoi ?

Votre objectif est de rester dans l'entreprise. Vous ne souhaitez pas être licencié. Comment négocier votre objectif ?

Après avoir désigné parmi vous un volontaire qui jouera le rôle de B., discutez ensemble de comment vous allez mener cette négociation en tenant bien compte des trois points suivants.

– examinez les deux choix : minimiser ou reconnaître la faute et expliquez bien votre choix ;
– affirmation de votre personne et de votre position ;
– dépassement du problème. Comment chacun de vous sort « gagnant » de la situation.

Consignes pour une meilleure préparation de la rencontre

Affirmation et impact de l'objectif :
– quel est mon objectif lors de l'entretien ? À court terme, à long terme ?
– comment j'exprime ou rappelle mon objectif lors de l'entretien ?
– quels sont mes points forts et mes points faibles dans l'entretien ?
– quelles sont mes stratégies d'action ?
– quel va être mon comportement dans l'entretien ?
– comment je souhaite clore l'entretien ?

Écoute et empathie pour saisir les opportunités :
– quel est l'objectif de mon interlocuteur ?

- quels sont ses points forts et ses points faibles ?
- comment j'écoute ses arguments, que puis je retirer de cette écoute ?
- quelles sont ses stratégies d'action ?
- quels vont être les comportements de mon interlocuteur, comment s'y préparer ?
- comment mon interlocuteur souhaite t il clore l'entretien ?

Dépassement du problème et prise de recul :
- quelles sont nos zones possibles d'accord ?
- comment évoquer les opportunités à long et moyen terme ?
- comment pouvons nous gagner chacun et ensemble ?
- comment pouvons nous voir cette situation positivement ?

Processus

Pendant leurs trente minutes de préparation, le groupe B. n'arrive pas à se mettre d'accord sur celui qui devra jouer le rôle. Toutefois, nous pouvons constater plusieurs propositions d'approches. Pour Philippe, il faut minimiser ; Pour Patrick, il faut jouer la carte de l'affectif.

Ils essayent de deviner qui jouera le rôle du manager A. et sont convaincus que cela sera Jean-Michel. Et c'est donc par rapport à cette hypothèse qu'ils vont se décider pour désigner Philippe, qui compte sur son sens de l'improvisation et ne prépare pas grand-chose. Or c'est Thierry qui endosse le rôle de A..

Dès le début de l'entrevue, les deux acteurs décident de rester debout à la demande de B., qui a les bras croisés, A. est tranquille. B. commence par se perdre en excuses, puis devient offensif. A. écoute et fait une proposition pour arriver à une entente.

Arrêt coaching : A. et B. retournent vers le groupe pour demander conseil, et arriver à un point d'entente.

B. redémarre très offensif. A. lui fait la proposition de réduire son salaire pendant trois mois. B. n'accepte pas et le défie en donnant sa démission… A. écoute.

Arrêt coaching : l'équipe de A. lui demande d'être plus offensif, et l'équipe de B. lui demande d'être plus conciliant.

A. prend la parole, résume la situation puis fait une proposition afin d'éviter de demander l'arbitrage du patron. B. lui dit qu'il n'est pas d'accord et que s'il doit partir, ils n'ont qu'à partir tous les deux !

Dernier arrêt coaching : les deux équipes tentent ardemment de trouver une porte de sortie honorable.

A. répond qu'il ne peut pas le suivre s'il quitte l'entreprise, mais propose à B. une dernière offre : reprendre le dossier perdu, essayer de le rentabiliser et surtout rester ensemble. B. est d'accord et le marché est conclu avec A.

Débriefing en sous-groupe avec rapporteur en plénière.

Sur le fond : Tête Cœur Corps, pas plus de trois idées, valoriser l'autre, éviter les abstractions, écouter, comprendre le besoin de chacun, avoir une stratégie avec trois options, conclure.

Sur la forme : Trois R : regarder, respirer, rythmer en articulant, en variant le rythme, en parlant avec son corps.

Ce qui a bien fonctionné dans le groupe B. :
- pas d'agressivité entre A. et B. ;
- résultat positif pour A. et pour l'entreprise ;
- B. a bien occupé l'espace ;
- à la fin de l'entretien, A. et B. sont sortis gagnants ;
- durant les arrêts coaching, A. a bien fonctionné, il s'est positionné en attente, il était positif dans sa démarche.

À améliorer pour le groupe B. :
- positionnement de A. embarrassé devant la sanction ou la punition ;
- A. était en difficulté pendant l'entretien entre son affectif avec son collaborateur et ami B. et la demande de sanction de son patron. A. était en porte-à-faux avec son propre patron ;

Les conseils du groupe B. :

- A. peut améliorer son positionnement hiérarchique ;
- B. en a profité, toutefois B. devrait plus être à l'écoute. Le rapporteur fait part de son expérience personnelle de « rebelle » et explique que sans écoute de l'autre, on n'arrive à rien.

Ce qui a bien fonctionné dans le groupe A. :

- objectif gagnant-gagnant atteint. Le conflit s'est dégonflé ;
- importance de la préparation des deux côtés ;
- concernant les arrêts coaching, échanges riches permettant de débloquer la situation.

À améliorer pour le groupe A. :

- le patron met la pression, ils sont deux contre un ;
- B. est expérimenté, A. est sur la défensive ;
- une interrogation : « S'il n'y avait pas eu de pause coaching, comment aurions-nous fait ? » L'arrogance de B. était très risquée.

Le coach poursuit : même lorsque nous avons un objectif semblable, nous imaginons toutes sortes de limites entravant la solution où chacun serait gagnant. Pourquoi ?

APPORT THÉORIQUE

Le triangle dramatique des relations perdantes

Quelle est l'origine des conflits ? La peur des responsabilités, le besoin de donner des conseils, le besoin de bagarrer, mais aussi les objectifs cachés et les doubles contraintes.

Quels sont les rôles ? Le persécuteur-dévalorisateur, le sauveur-interventionniste, la victime-irresponsable.

Comment sortir du conflit ? Éviter les comparaisons, ne pas humilier, laisser parler, formuler un plan d'action.

Quelles sont les méthodes ? « Faire le disque rayé », par exemple en répétant les règles, « faire le sphinx », par exemple en écoutant, « faire l'édredon », par exemple en répétant « j'ai bien entendu ». S'interroger sur son comportement, donner les faits, son ressenti, formuler une demande, découper le problème, commencer par le désaccord le plus faible… Et lâcher prise pour ne plus être victime de nos représentations limitantes !

Final avec les strokes, ou signes de reconnaissance

En cercle, chacun dit à chacun, à tour de rôle, ce qu'il lui apporte dans l'équipe. Il suffit de se préparer à recevoir des compliments en pensant aux gens qui m'apprécient… et de remercier…

Un stroke doit être sincère, spécifique et gratuit, en effet l'intention est très importante. Dans les familles comme dans les organisations, on juge plus que l'on ne donne, or la communication positive énergétise. À l'image du sang qui, s'il ne circule plus coagule, décider de donner ce que nous voulons recevoir permet à l'abondance de l'univers de circuler à travers nos vies. Donner et recevoir, le bénéfice est symétrique, en manifestant sa sympathie, on apporte un changement chez l'autre, changement qui nous change nous même.

APPORT THÉORIQUE

Les strokes

Les signes de reconnaissance, unité de communication et d'énergie émotionnelle échangée entre individus et permettant de se sentir exister, ont été développés par Claude Steiner sous le nom de strokes (qui signifie caresse). Depuis René Spitz et ses travaux sur l'hospitalisme, nous savons que les nourritures affectives sont vitales. Les signes de reconnaissance inconditionnels, c'est-à-dire portant sur l'être, positifs ou négatifs sont plus forts que les signes de reconnaissance conditionnels, c'est-à-dire portant sur le faire, en construction comme en destruction. L'effet positif des signes de reconnaissance est directement lié à leur qualité : ils doivent être argumentés et dosés.

Dans les familles, les organisations, nous jugeons plus que nous ne donnons. C'est pourquoi chacun possède ses filtres pour donner et recevoir pour s'enrichir, demander et refuser pour se différencier. Dans *Stroke City*, Claude Steiner a observé qu'il faut de l'abondance pour coopérer afin de ne pas gérer la pénurie, de thésauriser et de s'appauvrir.

« Quand le sang ne circule plus, il coagule. Décider de donner ce que nous voulons recevoir permet à l'abondance de l'univers de circuler à travers nos vies ». Tagore

La voie la plus simple pour obtenir ce que l'on veut est d'aider les autres à recevoir ce qu'ils souhaitent. Donner et recevoir, le bénéfice est symétrique. En manifestant notre sympathie, nous apportons un changement chez l'autre, changement qui nous change nous-mêmes.

Ce moment de partage est un moment de dédicace : avec quels fruits nous repartons et pour quel développement durable ?

Le coach rappelle que le vrai séminaire commence demain... N'oubliez pas de vous entraîner et de vous amuser, cela donne de la présence !

Les évaluations montrent que le séminaire a été utile :
- pour prendre du recul ;
- pour se découvrir les uns et les autres ;
- pour créer une solidarité, on ne se verra plus jamais comme avant ;
- pour gérer ses priorités dans ses tâches quotidiennes ;
- pour soigner la préparation d'un entretien ;
- pour être plus à l'écoute et mettre en valeur les points forts de chacun, pour se poser les bonnes questions...

Chacun repart plus confiant et dynamisé.

« La communication positive énergétise. » Steiner

Conclusion

Du manager au leader

Le coaching, en développant les compétences émotionnelles et sociales, favorise ce passage important dans la carrière d'un dirigeant qui consiste à évoluer du manager au leader.

Comment accompagner le passage du manager organisateur et communicateur au leader charismatique, développé spirituellement ? Dans la communication au niveau ordinaire, le manager cherche à convaincre, essaie d'imposer sa vision au monde ; dans la communication au niveau spirituel, le leader cherche à transformer sa vision du monde, en développant son intuition et sa sensibilité, pour vivre en adéquation avec son environnement et répondre aux besoins de cet environnement.

C'est un travail sur les hommes et avec les hommes. Cela suppose de développer une absence de préjugés, une aptitude à communiquer dans une ambiance partenariale tout en restant centré sur les objectifs. Un leader est d'abord conscient de lui-même, de sa relation au pouvoir, à l'argent, à l'amour ; il est ensuite conscient du niveau de développement de ses équipiers pour les amener à grandir. Un leader sublime ses blessures, rebondit, sait apprivoiser ses peurs, est intuitif car présent à lui-même, est sensible à la beauté, vit le présent avec intensité. Un leader est pionnier, donne sens aux moments difficiles, a une parole qui met en mouvement, est capable de se remettre en cause.

Un leader développe, à travers une méthode élégante et sans efforts inutiles, une énergie positive de défi, d'anticipation, d'écoute, de capacité à transgresser et ouvre le chemin du voyage et de la fête à ses équipiers.

Dans la première partie, à travers le témoignage d'un dirigeant entrepreneur, Bruno Rousset, président du groupe April, sensible à la souffrance et cherchant à la soulager, nous avons vu que l'art de la gentillesse en entreprise, que le développement spirituel, sont facteurs d'efficacité et de sérénité en développant « l'homme créateur ».

Les apports de la psychologie bouddhiste aux critères du leadership

Ce voyage au pays du développement spirituel en entreprise nous a permis de comprendre les fondamentaux d'un métier pour aider un chef à se développer et à faire évoluer son équipe vers la performance et la générosité dans le monde de la complexité, où le stress est grandissant. L'entreprise est, comme les hommes, contradictoire, écartelée entre le ciel et la terre, entre la spiritualité et la matérialité, entre les valeurs et les résultats. Le dirigeant est lui aussi écartelé entre deux intérêts contradictoires : les hommes et les syndicats, le corps chaud des émotions et les actionnaires, le corps froid des résultats chiffrés… L'objectif est de réconcilier les deux pour une efficacité et une sérénité accrue.

Le coaching lui apporte une réponse adaptée. Il permet de développer les compétences sociales pour agrandir sa vie professionnelle en prenant du recul par rapport à ses croyances limitantes pour envisager des options plus efficaces. Il représente une offre correspondant à l'évolution des mentalités et au besoin grandissant d'autonomie des personnes. Loin d'être un instrument de contrôle social, il met les hommes au cœur des organisations dans une perspective de développement durable.

Dans la seconde partie, grâce au témoignage du directeur spirituel d'un centre de réflexion bouddhiste, Lama Jigmé Rinpoché, nous avons appris que la philosophie bouddhiste cherche la nature de la réalité perçue pour se délivrer de la souffrance. Et que la souffrance résulte d'un tumulte émotionnel lié à la confusion de notre esprit, confusion dépendante de la force de notre désir et de l'état limité de nos connaissances.

L'esprit du coaching

Il est pour moi maintenant important d'insister sur les aptitudes d'un coach à se remettre en cause et de s'assurer qu'il fait un travail sur lui-même pour « nettoyer ses propres lunettes émotionnelles filtrant ses représentations du monde » avant de prendre le risque d'aider l'autre à voir autrement…

La philosophie bouddhiste, par sa tradition intérieure de science de l'esprit, se révèle être une approche extrêmement précieuse pour faire ce travail en profondeur sur les mouvements émotionnels qui nous habitent et qui peuvent nous limiter dans notre écoute, dans notre clarté d'esprit, dans notre générosité et dans notre attention à notre dirigeant coaché.

Les métiers comme celui-ci exigent une rigueur et une déontologie vérifiables. Dans toutes les écoles de coaching sérieuses, ce préalable est indispensable. Nous refuserons de former un coach, même si sa qualité d'écoute et de réflexion est reconnue, s'il n'a pas auparavant fait un travail impliquant de développement personnel sur lui-même.

« Ce que je sais très certainement, dit le coach expérimenté et sûr de lui-même, c'est que je ne sais pas et que mon rôle est le plus longtemps possible de rester dans cette ignorance sage. La qualité de mon apport repose sur ce principe incontournable. Mon client, quel que soit son âge, son expérience, son sexe, sait, même s'il ne le sait pas encore. Cette foi inébranlable, dans les moments de doute, autorise ma compétence et le sens de ma présence en tant que coach… » Et notre métier délicat nous demande de laisser le client trouver lui-même son chemin dans toute l'expression et la liberté de sa personne sans qu'il puisse ressentir au fond de lui-même, un jour, l'amertume de se dire, que son coach lui a procuré la solution qu'il recherchait. Ce moment pris avec soi-même a essentiellement pour propos de permettre de bien identifier qui nous sommes et de nous rassembler sur l'essentiel de notre apport : l'écoute de ce que dit l'autre, simple et libérée de toute projection personnelle.

De même est-il également très recommandé, et c'est une source de renouveau, de suivre régulièrement des séances de supervision avec un superviseur compétent, et de toujours bien conserver à l'esprit que l'esprit d'humilité et que l'esprit d'étonnement sont nos outils prioritaires pour découvrir et aider en développant la confiance et la reconnaissance.

Les perspectives du métier sont nombreuses et variées. Elles représentent un changement culturel majeur pour dynamiser le management et les aptitudes au leadership.

Le coaching est « un miroir qui renvoie l'essentiel ». Il permet au « dirigeant de demain », entre paradoxe et incertitude caractérisant notre monde moderne, de s'appuyer sur la seule clé utile pour professionnaliser son management : élargir le champ de son ego pour se centrer sur l'homme, principale richesse de l'entreprise et ainsi créer une dynamique collective, facteur de performance économique et sociale car le développement durable est, dès son origine, humain.

Dans la deuxième partie, grâce au témoignage du psychiatre cognitiviste et bouddhiste Christophe André, nous avons également vu comment la psychologie bouddhiste nous aide à comprendre et à dépasser les pertes d'énergie en entreprise dues aux perturbations de notre esprit.

La noblesse du métier de coach

La philosophie nous a transmis deux messages essentiels : réussir sa vie, c'est dépasser ses peurs et le regard inconditionnel de confiance est le seul sentiment qui permette de se décentrer de son ego. Mon éditeur et moi-même espérons que ce voyage dans l'âme humaine en entreprise vous a donné l'envie de comprendre et d'aimer la richesse et la diversité de ce magnifique métier de coach, qu'il vous a aidé à mieux comprendre comment il se pratique et à quoi il peut servir dans le cadre du management de demain pour aider un leader à évaluer la qualité de sa présence d'esprit ou de son niveau de confusion.

Rappelons-nous… « La mission du leader est de conduire en prenant soin de tout, en voyant les conséquences à long terme, en corrigeant et en encourageant. En surmontant les perturbations de son caractère, il développe une motivation positive, son intuition devient juste, il développe présence d'esprit et force de caractère. »

Le métier de coach est un métier de passeur, qui permet d'alléger le poids que porte le dirigeant. En effet, ce dernier vit des passages parfois déchirants, souvent peu ritualisés, et doit sans cesse se reconstruire dans un monde souvent morcelant. Il trouvera dans le coaching un espace de respiration pour développer sa fluidité interne et la prise de distance qui caractérise la croissance. Ainsi, de coaché il deviendra leader-coach, développant la santé sociale de son équipe en favorisant la créativité de ses collaborateurs. Le métier de coach est un noble métier…

Garches, 13 juillet 2008

Annexes

Annexe 1

Auto-coaching introspectif

Pour réussir sa vie professionnelle, il faut connaître son environnement, les valeurs de son entreprise et ses possibilités d'évoluer, de créer des liens positifs. Il est important aussi de se connaître et de s'affirmer, de gérer son image et son énergie. Il est essentiel de transformer les erreurs en détermination, les dépits en défis pour avancer de façon constructive.

Je vous propose une « feuille de route » pour développer votre assertivité, pour mieux communiquer et atteindre votre but en interagissant efficacement et sereinement.

Rien ne remplace le dialogue avec un professionnel, puisque nous nous construisons dans la relation. Cependant, l'auto-coaching permet de se préparer et de décider de se mettre en mouvement.

1. Je fais le point et j'explore mes niveaux de changement

Quels sont les tops et flops de ma vie professionnelle et extra-professionnelle ? Quelle est ma définition de la réussite et de la non-réussite ? Quelles sont mes forces et mes faiblesses ? Comment mon étoile brille-t-elle ? Comment puis-je représenter ma matrice identitaire ? Mon Prince, mon Crapaud, mon Masque ? Qui sont les héros qui m'habitent ?

En quoi suis-je concerné par mon environnement ? Qu'est-ce que je fais là ? Comment je le fais ? En quoi est-ce important pour moi ?

Qui suis-je ? Quel est le point commun ? Quel est le fil rouge entre tous mes rôles ? En quoi mes atouts représentent-ils un bénéfice pour mon entreprise ?

Quelle est ma mission ? Quels sont mes groupes d'appartenance ? Quel est le service que je rends en habitant sur cette terre ?

2. Je gère mes émotions

J'écris une par une les cinq émotions de base : ignorance/peur, désir, colère, orgueil, jalousie.

Je me rappelle des expériences marquantes : quelles images, valeurs, croyances est-ce que je vois ? Qu'est-ce que j'entends ? Qu'est-ce que je ressens dans ma voix, dans mon regard, dans mes gestes…

Mon scénario : quelle est mon entreprise intérieure : le thème, les personnages, le décor, le moment critique, le titre, les réactions du public.

Je m'associe à mon émotion positive : je cherche mes atouts pour les ancrer, les imprimer dans ma mémoire avec un geste, un mot, une image ressource.

Je me dissocie de mon émotion négative, je me mets en méta-position : je décris une de mes non-réussites comme si je parlais de quelqu'un d'autre.

3. Je prends le contrôle

Je gère mon image interne, source d'estime de soi et de sécurité, d'affirmation de soi et d'influence sans emprise.

Je m'appuie sur mes préférences comportementales identifiées avec un outil de diagnostic.

Je fais dialoguer en moi des polarités contraires, avec l'exercice des animaux que j'aimerais mettre sur mon blason pour me représenter, afin d'assouplir mon comportement.

Je rassemble autour de moi, sur mon bureau « les objets de mon talent », les symboles de mon énergie, le blason de mon projet et ma devise. Je sais quelle image je veux donner de moi.

4. Je planifie mes réussites

J'applique les trois critères de formulation d'objectif : précis, positif, possible.

5. Je me mets à la place de l'autre

Je développe mon assertivité en me centrant sur moi : qu'est-ce que je veux ?

Je développe mon empathie en me centrant sur l'autre : que ressent-il, que veut-il ?

Je développe mon accès à la métaposition, qui implique une véritable écoute : que faisons-nous ensemble ? Comment dépasser ensemble le problème ?

6. Je pose les bonnes questions

Je me rappelle que le jugement m'éloigne de l'autre et de moi-même, me conduit vers des impasses et des malentendus, alors que l'observation avec mes cinq sens me rapproche de lui et de moi.

7. Je communique avec efficacité

Je me synchronise pour développer mon observation et mon empathie.

J'apprends à donner un compliment ou une réprimande, en exprimant mon ressenti et mon besoin, tout en restant centré sur les faits pour mettre en place une relation de qualité.

8. Je gère mon temps

Je suis vigilant devant mes passivités : abstention, agitation, sur adaptation, incapacitation.

J'identifie mes Urgent/Important : ce sont eux qui donnent sens à ma vie.

9. Je gère mon stress

J'identifie mes signaux avertisseurs et je liste mes besoins à satisfaire pour me faire et faire du bien.

J'apprends à convaincre de la valeur de mon projet, de ma pédagogie de dirigeant : quelles sont mes idées stratégiques ? Mes valeurs ? Mon type d'énergie ?

10. Je connais mon réseau d'influence

Je trace mon sociogramme avec mon nom et mon projet au centre, et autour les fonctions, compétences et positions de mes relations.

Je me rappelle que nous avons tous une mission, un talent à offrir et que notre chemin est de saisir les opportunités pour développer une action juste.

Je suis talentueux malgré mes imperfections, l'autre aussi malgré ses différences, nous sommes interdépendants comme le battement d'aile du papillon et la tempête, je prends ma place en fonction de mon talent, j'identifie les apprentissages de mes non-réussites et je fête mes réussites.

Annexe 2

Test d'intelligence émotionnelle[1]

Le bonheur, l'aptitude au bien-être dépend de ce que nous appelons aujourd'hui le quotient émotionnel, ou QE. Si le QI a émergé lentement au cœur de la recherche psychologique de la fin du XIXe siècle, le QE est « une découverte » de la fin du XXe siècle, dont la popularité a largement dépassé la maturité scientifique.

C'est un journaliste américain, diplômé de psychologie, Daniel Goleman, qui popularisa la notion d'intelligence émotionnelle à partir de travaux expérimentaux de chercheurs comme Peter Salovey, de l'université de Yale.

Nous ne disposons pas aujourd'hui en matière de QE d'autant de travaux que sur le QI. Pourtant le concept d'intelligence émotionnelle est très opérant. Il permet de comprendre pourquoi, à intelligence formelle égale, certains « réussissent » mieux que d'autres.

Pour s'adapter à un monde en mouvement, l'intelligence classique ne suffit plus. Notre manière d'appréhender les changements est déterminante. Nous devons quotidiennement faire appel à ce que l'on nomme l'intelligence émotionnelle, qui est notre capacité à utiliser au mieux nos émotions et notre intuition.

Pour nous permettre d'explorer cette dimension, voici quarante-deux affirmations. Choisissons dans quelle mesure elles nous correspondent en cochant la formule de notre choix. Ne passons pas trop de temps sur chaque question, suivons notre intuition…

---

1. Élaboré par le Dr Christophe André.

Questionnaire

Dans les propositions qui suivent : cochez la formulation de votre choix	Très vrai	Plutôt vrai	Plutôt faux	Très faux	Points
1 – Il m'arrive souvent de me sentir triste, d'avoir le cafard, sans bien savoir pourquoi.	1	2	3	4	
2 – Je suis capable de lâcher prise et de ne pas toujours chercher à tout contrôler dans ma vie.	4	3	2	1	
3 – Au cinéma, je suis bon public, je ris ou je pleure facilement et j'aime bien cela.	4	3	2	1	
4 – Dans ma vie quotidienne, mes émotions me gênent souvent.	1	2	3	4	
5 – Je peux casser des objets, ou même frapper des gens, lors de grosses colères.	1	2	3	4	
6 – Je repère facilement si l'on est en train de me mentir.	4	3	2	1	
7 – Je suis attentif à savourer les petits bonheurs de l'existence.	4	3	2	1	
8 – Mes émotions peuvent me rendre malade physiquement.	1	2	3	4	
9 – J'ai des sympathies et des antipathies tenaces et du mal à changer d'avis sur les gens.	1	2	3	4	
10 – Quand quelque chose m'a énervé(e), j'arrive à me calmer assez rapidement.	4	3	2	1	
11 – Lorsque je dois parler en public, je ne ressens guère de signes physiques de trac.	4	3	2	1	
12 – Je souffre du « syndrome de la cocotte-minute » si quelque chose m'énerve, je ne dis rien pendant longtemps et j'explose violemment.	1	2	3	4	
13 – Il m'arrive souvent de bouder, de « faire la tête ».	1	2	3	4	
14 – Si j'ai un problème avec quelqu'un, je peux facilement lui en parler.	4	3	2	1	
15 – Enfant, je faisais souvent de gros caprices.	1	2	3	4	
16 – Je sais plaire et me rendre populaire.	4	3	2	1	

17 – J'ai une bonne intuition dans mes relations avec les autres.	4	3	2	1	
18 – Je suis facile à culpabiliser.	1	2	3	4	
19 – Les gens se confient volontiers à moi.	4	3	2	1	
20 – Il m'arrive souvent, sous le coup d'une émotion, d'agir à l'encontre de mes intérêts.	1	2	3	4	
21 – les jours où je suis de mauvaise humeur, j'envoie tout le monde sur les roses.	1	2	3	4	
22 – J'ai beaucoup de mal à accepter les critiques, même fondées ou constructives.	1	2	3	4	
23 – J'ai un bon sens de la diplomatie.	4	3	2	1	
24 – J'ai besoin de m'exprimer dans l'art : peinture, musique.. pour me sentir bien dans ma vie.	4	3	2	1	
25 – Quand je suis trop excité par une bonne nouvelle, j'en perds le sommeil.	1	2	3	4	
26 – Je travaille trop, jusqu'à sacrifier mes loisirs.	1	2	3	4	
27 – Je médite ou je prie assez souvent.	4	3	2	1	
28 – J'ai toujours eu du mal à dire « je t'aime ».	1	2	3	4	
29 – J'ai besoin d'un contact régulier avec la nature.	4	3	2	1	
30 – Dans mon enfance, mes parents n'étaient pas à l'écoute de mes émotions.	1	2	3	4	
31 – Je peux en vouloir longtemps aux personnes qui m'ont fait du mal.	1	2	3	4	
32 – Je suis attentif(ve) à ma qualité de vie.	4	3	2	1	
33 – J'accepte de ne pas pouvoir tout connaître, tout comprendre et tout expliquer chez moi ou chez les autres.	4	3	2	1	
34 – Lorsque je me sens triste, j'essaye de me remonter le moral au lieu de me laisser aller à la morosité.	4	3	2	1	
35 – Lorsque je propose quelque chose, dans les groupes ou lors de réunions, on m'écoute souvent.	4	3	2	1	

36 – Je suis mal à l'aise devant les émotions factices, comme celles que l'on peut voir mises en scènes dans certaines émissions de TV.	4	3	2	1
37 – Je préfère lire des romans que des essais.	4	3	2	1
38 – Lorsque je repense à mes plus beaux souvenirs, je ressens à nouveau une forte émotion.	4	3	2	1
39 – Je mets souvent du temps à me rendre compte que je suis énervé.	1	2	3	4
40 – Je suis capable d'écouter et de comprendre le point de vue de mes interlocuteurs, même si je ne suis pas d'accord avec eux.	4	3	2	1
41 – Parfois, je comprends mal mes propres réactions.	1	2	3	4
42 – Je fais largement confiance à mon intuition pour prendre des décisions.	4	3	2	1
Faites votre total				

Lecture des résultats

Votre résultat sera compris entre 42 et 168.

Ce score global d'évaluation de votre intelligence émotionnelle (IE) indique comment vous utilisez vos émotions pour mener votre vie selon trois axes :

— votre rapport à vous-même, à votre propre épanouissement ;
— votre rapport aux autres, à votre capacité de communication ;
— votre rapport à la vie, votre recherche de l'harmonie.

• De 121 à 168 : votre IE est élevée : vous êtes extrêmement intuitif et en position fréquente d'intelligence des situations.
• De 81 à 120 : votre IE est moyenne : vous disposez d'une IE comparable à vos semblables : vous savez identifier vos émotions habituelles.
• De 42 à 80 : votre IE est basse : vous avez tendance à vous rigidifier devant une émotion forte.

Vous venez d'identifier des situations concrètes où vos émotions sont à l'œuvre. Il s'agit maintenant pour vous de les transformer par des méthodes thérapeutiques naturelles et que vous pouvez faire seuls, pour développer bien être individuel et collectif.

La relaxation a fait la preuve scientifique de son efficacité sur le stress, la dépression, les phobies... Elle se compose de quatre techniques de base : le contrôle respiratoire, la détente musculaire, la méditation de pleine conscience et la visualisation.

La méditation introspective, pour identifier et dépasser nos émotions perturbatrices, doit être en effet précédée d'une relaxation qui active le système parasympathique, ralentit le rythme cardiaque et relâche les muscles, le bien être du corps favorisant le bien être de l'esprit.

La méditation « de pleine conscience » consiste en une acceptation des bruits extérieurs et du couple pensées et émotions parasites sans les suivre. Il s'agit d'être présent mais à distance. C'est un travail de distanciation, pour sortir d'une fixation répétitive, où nous vivons une apparence comme une réalité, en stoppant la rumination des pensées automatiques et des émotions perturbatrices afin de les remplacer par des pensées et des émotions alternatives. C'est un travail qui permet à notre esprit de ressentir de la reconnaissance envers la vie et qui a un effet direct sur notre estime de soi et sur l'estime que nous portons aux autres.

Glossaire

Analyse psychologique : processus d'accompagnement à la connaissance et à l'acceptation de soi.

Appartenance : la seconde motivation, le besoin de « faire partie de », après le besoin de sécurité d'après Maslow et avant le besoin de réalisation.

Archétype : Carl Gustave Jung a développé ce concept pour qualifier des modèles innés de comportement typique de l'espèce humaine.

Assertivité : affirmation de soi ferme et souple, en évitant les comportements dépendants (« paillasson »), contre-dépendants (« hérisson ») ou indépendants (« polisson »).

Autonomie : Catherine Symor, en analyse transactionnelle, distingue quatre stades de développement de l'autonomie : la dépendance du mode paillasson, la contre-dépendance du mode hérisson, l'indépendance du mode polisson, l'interdépendance. L'autonomie favorise la proximité, la spontanéité et l'éthique.

Besoin : on distingue le besoin archaïque du Prince blessé, le besoin sado-masochiste du Crapaud et le besoin substitutif du Masque qui travestit le besoin de l'Adulte autonome, trois besoins dont on doit faire le deuil pour retrouver la motivation du Prince.

Changement : Paul Watzlawick, en psychologie systémique, distingue deux niveaux de changement, le changement de type 1 est un changement de comportement, le changement de type 2 est un changement de valeur, plus profond et plus long à mettre en place.

Clivage : phénomène psychopathologique de dissociation en deux parties, une bonne et une mauvaise, du Moi ou de l'Objet d'amour, pour lutter contre l'angoisse, l'une tenant compte de la réalité, l'autre du désir. Terme employé par Sigmund Freud et par Mélanie Klein.

Coaching : accompagnement professionnel des personnes et des équipes en vue de la performance.

Compétence : capacité, qualification.

Complexité : Chris Langton, en sciences de la complexité, se propose de traiter l'imprévisibilité par la compréhension de l'auto-organisation des systèmes pour s'adapter au changement de l'environnement.

Conflit mimétique : René Girard a développé ce concept : le mimétisme agglutine deux individus dans des conflits interpersonnels et dans l'oubli ou la destruction de l'objet. Lorsque ce mimétisme envahit un collectif, il produit un phénomène de bipolarisation, de dérive victimaire, de bouc émissaire.

Cognition : accès à la connaissance.

Culture : la culture d'entreprise comprend des savoirs, des savoir être et des savoir-faire se traduisant par des règles explicites et implicites et une ambiance.

Deuil : Elizabeth Kübler-Ross distingue cinq phases au processus de deuil : le déni, la colère, la peur, la tristesse et l'acceptation.

État du Moi : système de pensée, de sentiment et de comportement observables et liés entre eux. Le lien entre État du Moi structurel, racontant l'histoire, et État du Moi fonctionnel, traduisant le vécu, se manifeste par le comportement passif. On distingue trois États du Moi : le Parent Normatif ou Nourricier, l'Adulte, L'Enfant Adapté Soumis ou Rebelle, en lien avec le P1, le Petit Professeur, en lien avec A1, l'Enfant Libre, en lien avec E1.

Éthique : La morale différencie le bien du mal, l'éthique différencie le juste et l'injuste. Le juste permet de ne pas nuire à soi et à l'autre et de développer une activité bénéfique.

Idéal du Moi : Freud distingue plusieurs instances dans le psychisme : le Moi, le Surmoi c'est-à-dire les interdits parentaux, l'Idéal du moi représente la face positive du Surmoi et les désirs ou pulsions. Le Moi doit naviguer entre les pressions contradictoires du Surmoi et de l'Idéal du moi et les pressions des désirs et des pulsions.

Identité : ressemblance à soi et à aucun autre. Le blocage du besoin insatisfait du Prince blessé suscite de l'angoisse puis une distorsion cognitive à l'origine de croyances sur soi, sur l'autre et sur le monde. Quels sont les éléments de notre identité scénarique qui constitue nos forces et nos faiblesses ? Sur quoi devons-nous nous appuyer ? À quoi devons-nous renoncer ?

Jeux psychologiques ou triangle dramatique : concept d'analyse transactionnelle créé par S. Karpman montrant le passage dans trois rôles que nous répétons inconsciemment, lorsque nous sommes pris au piège d'un jeu psychologique : Victime, Sauveur, Persécuteur.

Hédonisme : doctrine qui fait du plaisir le but de la vie.

Hystérie : attitude se manifestant par un excès d'érotisme. Névrose ou affection nerveuse d'origine affective se caractérisant par le théâtralisme et l'exacerbation des émotions.

Management situationnel : organisation qui s'adapte au niveau d'autonomie des collaborateurs.

Mécanisme de défense : le Moi se défend de l'angoisse provoquée par la force des pulsions et par la répression du Surmoi à travers des comportements inadaptés comme le refoulement, la projection, la somatisation…

Méconnaissance : distorsion cognitive dévalorisant ou survalorisant un aspect de soi, de l'autre ou du monde.

Mentoring : guidance, vient de Mentor, guide de Télémaque. Le mentoring est un parrainage de longue durée.

Motivation : action des forces conscientes et inconscientes déterminant le comportement d'un individu.

Narcissisme : Freud qualifie le narcissisme primaire du jeune enfant de sain, car il vise à se faire plaisir, en revanche le narcissisme secondaire du postadolescent est pathologique, car il traduit un repli vers soi par frustration d'amour et de réalisation de soi.

Paranoïa : étymologiquement, intuition d'origine inconnue, le comportement du paranoïaque se caractérise par la paralogique et la méfiance.

Passivité : les quatre comportements passifs sont l'abstention, l'agitation, la suradaptation et l'incapacitation.

Performance : prendre une nouvelle forme plus accomplie.

Pouvoir : dans une entreprise saine, le pouvoir est possédé par l'Adulte. Il donne protection et permission. Dans les jeux de pouvoir, l'Adulte est contaminé par les illusions de l'Enfant et les préjugés du Parent.

Position de vie : jugement existentiel sur la valeur que l'on s'accorde et sur celle que l'on accorde à l'autre pouvant prendre quatre positions. − + : je me dévalorise, + − : je dévalorise l'autre, − − : ni l'autre ni moi-même ne sommes dignes d'estime, ++ : nous pouvons être gagnants l'un et l'autre (gagnant/gagnant).

Projection : mécanisme de défense du Moi, qui pour lutter contre l'angoisse de culpabilité, attribue à l'autre un défaut qu'il ne supporte pas chez lui.

Redécision : acte dans lequel une identité scénarique change de croyance.

Régulation : temps de partage collectif des ressentis, dans l'écoute et sans jugement.

Sentiment parasite : mécanisme de défense de type affectif en lien avec une méconnaissance, ou distorsion cognitive.

Scénario : stratégie de survie qui a permis le développement du sujet malgré son drame initial. Nos points scénariques sont aussi nos points forts.

Signes de reconnaissance : unité de communication et d'énergie émotionnelle échangée et permettant de se sentir exister.

Structuration du temps : manière dont un individu ou un groupe organise son temps autour de six modalités : retrait, rituel, passe-temps, activités, jeux psychologiques, ouverture en fonction de l'intensité des signes de reconnaissance échangés.

Transfert : relation thérapeutique où le client rejoue inconsciemment avec son thérapeute la relation qu'il avait avec ses parents, prenant ainsi conscience de ses besoins et de ses manques.

Annexe 4

Lexique

Le sanscrit (langue ancienne) et le tibétain (langue dialectale) sont les deux langues essentielles qui véhiculent la philosophie du bouddhisme.

Sanscrit

Abhyasuaya : colère

Alaya : conscience primordiale

Apadhyana : jalousie

Apramada : vigilance

Bhavana : méditation

Bodhisattva : être d'éveil

Buddha : qui révèle et amène à maturité les qualités

Chakra : roue

Dana : don

Dharma : enseignement du Bouddha

Guru : lourd

Karma : action

Klesha : obscurcissement, affliction

Madhyamaka : école philosophique indienne qui se traduit par voie du milieu

Mahayana : grand véhicule

Mana : orgueil

Mantra : parole ou formule sacrée

Mara : démon

Mutida : réjouissance

Nirvana : « au-delà de la souffrance »

Paramita : qualité spirituelle

Prana : souffle vital

Shamata : pacification mentale

Samsara : cycle des existences

Sangha : communauté

Sanprajnia : attention

Smirti : capacité de rappel

Sramana : moine, religieux

Stupa : édifice religieux

Theravada : petit véhicule

Varayana : véhicule du diamant

Vinaya : éthique, discipline

Tibétain

Amala : mère, en langage honorifique

Deudeshac : désir

Jikmé : intrépide, sans peur

Lama : enseignant

Marigpa : ignorance

Sepa : soif

Bibliographie

Du même auteur

BOULART Martine et FENWICK Édouard, *Le Coaching, moins de stress, plus de réussite*, Bernet Danilo, 2003.

BOULART Martine, *Le Management au féminin*, Robert Jauze, 2005.

BOULART Martine et GELMAN Charles, *Les Groupes en thérapie humaniste*, Bernet-Danilo, 2006.

BOULART Martine, *Coaching et nouvelles dynamiques managériales*, Éditions Ellipses, 2008.

ALBERT Éric et EMERY Jean-Luc, *Le Manager est un psy*, Éditions d'Organisation, Paris, 1998.

ANZIEU Didier, *Le Groupe et l'inconscient*, Dunod, 1984.

AUBERT Nicole, *Diriger et Motiver*, Éditions d'Organisation, Paris, 1996.

BALTA François, *La Systémique expliquée avec des mots de tous les jours*, ESF, 2001.

BERGERET Jean, *La Personnalité normale et pathologique*, Dunod, 2000.

BERNE Éric, *Analyse transactionnelle et psychothérapie*, Payot, 1990.

BERNOLE André, *Le Coaching des vendeurs*, Éditions d'Organisation, Paris, 1998.

BLANCHET Alain, *Dire et faire dire, l'entretien*, Armand Colin, 1991.

BLANC Yves, *Le Manager à l'écoute*, Dunod, Paris, 2003.

BRUNNER Roland, *La psychanalyse expliquée aux managers*, Éditions d'Organisation, Paris, 2004.

BOESCHE Marc, *Le Management interculturel*, Nathan, Paris, 1993.

BROESCH Christian et HAURAT Alain, *La Modélisation systémique en entreprise*, Hermès, Paris, 1995.

CABY François, *Le Coaching*, Éditions de Vecchi, Paris, 2002.

CARDON Alain, *Coaching d'équipe*, Éditions d'Organisation, Paris, 2003.

CARTON Gérard-Dominique, *Éloge du changement*, Village Mondial, Paris, 1997.

CHARRON Jean-Luc et SEPARI Sabine, *Organisation et gestion de l'entreprise*, Dunod, Paris, 2001.

CHAVEL Thierry, *Le Coaching démystifié*, Demos, Paris, 2001.

CHODRON Pema, *Entrer en amitié avec soi*, Éditions Table Ronde, 1991

CLAUDE Jean-François, *Le Management par les valeurs*, Éditions Liaisons, Paris, 2001.

COLONNA Ségolène, *Intégrer la dynamique du coaching dans votre vie*, Dunod, Paris, 2002.

COTTRAUX Jean, *Les Thérapies comportementales*, Masson 1979.

CORNET Virginie, *Le Parler vrai, la méthode Schutz*, ESF, 2000.

CROZIER Michel, *La Crise de l'intelligence*, Seuil, 1971.

CRUELLAS Philippe, *Coaching, un nouveau style de management*, ESF, Paris, 1993.

CYRULNIK Boris, *De chair et d'âme*, Éditions Odile Jacob, 2006.

DE BORDES Pascal, *Le coaching efficace des commerciaux*, Dunod, Paris, 1996.

DEBOUT Michel et LAROSE Christian, *Violences au travail*, VO Éditions, Paris, 2003.

DEEPAK CHPORA, *Les sept lois spirituelles du succès,* Éditions Guy Trédaniel 2007

DEJOURS Christophe, VEIL Claude et WISNER Alain, *Psychopathologie du travail*, ESF, Paris, 1985.

DELIVRE François, *Le Métier de coach*, Éditions d'Organisation, Paris, 2002.

DEVILLARD Olivier, *La Dynamique des équipes*, Éditions d'Organisation, Paris, 2000-2003.

DESPONDS Jacques, *Le Coaching quotidien*, Maxima, Paris, 2003.

DONNADIEU Gérard et KARSKY Michel, *La Systémique, penser et agir dans la complexité*, Éditions Liaisons, Paris, 2002.

DUFOUR Bruno et PLOMPEN Martine, *Les Meilleurs pratiques du développement du dirigeant*, Éditions d'Organisation, 2006.

ENREGLE Yves, *Le Management revisité*, Éditions d'Organisation, 1997.

FORESTIER Gilles, *Regards croisés sur le coaching*, Éditions d'Organisation, Paris, 2002.

FREUD Sigmund, *Totem et tabou*, Payot, 1971.

GALWAY Timothy, *Tennis et concentration*, Laffont, 1984.

GARANDERIE, de la Antoine, *La Motivation*, Bayard, 1991.

GAUTIER Bénédicte et VERVISCH Marie-Odile, *Le Manager coach*, Dunod, 2000.

GIRARD René, *La Violence et le sacré*, Hachette, 1998.

IONESCU Serban, *Les Mécanismes de défense*, Nathan, 1999.

HEVIN Bernard et TURNER Jane, *Manuel de coaching*, Dunod, Paris, 2003.

HIGY-LANG Chantal et GELLMAN Charles, *Le Coaching*, Éditions d'Organisation, Paris, 2000.

HIRIGOYEN Marie-France, *Le Harcèlement moral*, Syros, Paris, 1998.

HOLPP Lawrence, *Manager et Coacher son équipe*, Maxima, Paris, 2003.

KETS de VRIES Manfred, *Combat contre l'irrationalité des managers*, Éditions d'Organisation, Paris, 2002.

LEBLANC-HALMOS Bernard, *Les Faces cachées du manager exemplaire*, Édition diffusion restreinte, 2007.

LE SAGET Myriam, *Le Manager intuitif*, Dunod, 1991.

LIPOVESTY Gilles, *La Troisième femme*, Folio, 1997.

LONGIN Pierre, *Coachez votre équipe*, Dunod, Paris, 2003.

LOWEN Alexander, *La Bioénergie*, Tchou, 1977.

MAISONS Christian, *Le Coaching stratégique*, Maxima, Paris, 1999.

MALAREWICZ Jacques-Antoine, *Réussir un coaching*, Village Mondial, 2003.

MACK Manfred, *Co-évolution, dynamique créatrice*, Village mondial, 1997.

MARTIN Bertrand, JAROSSON Lenhardt, *Oser la confiance*, Insep, 1996.

MOYSON Roger, *Le coaching, développer le potentiel de ses collaborateurs*, De Boeck Université, 2001.

NATHAN Tobie, *Psychothérapies*, Odile Jacob, 1998.

NIZET Jean et HUYBRECHTS Chantal, *Interventions systémiques dans les organisations*, De Boeck Université, 1998.

PERLS Fritz, *Manuel de gestalt thérapie*, ESF, 2000.

PETERS Tom, *Le Chaos management*, InterÉditions, 1998.

ROUSSILLON Sylvie et SAINSAULIEU Renaud, *Pourquoi j'irais travailler*, Eyrolles, 2003.

RICHET Annick, *Le Coaching en interne*, Demos, 2005.

ROUVIN Amélie, *Clés pour le Coaching*, Maxima, 2004.

STACKE Édouard, *Coaching d'entreprise*, Village Mondial, 2000.

WATZLAWICK Paul, *Changements, paradoxes et psychothérapie*, Seuil, 1990.

WATZLAWICK Paul, *Une logique de la communication*, Seuil, 1972.

WATZLAWICK Paul, *Le Langage du changement*, Seuil, 1980.

WHITMORE John, *Coaching, les techniques d'entraînement du sport de haut niveau au service des entreprises*, Maxima, 1994.

WIBER Ken, *La Vision intégrale,* Dunod, 2005.

YATCHINOVSKY Arlette, *L'approche systémique*, ESF, 2000.

www.ingramcontent.com/pod-product-compliance
Lightning Source LLC
Chambersburg PA
CBHW061129220326
41599CB00024B/4220